权威·前沿·原创

皮书系列为
"十二五"国家重点图书出版规划项目

资本市场蓝皮书
BLUE BOOK OF CAPITAL MARKET

中国场外交易市场发展报告
(2014~2015)

ANNUAL REPORT ON CHINA'S OTC MARKET DEVELOPMENT
(2014-2015)

主　编／高　峦
副主编／邓向荣　杨寿岭　韩家清

社会科学文献出版社
SOCIAL SCIENCES ACADEMIC PRESS（CHINA）

图书在版编目（CIP）数据

中国场外交易市场发展报告. 2014～2015/高峦主编. —北京：
社会科学文献出版社，2016.3
（资本市场蓝皮书）
ISBN 978－7－5097－8821－9

Ⅰ.①中…　Ⅱ.①高…　Ⅲ.①证券交易－资本市场－研究报告－
中国－2014～2015　Ⅳ.①F832.51

中国版本图书馆 CIP 数据核字（2016）第 043032 号

资本市场蓝皮书
中国场外交易市场发展报告（2014～2015）

主　　编／高　峦
副 主 编／邓向荣　杨寿岭　韩家清

出 版 人／谢寿光
项目统筹／周　丽　王玉山
责任编辑／王玉山

出　　　版／社会科学文献出版社·经济与管理出版分社（010）59367226
　　　　　　地址：北京市北三环中路甲 29 号院华龙大厦　邮编：100029
　　　　　　网址：www. ssap. com. cn
发　　　行／市场营销中心（010）59367081　59367018
印　　　装／三河市尚艺印装有限公司

规　　　格／开　本：787mm×1092mm　1/16
　　　　　　印　张：20　字　数：301 千字
版　　　次／2016 年 3 月第 1 版　2016 年 3 月第 1 次印刷
书　　　号／ISBN 978－7－5097－8821－9
定　　　价／79.00 元

皮书序列号／B－2009－131

资本市场蓝皮书编委会

主要编撰者简介

高峦　男，毕业于天津财经大学国际经济贸易系，经济专业研究生学历，高级经济师，高级产权经济师。1990～1991 年在英国伦敦大学伦敦政治经济学院做访问学者，学习西方经济学。历任天津市经济体制改革研究所所长，北方产权交易共同市场理事长，天津产权交易中心党委书记、主任，中国企业国有产权交易机构协会副会长，中国产权交易行业专业期刊《产权导刊》主编，天津股权交易所董事长等职。近年来编著《资产证券化研究》、资本市场蓝皮书《中国场外交易市场发展报告》（2009～2010，2010～2011，2011～2012，2012～2013，2013～2014）等书，并在各种期刊公开发表关于产权、金融、场外交易市场等方面的论文 40 余篇。

邓向荣　女，经济学博士，南开大学经济学院教授、博士生导师，天津滨海产权研究院特聘研究员。主要研究领域：产业经济理论与政策、科技创新与经济发展、投融资理论、金融创新与金融监管。近年来在《金融研究》《国际金融研究》《经济学动态》等国家级核心期刊发表论文 40 余篇，出版专著 10 余部。公开发表研究报告《金融创新与金融深化（环渤海区域经济发展报告 2009）》（主编）、《创新、整合与协调——京津冀区域经济发展前沿报告》（参与），长期担任《中国场外交易市场发展报告》等系列研究报告编委及主要作者，主持政府多项规划研究项目与应急重大项目的研究。

摘　要

2014 年以来，中国经济进入"新常态"，经济增长速度、经济发展方式、经济结构调整方式、经济发展动力都正在发生重大的转变。这一转变过程离不开金融业的支持，特别是在当前我国直接融资率偏低的情况下，更需要加快发展资本市场，改善融资结构，提高金融对实体经济的支持效率。场外交易市场作为资本市场的重要组成部分，其创新发展对资本市场深化改革、中小微企业发展，乃至"新常态"经济转型发展都具有重要意义。目前，中国场外交易市场虽然取得一定程度的发展，地方股权交易市场达 30多家，新三板市场挂牌企业数量突破 5000 家，但是，场外交易市场发展中面临的问题依然很多，面临的困难依然很大，比如做市商制度如何完善，转板机制如何建立，市场如何分层，市场业务区域边界如何界定，区域市场挂牌企业股东人数能否突破 200 人，统一监管与分散监管如何有机结合，等等，这些问题都有待深入研究。因此，《中国场外交易市场发展报告(2014 ~ 2015)》的主题围绕"新常态经济转型期中国场外交易市场规范与创新发展"，通过对场外交易市场的转型发展、功能创新、转板机制、信息披露、监管机制等方面专题的深入研究，为中国场外交易市场的建设提供有益的理论指导。

本书的主要内容包括总报告、转型发展篇、功能创新篇、监管服务篇和案例探微篇。

第一部分总报告在分析新常态经济转型期我国金融深化改革面临的宏观背景，以及国家战略、产业分化、全球化及互联网金融对金融创新总体要求的基础上，针对场外股权市场发展中存在的主要问题，提出了出台配套支持政策，多方面完善区域性股权交易市场功能发挥的外部制度环境，打破区域

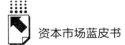

性股权交易市场服务中小微企业的跨区域限制，尽快明确将区域性股权交易市场作为各级财政资金市场化运作扶持小微企业发展的重要平台等政策建议，以期促进我国场外股权交易市场实现创新发展。

第二部分转型发展篇主要对区域性股权交易市场发展的困境与转型、场外股权交易市场服务小微企业发展的实践探索、场外资本市场新形态的构建，进行了深入分析。这部分报告认为，虽然近几年区域性股权交易市场在支持中小微企业发展方面的实践探索取得了一定成效，但是仍面临业务模式单一、市场功能不足、缺少政策支持等方面的困难。区域性股权交易市场需要转型发展，应当走专业化与多样化协调发展之路，在专业化方面，应当摆脱中立性平台的现有定位，积极参与市场价值发现、价值投资与转让交易，真正激活市场的价值发现和投融资功能；在多样化方面，应当在严守私募底线、加强风险防范的基础上，探索股权、债权、资产、其他财产权利与金融产品的创设、发行和挂牌转让业务。

第三部分功能创新篇包括五篇文章。融资功能是场外交易市场的重要功能。《区域性股权交易市场服务小微企业的融资功能研究》对区域性股权交易市场服务小微企业融资的特点、主要方式、突出问题、制约因素进行了分析，提出了提升我国区域性股权交易市场服务小微企业融资功能的政策建议。《场外交易市场动产金融业务研究》一文认为场外交易市场在动产金融业务的探索中应凸显对中小企业动产交易的专业服务能力，加强对担保动产的跟踪、控制，在风险可控的条件下，通过建立场外交易动产权属的统一登记制度，完善场外交易市场的交易制度、信息披露制度，进而提升场外交易市场动产金融的融资效率。《场外股权众筹融资与风险防范》分析了互联网金融背景下场外交易市场股权众筹融资的模式及面临的主要风险，文章认为场外交易市场利用互联网开展股权众筹业务，可以提升市场的融资功能，但是，加强风险防范也不容忽视，特别是对非法集资风险的防范尤为重要。另外两篇文章分别涉及中国资本市场转板机制设计和场外交易市场的功能评价。合理的资本市场转板机制有利于完善多层次资本市场体系，提升场外交易市场的孵化功能。对场外交易市场功能评价的探析，为场外交易市场制度的完善与创新提供了理论指导。

　　第四部分监管服务篇包括四篇文章。金融创新的落脚点务必是提高对实体经济的支持效能，而非过度的虚拟化，否则，金融将成为实体经济患"中风"的推手。在鼓励场外交易市场创新发展的同时，要做好相应的监管服务，可以讲，监管是场外交易市场健康发展的保障。因此，《中国场外交易市场发展报告（2014～2015）》把场外交易市场监管服务作为重点研究内容，设四个专题：境外场外交易市场信息披露制度比较及对中国的启示、我国多层次资本市场监管制度比较研究、场外交易市场制度建设的国际比较及启示、区域性股权交易市场监管现状思考与监管框架研究。尤其是《区域性股权交易市场监管现状思考与监管框架研究》一文从监管主体、监管原则、监管方式、监管职责、监管分工、监管内容、监管措施、自我管理等方面提出了区域性股权交易市场的监管框架。

　　第五部分案例探微篇包括三篇文章。第一篇文章运用分布函数的参数化方法建立投资者和担保公司的委托—代理模型，得出了破解中小企业私募债券担保问题的方法：培育风险厌恶度小的担保公司，提高担保公司的努力程度，这对解决场外股权交易市场中小企业私募债券担保问题有重要借鉴意义。第二、第三篇文章分别基于天津股权交易所挂牌企业案例，深入分析了场外交易市场在对挂牌企业财务规范、公司治理结构规范方面的重要作用，对提升场外股权交易市场的规范孵化功能提出了具体政策建议。

目 录

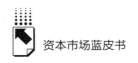

B Ⅲ 功能创新篇

B Ⅳ 监管服务篇

B Ⅴ 案例探微篇

皮书数据库阅读 **使用指南**

总 报 告

General Report

BLUE BOOK

B.1

新常态经济转型期我国场外
股权交易市场的创新发展

邓向荣　郭孝纯　张嘉明*

摘　要：　场外股权交易市场的创新发展是金融改革深化过程的重要组成
部分。本文在分析新常态经济转型期我国金融深化改革面临
的宏观背景，以及国家战略、产业分化、全球化、互联网金
融对金融创新总体要求的基础上，针对场外股权交易市场发
展中存在的主要问题，提出了出台配套支持政策，多方面完
善区域性股权交易市场功能的外部制度环境，打破区域性股
权交易市场服务中小微企业的跨区域限制，尽快明确将区域
性股权交易市场作为各级财政资金市场化运作扶持小微企业

* 邓向荣，南开大学经济学院教授，博士生导师；郭孝纯，南开大学经济学博士研究生；张嘉
明，南开大学经济学博士研究生。

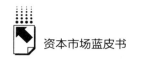

发展的重要平台等政策建议，以期促进我国场外股权交易市场实现创新发展。

关键词： 场外股权交易市场　中小微企业　经济转型期　创新发展

一　新时期我国金融深化改革的宏观经济背景

2014 年以来，中国经济进入"新常态"，经济社会面临深刻变革。随着中国经济体量的扩大，经济总体从高速增长转向中高速增长，经济发展方式从规模速度型粗放增长转向质量效率型集约增长，经济结构从增量扩能为主转向调整存量、做优增量并存的深度调整，经济发展动力从传统增长点转向以创新驱动为新的增长点。在这一过程中，金融业作为实体经济重要的支持性产业，其改革无疑是经济结构调整的重要前提和内容。场外股权交易市场的创新发展，也是金融改革深化过程的重要组成部分。因此，当前必须了解国家经济新形势对金融业提出的新要求，把握好金融业未来发展的趋势及金融深化改革的方向，从而为场外股权交易市场未来的发展指明方向。

（一）对当前宏观经济形势的基本判断

2014 年以来，世界经济保持基本平稳。自 2008 年金融危机以来，欧美发达国家一直未能完全摆脱低增长的格局，欧债危机仍未从根本上得到缓解，世界经济的系统性风险依然存在，但总体而言，世界经济已经较金融危机或欧债危机爆发初期有了明显改善，且短期内并无明显恶化趋势。国际大宗商品价格虽然波动剧烈，但大致上仍低位运行，为中国经济改革提供了较为有利的外部条件。因此，对当前宏观经济形势的判断，应主要聚焦国内形势，适当兼顾周边地区国际形势。目前，我国正处于新常态下经济转型期，其特点主要表现在以下几个方面。

第一，经济保持了较高的增长率，但增长速度有所放缓，经济下行压力显现。2014年我国经济的增长率为7.4%，GDP总量突破10万亿美元。横向来看，这一经济增长速度，在世界主要经济体中是最快的；目前我国经济总量继续稳步提高，虽仍与美国存在较大的差距，但与世界其他国家拉开了距离。然而，从纵向来说，7.4%的经济增速，是1990年以来我国经济的最低增速，它说明我国经济目前发展动力有所下降；进入2015年以来，经济增长率下行压力更加明显，第一季度初步核算结果显示，当期年化GDP增长率仅为7.0%。虽然这一指标达到了2014年中央经济工作会议关于2015年GDP增长率的预设目标，但在数值上低于2014年同期，从趋势上看并不理想，显示经济所面临的下行压力较大。

第二，工业企业平均利润率下降，行业及地区分化显现。统计数据显示，2014年我国规模以上工业企业增加值增长7.0%，保持相对稳定，利润总额增长3.3%。但2015年第一季度规模以上工业企业利润总额同比下降2.7%，显示工业企业活力不足。对行业进行细分后即可发现，规模以上工业企业利润总额下降主要受累于采矿业利润的大幅缩水，但各分类企业的利润增速基本保持正常（见表1）。与传统产业相比，信息产业、先进制造业、清洁环保产业等高端产业发展迅速，引领着未来发展的方向。同时，由于各地产业结构各异，行业的分化也带来了区域经济的分化。传统的资源型省份往往产业结构较为单一，应对冲击能力不足；而东部沿海省份由于产业结构相对合理，制造业及第三产业发达，应对风险的能力较强，且其产业往往处于增长极上，并未产生重大的风险。在这种情况下，东部沿海地区的经济仍保持良好增长态势，同时资源集聚能力进一步提升；而资源型省份的处境则相对困难，经济压力乃至就业压力开始显现①。

---

① 前文所涉及的具体数据，其来源皆为国家统计局网站。

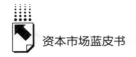

表1　2015年1～3月规模以上工业企业主要财务指标

分　组	主营业务收入		利润总额	
	1～3月（亿元）	同比增长（%）	1～3月（亿元）	同比增长（%）
总计	242073.4	2.0	12543.2	-2.7
其中:采矿业	12303.4	-14.5	655.5	-61.0
制造业	214485.9	3.1	10680.2	4.9
电力、热力、燃气及水的生产和供应业	15284.1	2.2	1207.5	17.0
其中:国有控股企业	55380.5	-6.8	2496.4	-29.3
其中:集体企业	1640.4	-0.5	106.3	-1.3
股份制企业	163567.5	2.7	8072.4	-5.2
外商及港澳台商投资企业	57492.7	1.2	3195.9	6.2
私营企业	81223.8	6.0	4503.8	6.8

注：经济类型分组之间存在交叉，故各经济类型企业数据之和大于总计。
资料来源：国家统计局。

　　第三，经济结构调整成果初显，但后续推进仍须创造条件。总体数据显示，工业结构的调整已逐步展开，经济结构调整成果初显。在这一过程中，必然带来经济资源的重新分配和洗牌，也就必然使得优质资源向高新技术产业集中，从而促进低端产业的淘汰。但是，从经济稳定的角度考虑，低端产业的淘汰也是渐进的过程，完全放任市场作用的结果可能会导致大批企业破产重组，从而对就业市场造成巨大的压力。在经济增速已经触碰到预设目标的情况下，中国人民银行不得不采取地方债置换等方式实施实质上的量化宽松政策以稳定增长，这样固然稳定了就业，但也在客观上暂缓了经济结构调整的进一步推进。未来若需要进一步推进和深化经济结构的转型调整，可能需要等待经济企稳，政策上也需要以此为首要目标，并为之创造条件。

　　第四，实际利率高企，实体经济资金紧张。"融资难、融资贵"，已成为实体企业，尤其是中小型企业目前面临的最主要的金融问题。从M2增速来看，2015年前3个月的M2增速一直处于低位，资金供给比较紧张。"融资贵"讲的是融资成本，尽管法定银行利率在下降，但在互联网金融的影响下，从银行融资的成本并没有降低。相反，银行为了获得储蓄，不得不将利率维持在法定利率的上限，并通过理财等手段吸引资金。这种成本自然也会转嫁到借贷企业上。"融资难"的问题，主要是风险和收益的关系，这也是一个分化的过程。一方面，一些好的项目受到大量资金追奉，创业板的火爆就是最明显的例子；大型企业，尤其是大型国有企业则牢牢把握着银行融资的资源。另一方面，对于绝大多数中小企业而言，它们同时面临着大型企业和新兴企业的夹击，且自身诚信状况不稳定，"融资难"自在情理之中。与此同时，由于市场资源的有限性及入市存在门槛，一些"次优"的企业，空有良好的发展前景，却得不到有效的资金支持。

综合以上四点，得出的结论如下：目前我国经济形势错综复杂，经济下行压力较大，但在阵痛中也孕育着新的经济增长点。政策方面虽然已有央行通过地方债置换而实施的量化宽松政策出台，但收效如何仍有待进一步检验。在当前形势下，优先稳定经济增长，防止国民经济"硬着陆"已是共识；但政府政策的效力往往具有一定的滞后性，如何使政策效力维持在合理适度的区间，使之不冲击目前经济改革的成果，则有赖于决策者对于政策工具的把握。

（二）未来经济发展的基本趋势

鉴于中国经济的特殊性和复杂性，以及改革进程本身所带来的不确定性，对中国宏观经济形势及其未来走势进行分析，需要建立在一定的条件和基础之上。考虑到我国经济的发展特点，以及国家在国民经济中特殊而强势的地位，在此主要从国家政策工具的角度进行趋势预测。

从短期情况来讲，中国经济当前最急迫的问题是避免"通缩"或"硬着陆"风险，为此需要拉升经济的增长速度。从目前央行和政府手中的政策工具、出台的相关政策及它们对经济的刺激作用来看，货币当局的政策储备是十分充足的，地方债置换也为实施更积极的财政政策创造了空间。因此，短期内我国经济出现重大危机的可能性很低。考虑到目前的国际环境，即便国内经济政策刺激略微超出必要的限度，我国宏观经济出现总体过热的风险也很低。但从目前"量化宽松"所采用的地方债置换方法来看，经济

资源流入传统部门的概率仍然较高，因此产业和行业的冷热不均，以及部分传统行业的结构性相对过热恐怕是短期经济所面临的主要风险。

从中期情况来说，中国经济的主要任务在于找到新的经济增长点。这项工作的难度也并不大。这一判断主要基于两个事实，第一，中国经济目前已出现一些转型的元素，传统工业企业的结构调整也在悄然进行，政府和市场只要能够把握这些机会，对相关的行业和企业进行培育，新的经济增长点必然出现。尽管通过政府的投资拉动经济增长的方法，效力已不如往昔，但在必要的时候仍然可以成为国民经济的稳定器，从而为新兴产业的培育和发展赢得宝贵的时间和空间。第二，工业是国民经济稳定的基石。我国虽然算不上工业强国，但至少也是工业大国，从产业结构的角度来讲，应对危机和抵御风险的能力较强。以制造业为基础的消费对国民经济发展的拉动作用虽仍不如投资，但其增长速度一直快于 GDP 增长速度，因此内需及消费越来越成为经济的重要支柱。而随着人民币国际化进程的推进，国际需求也可以得到进一步的开启。从这个意义上来看，拉动经济的"三驾马车"都在向着比较乐观的方向发展。唯一需要警惕的因素是时间：随着人口老龄化的逐步加深，其可能会导致我国制造业优势的丧失。如果不能在此期间发展出引领性的高端制造业，提升产业工人的人力资本水平，又不能有效解决人口结构问题，那么在中期内很有可能导致经济的衰落。

从长期角度来看，中国经济风险与机遇并存。在长期视角下，决定中国经济成功的关键是中国市场环境的建设，换言之即是中国经济改革的推进情况。这是一个非常复杂的系统性工程，仅就经济层面而言已非常不易。我国政府在国民经济中占有举足轻重的地位，这不但体现在各种宏观经济政策上，也体现在大型国有企业上。要将这样的结构转变为市场主导型经济，充分发挥市场所带来的创造力，无疑是一个十分艰巨的任务。国有企业对经济的作用很大，但却一直因垄断、不透明、效率和创造力低下、内部人控制等问题而饱受诟病；政府干预在总体上保证了经济的稳定运行，但在局部却有腐败问题，有时也难避越俎代庖之嫌。这些负面的因素，阻碍了创新型市场经济的发展。从这个角度来讲，改革势在必行。如果成功，中国经济将迎来新的发展时期，并为最终真正进入发达国家的行列铺平道路；但万一失败，一次必然的经济危机将彻底摧毁中国经济发展的黄金时代，试图再聚集起足够的资源和实力完成同样的跨越，难度无疑会大幅提升。既然避无可避，就只能迎面应战，把握机遇，控制风险。

二 新时期国家战略、产业分化、全球化及 互联网金融对金融创新的要求

金融业，其行业的目的是为实体经济进行必要的资金融通和风险管理，是对实体经济的有效支持。充分建设和发展体系完备的金融业，更能够促进经济体的健康快速稳定发展。同时，金融业又是一个有机整体，因此，对场外股权交易市场的分析，必须置于整个金融改革中才有意义。同时，从金融市场这一整体出发所得到的方向性结论，对于场外股权交易市场下一步的建设，也具有前瞻性的指引价值。

（一）国家大战略下金融创新的目标和定位

自 2014 年以来，国家先后出台了一系列的重大战略，如"京津冀协同发展"战略、"一带一路"战略等，而这些战略的最终贯彻实施，无一不需要金融及金融创新的支持。我们认为，在这样的国家大战略背景下，金融发展的目标和定位是相当明确的，金融创新肩负着时代所赋予的历史使命。

由于国家战略分为国内战略和地区战略两部分，因而金融在国家战略中的目标及定位也自然而然地分为两个部分。无论是国内战略还是地区战略，国家战略都以国家的根本利益为出发点，因此这两个战略最终又在我国的核心利益上实现高度统一。

国内战略所对应的具体政策和文件数量较多，涉及的层面也各不相同，包含"京津冀协同发展"战略、"中国制造 2025"发展纲要等一系列内容，并提出中国工业要实现"中国制造向中国创造转变，中国速度向中国质量转变，中国产品向中国品牌转变"的三个转变纲领。究其实质，是要整合

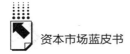

全国各区域的力量，改变原有低效、重复建设的发展方式，因地制宜，打造高效、特色化的产业集群，为我国经济带来新的增长方式和增长极，进而带动我国经济在新的时期继续保持中高速高质量增长。对于金融业来讲，这样的国内战略包含两个层面的内容。其一，金融业作为实体经济的重要支撑，应该对国家战略的实施起到切实的促进和保障作用。这意味着金融业的扶持重点要逐渐转移，从原有的服务大企业，转向服务适应新增长方式的企业。尽管总量结构的改变可能需要较长的时间，但金融业应强化对创新型中小企业的倾斜力度，帮助这些企业在残酷的市场环境和激烈的国内国际竞争中存活、发展、壮大。需要说明的是，地区错位发展和协同发展，并不意味着地区之间就完全没有竞争，事实上，一个地区的产业要真正具有国际竞争力和影响力，必须在国内市场站稳脚跟，而这肯定离不开区域间的竞争。在这里，金融支持就起到了引导性的作用，通过各地不同的金融政策，对各地区的金融资源进行不同的分配，才能实现目标产业的区域性集聚。从这个层面上讲，金融业，不但是实体经济的重要支撑，而且是产业集聚的抓手，在各地错位发展过程中起到相当重要的作用。其二，金融业不但是实体经济的重要支撑，其本身也是整个国民经济体系的重要组成部分，其自身也需要发展壮大。国内战略的实施需要大量的资金投入，仅凭政府投资是远远不够的。只有一个强有力的金融产业，才能够成为联系社会融资供给和社会融资需求的纽带，才能解决各项实体经济活动的资金来源问题。长远来看，金融业应取代政府投资，成为国内建设资金最核心的来源，从而为消费拉动型经济的发展创造条件。只有这样，市场的机制才能够充分形成，中国的市场环境才能得到全面改善。另外，金融业作为一个产业，本身就是高资本、知识密集型的，也符合未来集约型社会的发展要求，因此不能因为制造业的发展而偏废金融业，须知二者根本上是相辅相成的。

从地区战略的角度来看，情况就更复杂一些。因为地区战略本质上是为国内战略服务的。"一带一路"战略，能够消化目前国内的过剩产能，加快国内企业的国际化进程，从而带动各项转型和转变的实施，促进国内战略的最终实现。从这个意义上讲，金融业对地区战略的支持，与对国内战略的支持，其内容和方法是极其相似的，但手段有所不同。这主要是由于国际地区性建设所需要的资金，相较于国内的区域建设，从数额上更为庞大，从风险管理上要求也更为严格。这些都超出了我国目前的能力范围，只有与各地区乃至世界各国共同努力，才能为地区战略创造条件。为此，金砖国家开发银行、丝路基金、亚投行等金融项目的创建，就是为了借助国际资金和国际经验，来推动地区战略实施。在这里，金融业更多地体现为一种支撑，其产业规模本身的重要性就相对下降了。

综合以上两方面，金融业在国家战略中的定位和目标是，有效支持实体经济，通过对相关企业的重点扶持培育，带动国家经济转型和区位优化，壮大自身规模，发挥国际影响力，从而为国家经济的可持续发展创造条件。

（二）传统产业与新兴产业的分化对金融创新的要求

金融发展具有一定的特殊性。一方面，金融资源是有限的，也是有成本的，因此一般而言难以覆盖经济体中的所有产业和企业。这就必然导致金融资源对于所支持的领域和支持企业类型具有一定的选择权和选择性。另一方面，金融业的这种选择，通常受限于当前的金融结构，而金融结构的形成则具有一定的滞后性。现有金融资源的分配往往符合短期的效率目标，但从长远来看，却可能与社会福利目标相背离，或者至少无法充分满足代表最先进社会生产力的企业的融资需求。目前，我国经济正处于转型期，国家经济的发展呈现一种超前布局的态势。这种发展方式固然能使国家经济快速追赶世界先进水平，用数十年时间完成发达国家数百年的经济发展跨越，但也会导致现实市场选择与未来发展方向的背离。这无疑是转型期中一种非常重要的社会现象，甚至从某种程度上说，它也反映了改革的实质。从产业层面来看，传统产业与新兴产业的分化，正是这种背离的体现。无论是从赢利能力、产业与社会发展水平的契合度，还是从未来发展的空间来看，传统产业与新兴产业的比较结果都是毫无悬念的。为此，金融创新有必要做出回应。只有这样，才能使金融创新与实体经济的发展高度融合，并使两者的结构性调整和改革相互促进，顺应实体经济发展的新形势和新要求，最终促成经济

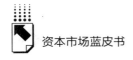

社会长远发展。

对于传统产业来说，主要有三个方面的问题。

第一，当前以及未来一段时期内，为传统产业提供金融支持仍然是金融支持实体经济的主体部分。尽管当前新兴产业发展势头迅猛，甚至涌现出了一大批具有世界影响力的品牌，但从总量上来看，传统产业仍然是国民经济的主导产业。互联网产业、高端装备制造业等新兴高技术产业，与传统的房地产、石油化工行业相比，在总量上仍有相当大的差距。考虑到我国经济转型的思路是发展和改革并举，即便仅仅是为了保持短期内经济的发展速度，对传统产业的金融支持也是不可荒废的。另外，由于新兴市场规模相对较小，市场承载能力有限，如果将全部金融资源都转入对新兴产业的支持，无疑会推高其资产及生产资料的价格，造成重大的泡沫，从而成为金融隐患。同时，传统产业门类多样，对资金需求数额、回报周期有着相当大的差异，能够满足不同金融投资者的需求，有利于分散金融风险。再者，金融创新和金融改革都应是一个渐进的过程，过于快速和激烈的变动所带来的破坏作用比较大。因此，仍应对传统产业的金融支持高度重视。目前，我国以银行业为主导的金融体系，与这一目标是基本匹配的。只是，对传统产业"大水漫灌式"的金融支持已然过时，对传统产业的金融支持可以有一定的侧重点，这就要求银行业内部进行适当的改革，以对不同传统行业实施有区别的支持策略。

第二，金融创新应侧重激发传统产业中基础性产业的活力。所谓基础性产业，就是关系国计民生的产业，它们或为满足人民生活的基本需要，或为其他产业提供重要的和不可替代的工业资源。这些产业可能并不新兴，但对于整个国民经济的发展仍是必不可少的，因此仍应获得金融业的支持。从现实情况来看，基础性产业的分化相当严重。部分基础性行业由大型国企所垄断，它们大多拥有充足的金融资源。但是这些金融支持并没有使这些基础性产业的活力得到提升，部分行业甚至存在严重的重复建设，这无疑是极端低效的。而另一部分基础性行业，如轻纺业、食品加工业等，也确实关系到民生，但由于行业的竞争性特质，企业规模相对较小，利润空间有限，金融支持相对不足。如果能够通过金融创新，使金融业在为这些企业提供支持的同时，提高银行的监督能力，则有助于社会整体金融效率的提升，不但能够激发活力，也有助于一系列社会问题的解决，当然是一举多得之策。

第三，金融服务应侧重于支持传统产业的升级和创新。对于产业而言，一个经典的论述是"没有落后的产业，只有落后的技术"。尽管在社会的潜意识里，可能隐含着将传统产业与低端产业相对应的认识，但在事实上，像钢铁、石化等传统产业，也可以有绿色环保的发展方式，也可以有特种钢材、精细化工等高技术含量、高附加值的业务门类。之所以会产生这种对应，主要是因为社会对于环保的要求与企业对于环保的动力存在联动机制上的障碍；而发展高端业务门类，则受制于技术储备不足、研发经费高昂和研发成果转化周期不匹配。要想破解这种困境，仅靠国家的政策引导是不够的，还需要对企业予以市场层面的刺激，这即是金融创新的任务。银行并不应该成为被动的利息获取者，而应以一种更加积极的姿态介入企业的日常活动，加强对企业的监管，以确保资金不被应用于重复建设或者低端高污染领域。

对于新兴产业，问题则要复杂得多，可以粗略地归结为以下几个方面。

第一，与传统产业相比，新兴产业的知识技术密集程度要高得多。许多企业的生产研发内容，即便对于业内专家而言都是十分复杂的。而对于目前以银行为主导的金融机构来说，充分获取相关知识，需要付出巨大的成本，因而通常是难以做到的。这种信息不对称所导致的结果，就在于银行难以对企业经营状况进行合理的把握，对企业的经营风险和经营预期不能做出有效的识别和评估。由于银行系统有严格的风控要求，风险承受能力不强，因此不能为此种企业提供有效的金融支持。为破解这种困境，要么要求金融机构能够容忍更高的风险，要么要求金融机构更深地介入企业发展，学习相关知识。这两种解决方案，对于银行来说前者是不可能的，而后者，则需要专门团队分散经营，也与银行的规模效应存在一定的冲突。因此，这样的融资支持，仅通过银行内部的金融创新恐怕是难以实现的。

第二，与传统产业相比，新兴产业企业的融资具有鲜明的阶段性特点。

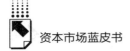

处于初创期或成长期的企业，其规模仍相对较小。这就使企业的融资需求数额相对较小，且分布十分分散。同时，这样的企业往往缺乏完善的财报体系，进一步加剧了金融机构获取企业信息的难度。这一时期的企业一般都具有盈利前景，但现实赢利能力不足。金融机构进行此类融资往往需要承担极高的风险。而对于处于成长壮大期的企业而言，由于往往涉及业务拓展及相关平台的建设和维护，其所需要的资金数额往往十分庞大，虽然风险较初创期有所下降，但却面临持续投入等诸多方面的问题。在这样的条件下，银行融资介入也有一定的困难。而成熟期的企业，往往具有较好的现金流，其主营业务已日臻成熟，并不需要太多的外部融资，而若因开发新项目需要融资，该项目投资收益面临的风险问题和回报率问题与处于壮大期的企业往往并没有太大差别。对于新兴产业的企业而言，目前银行所能提供的贷款融资，只能覆盖成熟阶段的部分内容，对于其他阶段则无能为力。涉及金额巨大，或者风险巨大，这也不是通过银行内部金融创新所能解决的问题。

第三，与传统产业相比，新兴产业利润的获得要素有所不同。传统产业的利润来源于产品的实用性，其价格也相对稳定，因此对于银行债务融资的偿付能力有比较好的保障。而新兴产业，尤其是高科技产业，其利润获取不但取决于产品的实用性，更取决于其创新性。市场对新兴产业相关产品的价格接受具有一定的弹性。这就导致相关企业的利润具有不稳定性，一款成功的产品可能马上使企业做大，而一款失败的产品则可能瞬间使公司陷入困境。与传统产业稳定的利润相比，新兴产业的利润具有周期性和爆发性，且其周期与爆发的方向难以事先预判。在这样的条件下，以银行为主导的融资系统，受限于风险收益，仅通过内部创新，恐怕也是难于应对的。

综上所述，对于传统行业而言，目前以银行业为主导的金融体系基本能够适应当前的融资模式。尽管由于货币政策等方面的问题可能导致实体经济中资金量不足，但这并不是金融创新的主要矛盾。银行体系的金融创新应从消极的风险收益评估，向着加强监管，兼顾提高企业竞争活力与竞争效率的方向转变。另外，新兴产业的融资需求，并不能通过银行的内部业务创新来满足。换言之，新兴产业的发展与目前的金融结构存在一定的不匹配。由于相对于传统产业，新兴产业所占的市场份额必定相对扩大，因此以银行业为主导的金融体系必定需要进行适当的调整，其调整幅度和范围则取决于新兴市场与传统市场的发展角力。为了保证经济的稳定，银行业应该在金融结构中占据相当重要的地位，但为了新兴产业的发展和经济的快速增长，也应该提高其他融资渠道在资本市场融资份额中的占比。这也就意味着需要在保持银行业发展的同时，大力发展其他资本市场。在这其中，场外股权交易市场由于最能够匹配中小型企业灵活多样的组织形式和满足其资金需求，应该重点强化。

（三）全球化对金融创新的要求

全球化是历史发展的大潮，难以阻挡。事实上，改革开放以来我国经济的飞速发展，就是在全球化分工过程中，找到自身定位的结果。然而，随着我国经济发展进入新时期，原有的定位已出现了一定程度的不协调，因此有必要重新审视全球化对我国金融创新提出的要求，并做出相应的回应。在这里，我们主要从两个方面进行分析，一个是金融全球化对金融创新的要求，另一个是产业全球化对金融创新的要求。

首先，从金融全球化角度来分析。近年来，随着经济的飞速发展，我国在全球的影响力也稳步提升。但与此相对应，人民币的国际地位与我国在国际贸易中所处的位置是不匹配的。在1998年亚洲金融危机中，人民币的相对独立在一定程度上隔绝了国际金融风险，而在2008年全球金融危机中，人民币与世界的联系程度提高也在客观上使我国经济受到的影响更大。当然，这样的对比分析其实并不严谨，但作为分析金融全球化问题的一个侧面至少具有一定的代表性。目前，人民币国际化的进程已持续了很长一段时间，而从趋势上，人民币的国际化也不可逆转。作为一种国际化的货币，其汇率及价格指标的波动将全面由世界市场决定，届时世界市场的波动，便不仅仅对央行的政策工具有所限制，也会对各级商业银行产生直接的影响。而全面的金融国际化，则在带来全球廉价资本的同时，也带来了全球经济波动的风险，而金融全球化的程度越高，这种波动所带来的负面效应也就越直接

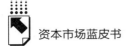

和明显。从历次经济危机的爆发和平息过程来看，银行业风险隔离的能力较好，即便证券市场出现波动，只要银行业尚未出现破产倒闭潮，经济危机爆发的可能性就比较低。但一旦危机从银行层面扩散出来，或者甚至银行本身就是危机产生的原因，那么将极大地影响社会对未来经济前景的预期，接着将造成证券市场的崩溃。此外，当经济危机的破坏业已造成时，证券业的复苏一般也要快于银行业。正是由于银行业的重建是一个非常困难的过程，为了起到更好的风险隔离效果，维护经济形势的稳定，有一批具有相当规模和实力的银行仍是必需的。

其次，从产业国际化的角度来讲，发达国家已逐步认识到制造业对于稳定国民经济、提升抗击金融风险能力的重要意义，纷纷提出制造业回归的口号和目标。不论是美国的再工业化战略，还是德国的工业4.0计划，对于我国的制造大国地位都是一个强烈的冲击。长久以来，"中国制造"质量水平的提升，采用的都是"引进—消化—吸收—再创新"的工业发展道路。但现在的新情况可能意味着，在今后一段时间内，我国原来的水平追赶策略将逐渐失效，因为技术是高端工业和高端制造业的命脉所在，关注制造业的国家，必定对能带来核心竞争力的关键技术严格保密，并限制相关技术的扩散。同时，科技进步也使得外力的逆向破解难度越来越大。所有这些因素都表明，无论是传统企业，还是新兴企业，其对于技术的获取，都需要从原来的引进转向自主研发。从成本上来讲，引进技术的成本无疑具有更高的性价比和时效性，而自主研发对于企业来讲肯定代表着更高的成本和投入。国际上的技术竞争，所采用的方式大致上是，拥有优势技术的企业通过限制技术扩散获得超额利润，而当同类技术被开发出来之后，则通过大幅度降价，以更成熟的产品继续保持市场占有率。对于我国的大多数企业来讲，技术环节仍是其薄弱环节；而这种国际竞争方式，延长了企业的技术研发周期，同时降低了技术研发所带来的收益，变相扩大了技术研发的时间成本和资金成本，限制了后发企业的研发动力和研发意愿。如果这种情况扩大化，则必然对我国由"中国制造"向"中国创造"的转型带来不利影响。既然金融业需要为实体经济提供支持，那么也就必须对这种情况有所应对。然而，传统的间接融资，由于具有固定的资金成本和相对固定的融资周期，并不适合应对这种情况。其内部改良措施，诸如无形资产质押或知识产权融资，从目前实际操作的情况来看也存在很多问题。这说明，在现有条件下，以银行贷款为代表的间接融资，不能很好地为企业的长期技术研发提供资金。只有大力开发更为灵活的股权、债权融资渠道，才能更好地解决企业可能会面对的问题。而这些都属于场外股权交易市场可以也应该涉足的领域。

综合以上两方面，在全球化背景下，出于风险的考量进行银行业建设，是绝对必要的。与此同时，出于效率和灵活性的考量，也要积极拓宽其他资本融资渠道。在全球化的历程中，如何平衡安全与效率的关系，就成了金融创新与金融结构调整所需要考虑，也是必须面对的重大课题。

（四）"互联网金融"及"互联网＋"对金融创新的要求

关于"互联网金融"和"金融互联网"概念，学术界仍存有争议。不过一般认为，后者是互联网概念，指的是金融企业通过互联网这一新工具来发展自己的传统业务，类似的网银等属于这一类；而前者则属于金融概念，指的是传统金融机构或者非传统金融机构，借助互联网平台的信息收集优势和化零为整的碎片化处理能力，所发展和衍生出来的一系列新的金融工具，典型的代表案例便是各种"宝"类理财工具。本文遵循这一定义，并认为，"金融互联网"是金融业发展的必然选择，信息化和自动化所带来的金融业务效率提升是显而易见的，但这并不是互联网对于传统金融业务的冲击，除了网络安全之外，也没有给传统的金融业务带来任何挑战，因而并不需要具体分析。而"互联网金融"则不同，事实上，目前发展得最好的一批互联网金融产品，都是以实体企业或企业平台作为后盾，而不具有传统的金融机构背景。而且这些产品，与传统的银行业务存在着相当程度的竞争。尽管目前由于相关产业仍处于初创期，其规模相对于银行规模来讲仍比较小，但这种观念和结构性的冲击，却有可能对当前的银行体系造成颠覆性后果，值得深入讨论。至于"互联网＋"概念，则更多属于一种产业概念，它是指某一行业中的企业，借助互联网的信息处理能力，对自身资源进行优化配置，

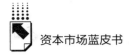

从而实现企业效率提升的过程。按照这一定义，从广义上来讲，"金融互联网"与"互联网金融"都可以看作金融行业的"互联网＋"，只不过一个层次较浅，另一个层次较深罢了。

对于"互联网金融"而言，它主要解决了碎片化资金的投资理财问题。这是国内传统金融体系中的一个空白，事实上，银行业务中并没有能完全与之相对应的相关业务。与银行的理财业务相比，互联网金融并不对参与者的资金规模设置门槛，也并不限制参与者对资金的使用。客观而言，目前互联网金融的主打产品，是一种融合了储蓄和理财功能的金融工具，而其收益率，不但高于银行定期存款，甚至也高于银行理财业务。这就极大地挤压了银行吸储的能力，从根本上动摇了银行的贷款来源。从国外的经验来看，互联网金融并未在国外爆发式发展，主要是因为其金融体系已初步具备碎片化金融资源的处理能力，同时金融业的市场化水平较高，收益与风险已基本实现了对应。在这种情况下，国内互联网金融产品所赖以扩张的利息优势便不能成立，因而其对国际市场格局并没有多大的触动。通过国际和国内的对比，我们就能发现，目前国内金融机构的服务水平和服务能力与国外先进水平仍有较大差距，互联网金融的产生不过是将这种问题暴露出来，从而倒逼国内金融机构的改革罢了。

而对于"互联网＋"而言，正如之前金融业的类比，分为两个层次，即比较初级的层次和比较高级的层次。从目前相关资源的情况来看，想要充分发挥互联网优化资源配置的能力，仍需要一段时间来对互联网处理平台、云计算平台等基础设施进行构建和完善，因此在短期内推进高层次的"互联网＋"业务，对于非高科技企业而言是比较困难的。但即便是初级层次，即通过互联网平台来消除市场的信息不对称问题，拓展企业的采购和销售渠道，都可以对企业业绩的提升带来相当大的帮助。而且，这种"产业升级"的方式相对简单，尤其适合传统企业。对于一般性的业务拓展，企业通过互联网的引入，加快产品的销售，从而加快自身成本投入的流转速度，自然会带来更高的收益，从而为扩张企业规模提供条件。这时的金融业务属于传统金融业务范畴，并不需要专门为这样的业务准备特殊的金融服务。但在进行一般性业务拓展的同时，也有可能造成传统的"先生产再销售"经营模式的改变。由于生产模式由"生产→销售"转变为"定制→生产"，这时，因扩张的需求发生在实际的销售过程之前，企业的规模扩张就需要新型的金融业务支持。诸如票据融兑、商业保理等方面的业务需求由此而产生。这些业务中，有些可以通过银行自身来完成，但有些就必须借助其他金融市场和金融机构的力量了。

综合以上四点，我国金融业中，资本市场的发展仍处于相对不完善的状态，不能够有效解决现在及未来企业融资所面临的种种问题，需要继续深化金融改革和金融创新。不但要在银行内部进行相关的金融创新，更紧迫的是要加快资本市场的发展，以弥补银行业为主的金融体系在满足企业多种融资需求方面的不足。只有银行、证券等多方面的金融市场均衡、健康、稳定地发展，"百花齐放、百家争鸣"，才能充分实现金融服务实体经济的根本目标。这就是新时期国家金融改革与金融创新面临的问题，也是新时期国家经济发展对金融改革与金融创新的迫切要求。

三 新常态经济转型期对我国资本市场发展的要求

前文结合我国经济发展新常态和经济转型期的主要特点，从不同方面探讨了我国推进金融创新的总体要求。资本市场是金融体系创新中的重要环节，当前包括沪深交易所市场、新三板、天交所及其他各地区域性股权市场在内的多层次资本市场体系已基本形成，所以具体到当前新常态经济转型期对我国资本市场发展的要求也分为两个层面。

（一）对资本市场的改革完善提出了多重性要求

1. 资本市场服务实体经济的能力需要进一步加强

一方面，我国直接融资规模还比较小。在大部分成熟市场和一些新兴市场上，公司外部融资主要通过发行股票和债券等直接融资方式，而不是银行贷款，但我国目前直接融资的比例仍然较低。2007～2012 年，我国社会融资规模中直接融资占比分别为 11.1%、12.7%、11.3%、12.0%、14.0% 和 15.9%，虽然该比例呈现提高的趋势，但仍然偏低。2012 年，我国社会融资规模为 15.76 万亿元，其中银行信贷 8.2 万亿元，占 52.03%，债券 2.25 万亿元，占 14.28%，股票 0.25 万亿元，占 1.59%，直接融资占比明显偏低。另一组统计数据显示，截至 2012 年底，我国股市市值、政府债券和非政府债券余额分别占金融资产总存量的 21%、7% 和 15%，银行贷款余额占比却高达 57%。而同期，多数发达经济体直接融资存量占比达 60% 以上。

另一方面，我国资本市场服务实体经济的作用还需要提升。截至 2012 年底，我国股市市值为 23.04 万亿元，世界排名第二。债券市场托管量合计 26.21 万亿元，其中公司信用类债券托管量为 7.20 万亿元。虽然股债绝对存量较大，但相对于经济总量而言规模偏小。国内非政府债余额与股市市值之和相对于 GDP 的比重仅为 75%，与印度和巴西的水平相当，而美国、英国、德国和日本则分别达到 208%、171%、81% 和 128%。我国股市市值相对于 GDP 比重仅为 45%，而英国、美国、韩国、日本则分别达到 145%、106%、104% 和 62%。

2. 资本市场的结构失衡问题迫切需要得到解决

我国金融体系总体结构的失衡表现为直接融资比例与间接融资比例的失衡，而资本市场的结构失衡也有多方面的表现。例如，股票市场与债券市场结构失衡——直接融资结构不合理，交易所市场中股票和债券比例失调，"重股票、轻债券"的现象依然存在。此外，债券市场内部则存在着产品结构和投资者结构失衡。而股票市场内部结构的失衡主要表现在两个方面。

一是不同市场层次失衡。发达国家成熟股票市场的多层次结构特征是层次分明、相互递进，整个市场大致呈金字塔状，即主板位于塔尖地位，主要服务于大型成熟企业，场外交易市场位于塔基地位，培育小微企业，为场内交易市场输送大批优质的上市资源，创业板则位于主板与场外交易市场之间，主要为大量创新型、创业型的新兴产业、高科技企业服务。以美国为例，其 OTC 市场共有上市企业约 2 万家，纳斯达克市场有上市企业 2700 多家，纽交所市场有上市企业 2400 多家。而且，作为传统主板市场的纽交所与创业板市场的纳斯达克市场内部也实现了自主分层，即纽交所分为传统的主板市场、MKT 市场（原 Amex 市场）和 Arca 市场（电子交易平台市场）。同美国市场的金字塔式结构相比，在我国虽然新三板和各地区域性股权市场近两年也得到了迅速发展，但考虑到新三板推出时间尚短、各地区域性股权市场发展又不够充分，尽管我国场外交易市场挂牌企业数量已超过场内交易市场，但就融资、交易等市场功能而言，我国资本市场体系仍呈现明显的倒金字塔结构。畸形的市场层次结构不利于股票市场服务实体经济功能的发挥，大量亟须资本扶持的中小企业无法利用股票市场发展壮大，同时也无法为场内交易市场培育与输送大批优质成熟的上市后备资源，场内市场与场外市场未能形成有效互动。

二是上市公司行业结构失衡。首先，当前产能过剩及落后的传统周期性行业仍在我国股票市场中占据主导地位。根据 GICS 行业分类，在 A 股上市公司中，金融、工业、能源、原材料这些传统类行业公司总数占比 53%，市值占比 63%，净利润占比 82%，而医疗保健、信息技术和可选消费品等主要战略新兴行业公司总数占比 37%，市值占比 27%，净利润占比 11%，表明大量社会资本沉淀在产能过剩严重的传统行业中，从而对需要大量发展资金的新兴产业发展形成了一定程度的资金"挤出效应"。其次，中小企业及创新产业上市公司比重过低。截至 2014 年 7 月底，沪深两市 A 股上市公司共计 2537 家，其中，中小板市场 722 家，创业板市场 383 家，二者合计占 A 股总数的 44%；就上市公司市值而言，沪深两市 A 股总市值约 26 万亿元。其中，中小板、创业板上市公司市值分别为 4.3 万亿元和 1.8 万亿元，仅占总市值的 23%。近年来，虽然我国 A 股市场中的各类中小企业与创新企业的公司数和市值规模都有较大的提升，但仍有大量代表我国未来经济发展方向的创新产业及新型商业模式的企业未能在本土股票市场获得有效的服务，而只得被迫转至境外市场寻求资本支持。

3. 资本市场的主要功能需要更加完善

资本市场具有四大功能，即价格发现功能、资源配置功能、风险管理功能和公司治理功能。一个成熟高效的资本市场对于经济的发展毫无疑问是非

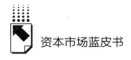
常重要的，一是可以为企业融资，支持企业创新成长，使经济释放活力；二是通过股价反映公司经营策略、管理层的经营能力，如果公司管理层能力不足，甚至还可以通过资本力量更换 CEO，这是完善公司治理的一部分，对公司股东来说是一种约束激励的手段。但是，如果资本市场上资本没有话语权，则很难形成对公司经营的反馈机制。例如，在中国当前上市的国有企业，国有股东占有控股权，但是很多国有企业即使亏损也不会更换管理层，资本并不以股东回报为最终考量；在民营企业中，大股东一般为实际控制人，中国市场上的中小股东力量很弱小，不具有像美国那样把小股东联合起来维权的法律手段，因此大股东联合资本坐庄的事例并不少见，中小股东的利益得不到保护，中小股东成为弱势群体，资本市场成为少数人的"圈钱游戏"。

因此，为适应我国新常态经济转型期实体经济发展的需求，必须完善我国资本市场的主要功能，彻底改变当前我国资本市场中"融资功能重于投资功能，投机者多于投资者，为国企服务多于为民企服务，政府导向多于市场行为"的发展现状。

（二）对场外股权交易市场的要求——坚持中小微企业服务定位

中小微企业是市场经济体系中的基本组织，具有数量大、分布广、类型多、活力强的突出特点。从国际和国内经验来看，中小微企业都是国民经济发展的重要支撑和就业的主要渠道，同时也是科技创新的重要力量。相关统计数据显示，目前我国中小微企业占企业总数的 99.7%，其中，小微企业占企业总数的 97.3%。小微企业提供了 85% 的城乡就业岗位，最终产品和服务占国内生产总值的 60%，创造了一半以上的出口收入和财政税收，在国民经济中的支撑作用越来越大。要适应和有力支持我国新常态经济转型期国民经济发展，对于场外股权交易市场来说，要重点定位和从多方面服务于场内交易市场覆盖不到的广大中小微企业。

1. 帮助中小微企业从根本上破解融资难、融资贵问题

根据前文分析，我国金融结构的严重失衡、直接融资支持不足，加之间

接融资结构不合理，使得我国广大中小企业，特别是大量创新型、成长型的小微企业长久受到"融资难、融资贵"问题的困扰。近年来，从国家各部委到地方政府各个层面都出台了系列支持中小微企业发展的政策，但客观来说，中小微企业面临的融资难、融资贵局面没有得到根本改观。造成中小微企业融资难、融资贵有两方面原因：一是融资渠道不通畅、灵活机制缺乏。现有资本市场门槛过高，企业向社会公开发行债券受到严格管控，造成企业直接融资渠道受阻，大量实体企业不得不向银行间接融资，这就形成了银行资金的卖方市场，企业处于被动地位。二是以银行为主导和代表的金融经营机构行为模式不易改变。银行受追求最大商业利益动机驱使，在信贷投放中对担保抵押要求高，大量中小微企业因此陷入融资难困境。一些企业在银行贷不到款，转而向小额贷款公司、金融典当等非银金融机构融资，这些融资方式实质上与高利贷融资无异。而这些机构很多是从银行低利率获得资金再转手贷给企业，层层加价，大大推高了中小微企业的融资成本。

大力发展以区域性股权交易市场为代表的场外股权交易市场，可以有效解决中小微企业融资难、融资贵问题。尽快明确区域性股权交易市场定位、发展路径和监管框架，可以更好地支持区域性股权交易市场依法为更多中小微企业提供多元化融资和股权转让服务。随着我国多层次资本市场广度、深度的拓展，场外市场将更好地满足各类中小微企业多样化的融资需求，从而为做强实体经济、扩大就业和改善民生提供有力金融支持。

2. 通过规范和孵化培育，为中小微企业长远发展打牢根基

场外股权交易市场对中小微企业的公司治理规范功能，也有利于中小微企业形成良性发展机制和实现长足发展。2014年以来，以天津股权交易所为代表的全国各地40余家区域性股权交易市场相继快速扩张，规模实现迅猛增长。根据ChinaScope数库统计数据，截至2014年12月底，区域性股权交易市场合计挂牌公司已达到14952家，至2015年1月下旬已经突破15000家。当前，区域性股权交易市场已成为我国场外股权交易市场的主体部分。2015年3月，中国证监会主席肖钢在谈到区域性股权交易市场定位时提到四个方面，即对小微企业培育和规范的园地、小微企业的融资中心、地方政府

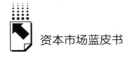

扶持小微企业发展综合政策运用的平台和资本市场中介服务的延伸。由此可见，以区域性股权交易市场为代表的场外股权交易市场，对于中小微企业的规范和培育功能，是比融资更为基础也更需要优先发展的市场功能。

中小微企业通过在以区域性股权交易市场为代表的场外股权交易市场改制挂牌，可以建立科学的现代公司治理结构，提升企业经营决策的有效性和风险防控能力；挂牌后，严格的信息披露要求和服务机构持续督导，有利于企业规范化水平持续提高。只有规范，中小微企业才能实现竞争力塑造和可持续发展，才能固本培元，行稳致远。

3. 为创新创业型中小微企业提供多方位综合金融服务

创新发展是中国经济步入新常态之后做出的战略抉择，"大众创业、万众创新"已成为推动我国经济继续前行的重要"引擎"之一。创新作为经济增长的关键动力，高度依赖于资本市场的发展，资本市场能为创新提供价格发现和融资供给功能，也能为创新提供成本补偿和风险分担，还能为创新的各个阶段提供相应的特殊支持。因此，资本市场是支持创新的重要平台。

而在目前我国资本市场体系中，主板市场门槛较高，对上市企业的业绩、规模要求相对严格，主板市场本身不适合为创新型科技企业服务；中小板市场只为少数较成熟的科技企业提供资金支持，没有建立起为中小企业服务的制度和交易机制，与主板市场的联动与分层也不明显；创业板市场尽管发展迅速，但由于制度建设的滞后，某种程度上阻碍了创新型企业登陆创业板市场融资。另外，出于分散风险、变现盈利等考虑，我国风险投资将大部分资金投向了创新型企业的中后期，而投向种子期和初创期的资金则甚少，十分不利于我国创新型企业的发展和高新技术成果的实现，偏离了支持高新技术企业的方向。

场外股权交易市场对创新的推动作用十分重要，但我国目前的场外股权交易市场在整个资本市场中是最为不发达的一个部分。鉴于天使投资进入和退出的创新型企业大多具有处于交易种子期或初创期前期而实力较弱的特点，我国应大力发展以区域性股权交易市场为代表的场外股权交易市场，逐渐完善资本市场体系，使越来越多的天使投资人股权投资可以在场外股权交易市场上交易流通。

2015 年 3 月，国务院办公厅发布《关于发展众创空间推进大众创新创业的指导意见》（以下简称《意见》）。《意见》指出，到 2020 年，培育一批天使投资人和创业投资机构，使投融资渠道更加畅通；孵化培育一大批创新型小微企业，使能够引领未来经济发展的骨干企业脱颖而出，形成新的产业业态和经济增长点。《意见》明确提出，"完善创业投融资机制。发挥多层次资本市场作用，为创新型企业提供综合金融服务。规范和发展服务小微企业的区域性股权交易市场，促进科技初创企业融资，完善创业投资、天使投资退出和流转机制"。随着《意见》的逐步贯彻落实，以区域性股权市场为代表的场外股权交易市场，将为助力服务创新创业型中小微企业发挥更大作用。

四 我国场外股权交易市场发展评述

在我国经济发展新常态和经济转型期，为数量最多、行业分布最广的中小微企业提供有力的金融支撑尤为重要。而场外股权交易市场在服务对象定位、市场特有的收益风险分担机制、服务功能以及服务的深度和广度方面与中小微企业能够很好地适应和匹配。以下分别从我国场外股权交易市场的发展历程回顾、成绩现状总结及当前发展中遇到的问题展开分析。

（一）当前场外股权交易市场发展的现状

1. 新三板

三板市场起源于 2001 年的"股权代办转让系统"，它是由中国证券业协会协调部分证券公司设立的，主要解决主板市场退市公司与 STAQ 和 NET 两个停止交易的系统上公司股份转让的问题。2006 年，中关村科技园区非上市股份有限公司进入代办股份系统进行转让试点，因为挂牌企业均为高科技企业而不同于原转让系统内的退市企业及原 STAQ、NET 系统挂牌公司，故称为"新三板"。2012 年 8 月，经国务院批准，启动扩大股转系统试点，除原北京中关村科技园区以外，新增上海张江高新技术产业开发区、武汉东

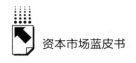

港新技术产业开发区和天津滨海高新区。在区域性扩容的短短一个月后，全国中小企业股份转让系统注册成立，至此，"新三板"才真正以法人实体的形式存在。2013年底，"新三板"扩容至全国。目前，新三板不再局限于国家高新区，而是面向中小微企业的、全国性的非上市股份有限公司股权交易市场。

（1）政策导向

2014年是新三板迅猛发展的一年，在政策制度上，创业板单独层次、做市交易、分层管理、竞价交易等诸多方面都得到了进一步明确和完善。

2014年11月21日，中国证监会表示，一段时期以来，许多主办券商、挂牌公司、投资机构及自然人投资者向全国股份转让系统公司提出："500万元证券类资产"的准入标准过高，建议适当降低投资者适当性管理标准，以适应市场发展的需要。全国股份转让系统公司高度重视市场的意见和建议，表示将结合市场的功能定位、服务模式及监管体系进行深入研究。2014年12月22日，全国中小企业股份转让系统（"新三板"）副总经理隋强表示，预计2015年年中前后竞价交易系统上线，市场分层方案2015年第三季度征求意见。2014年12月26日，中国证监会发布《关于证券经营机构参与全国股转系统相关业务有关问题的通知》，允许主办券商探索股权支付、期权支付等新型收费模式，支持基金管理公司子公司、期货公司子公司、证券投资咨询机构等其他机构经证监会备案后，在全国股转系统开展推荐业务；明确提出券商自营资金、资管产品和公募基金产品可以投资新三板，支持证券期货经营机构利用全国股转系统补充资本。

（2）发展现状

全国股转系统服务范围于2013年底正式扩至全国，经过2014年一年的发展，市场规模呈现爆炸式增长。截至2014年底，全市场共有挂牌公司1572家，总股本658.35亿股，总市值4591.42亿元，分别是2013年底的4.42倍、6.78倍和8.30倍。挂牌企业中，中小微企业占比近96%；民营企业占比近97%。从挂牌公司的行业分布来看，制造业行业的公司最多，共883家，占比达到56.17%，其次是信息传输、软件和信息技术服务业，建筑业，科学研究和技术服务业，以上三个行业的挂牌公司数量占比均在3%以上。从挂牌公司的地区分布来看，挂牌公司数量50家以上的省份有北京、江苏、上海、广东、山东、湖北、浙江和河南，合计占比73.99%。股东人数分布方面，挂牌公司股东人数相对集中，200人以上的公司仅12家，占比0.6%；101~200人的公司51家，占比3.24%。95%以上挂牌公司股东人数在100人及以下。

2014年，"新三板"挂牌公司成交量22.82亿股，同比放大10.27倍；成交额130.36亿元，同比放大15.02倍。从2014年8月开始，成交量和成交额均明显放大，12月成交量和成交额最高，分别为6.04亿股和31.04亿元，换手率达3.25%。做市转让部分市盈率2014年8月开始明显提升，12月已达27.75倍，高于协议转让部分72%，协议转让部分市盈率维持在13~18倍。资本运作方面，2014年共有24家挂牌公司并购重组，涉及资金30.96亿元。其中8家挂牌公司涉及重大资产重组，交易金额13.74亿元；被并购或者因并购而终止挂牌的公司有16家，交易金额17.22亿元。投资者数量方面，2014年新三板个人投资者43980户，相比2013年增长5倍；机构投资者4695户，同比增长3.6倍。融资方面，2014年共有289家挂牌公司完成股票发行329次，融资132.09亿元，同比分别增长448.33%、1218.26%。

（3）"新三板"发展中呈现的新特点

一是市场交易日趋火爆。截至2015年5月底，有交易行为的挂牌企业已接近70%，而2014年此类企业仅有约30%。2014年"新三板"日均交易额8000万元左右，而截至2015年4月，日均成交量已经超过10亿元，最高单日成交量达到56亿元。

二是投融资规模加速增长。截至2015年5月底，全市场融资总量已经超过210亿元，比2014年全年净增将近100亿元。其中融资规模从几百万元到50多亿元不等，融资次数最多的达到4次。同时，企业融资的外部性增强，改变了新三板股权高度集中的格局，市场覆盖业态也不断加宽加厚。

三是做市商制度开始发挥作用。目前新三板做市企业共有346家，占比约15%，这对交易格局改变很大，做市交易也基本形成了一个连续的价格

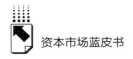

曲线，做市企业的融资行为和融资比重均高于协议转让企业。同时，做市企业的股价，已经成为发行融资、并购重组和股权质押的重要依据。

四是金融协同效应逐步显现。截至 2015 年 4 月，75 家挂牌公司的前十大股东中有上市公司，PE、VC 参股的挂牌公司占比达 45.5%。合作银行总量达到 27 家，2014 年对挂牌公司贷款超过 430 亿元，其中股权质押贷款融资 19 亿元，以净资产计算的整体质押率为 49.5%。2015 年以来，质押对象进一步丰富，包括国有银行、商业银行、投资机构、担保公司等，并在 2014 年的基础上新增了保理公司和信托公司。

2. 区域性股权交易市场

区域性股权交易市场（俗称"四板"）是为特定区域内的企业提供股权转让和融资服务的私募市场，是我国多层次资本市场的重要组成部分，对于促进中小微企业股权交易和融资，鼓励科技创新和激活民间资本，加强对实体经济薄弱环节的支持，具有积极作用。

2012 年 5 月，中国证监会下发了《关于规范区域性股权交易市场的指导意见（征求意见稿）》，从政策层面首次确认中国场外交易市场包括四个层次，明确区域性股权交易市场为四板市场。8 月底和 10 月初，证券业协会分别出台了《关于规范证券公司参与区域性股权交易市场的指导意见（试行）》和《证券公司参与区域性股权交易市场管理办法（讨论稿）》，明确了区域性股权交易市场的定位，明确指出证券公司可参与区域性股权交易市场，并规定证券公司以两种方式参与：一是以区域性股权交易市场会员的身份开展相关业务；二是在会员基础上，可入股区域性股权交易市场。

2013 年 8 月《国务院办公厅关于金融支持小微企业发展的实施意见》明确指出，"在清理整顿各类交易场所基础上，将区域性股权市场纳入多层次资本市场体系，促进小微企业改制、挂牌、定向转让股份和融资，支持证券公司通过区域性股权市场为小微企业提供挂牌公司推荐、股权代理买卖等服务"。

国内首家区域性股权市场是天津股权交易所，其成立于 2008 年 9 月。天津股权交易所的成立与运营，为区域性市场发挥了较好的示范作用，目前全国各地股权交易市场的建设不断提速，截至 2014 年底，我国 31 个省区市（不含港澳台地区）中除河南、黑龙江、云南及宁夏 4 省区外，其余各省区市均陆续形成了规范化的区域性股权交易中心（见表 2）。截至 2014 年底，全国各区域性股权交易中心挂牌企业累计近 25000 家，其中股权交易挂牌企业近 2400 家。

表 2　截至 2014 年底成立的股权交易中心及交易所

单位：家

省份	名称	成立时间	开业时间	交易板企业数量	展示板企业数量
天津	天津股权交易所	2008 年 9 月	2008 年 12 月	535	0
上海	上海股权托管交易中心	2010 年 7 月 19 日	2012 年 2 月 15 日	331	2798
江苏	江苏股权交易中心	2013 年 7 月	2013 年 9 月 24 日	4	64
浙江	浙江股权交易中心	2012 年 10 月 18 日	2012 年 10 月 18 日	194	1312
安徽	安徽股权交易所	2009 年 7 月 16 日	2009 年 7 月 16 日	65	179
北京	北京股权交易中心	2013 年 1 月	2013 年 12 月 28 日	102	338
广东	广州股权交易中心	—	2012 年 8 月 9 日	26	810
广东	前海股权交易中心	2012 年 5 月 15 日	2013 年 5 月 30 日	0	4292
广东	广东金融高新区股权交易中心	2013 年 7 月 11 日	2013 年 10 月 29 日	0	40
河北	石家庄股权交易所	—	2013 年 10 月 29 日	105	0
山东	齐鲁股权交易中心	2012 年 12 月	—	412	4243
山东	青岛蓝海股权交易中心	2014 年 2 月	2014 年 4 月	99	133
湖北	武汉股权托管交易中心	2011 年 9 月	2011 年 9 月	351	1835
湖南	湖南股权交易所	2010 年 12 月 6 日	2013 年 7 月	38	147
江西	江西省股权交易所	2011 年 6 月	—	0	0
福建	海峡股权交易中心	2011 年 10 月 26 日	2013 年 7 月 18 日	128	1020
福建	厦门两岸股权交易中心	2013 年 12 月 30 日	2014 年 4 月	0	932
四川	成都①（川藏）股权交易中心	—	2013 年 12 月 30 日	0	187
重庆	重庆股份转让中心	2009 年 7 月	2009 年 12 月 27 日	67	109
广西	广西北部湾股权托管交易所	2011 年 1 月 14 日	—	0	83
山西	山西股权交易中心	—	2013 年 8 月 29 日	0	1213
辽宁	辽宁股权交易中心	2013 年 2 月 7 日	2013 年 4 月 22 日	50	517
吉林	吉林股权交易所	2011 年 5 月	2013 年 6 月 28 日	7	0
贵州	贵州股权托管交易中心	2011 年 2 月 24 日	—	0	38
陕西	陕西股权托管交易中心	2014 年 1 月	2014 年 7 月	0	177

省份	名称	成立时间	开业时间	交易板企业数量	展示板企业数量
甘肃	甘肃股权交易中心	—	2013 年 12 月 16 日	0	1058
青海	青海股权交易中心	2013 年 6 月 16 日	2013 年 7 月 6 日	0	203
新疆	新疆股权交易中心	—	2013 年 10 月 21 日	24	477
内蒙古	内蒙古股权交易中心	2014 年 1 月	2014 年 5 月	0	232
海南	海南股权交易中心	2014 年 9 月	2014 年 12 月	0	49

注：①此交易中心为四川、西藏合作共建。

在表 2 的 30 家区域性股权交易场所中，天津股权交易所和上海股权托管交易中心是由国务院批准设立的，而其他交易所和交易中心均系地方政府批准设立，其中覆盖范围较广、影响较大的是深圳前海股权交易中心。

天津股权交易所是天津市人民政府根据国务院关于"要为在天津滨海新区设立全国性非上市公众公司股权交易市场创造条件"的要求批准设立的公司制交易所，于 2008 年 9 月在天津滨海新区注册成立。

天津股权交易所作为天津滨海新区综合配套改革和金融改革创新的重要平台之一，借助成熟资本市场成长经验，通过组织开展非上市公司股权融资、挂牌交易，探索建立中小企业、科技成长型企业直接融资渠道，促进非上市公司熟悉资本市场规则，完善公司治理结构，提升核心竞争能力，实现快速健康成长；通过建立和完善市场化孵化筛选机制，源源不断为主板市场、中小板市场、创业板市场和境外资本市场培育输送优质成熟上市后备资源；努力建设一个具有投资价值、充满活力又高度自我稳定、集中统一的非上市公司股权市场，成为中国主板、中小板、创业板市场的必要补充和重要基础支撑。

天津股权交易所遵循"小额、多次、快速、低成本"的成长型中小微企业特色股权融资模式，一般每次融资不超过 5000 万元，而且考虑到企业挂牌后的增发，以及带动的银行授信额度增加和股权质押融资，总融资额仍较为可观；中小企业按需融资，资金使用效率高，有利于市场理性健康发展。天津股权交易所不存在烦琐的层层审批手续，通过专业化的服务为企业高效完成股权融资，一般从项目启动到完成融资用时 3 个月左右，努力将企业融资的时间成本降到最低。天津股权交易所融资方式灵活，已挂牌的企业一年内可以通过天交所市场实现多次股权融资，融资效率较高。天津股权交易所综合挂牌成本远低于上市成本，且多地已出台的奖励政策能较大程度覆盖挂牌成本。

上海股权托管交易中心是经上海市政府批准设立的，由上海市金融服务办公室监管，遵循中国证监会对中国多层次资本市场体系建设的统一要求，是上海市国际金融中心建设的重要组成部分。① 上海股权托管交易中心注册于张江高科技园区内，注册资本 1.2 亿元，由上海国际集团有限公司、上海证券交易所、上海张江高科技园区开发股份有限公司和上海联合产权交易所分别按 31%、29%、23.25% 和 16.75% 的比例出资持股。

上海股权托管交易中心致力于与中国证监会监管的证券市场实现对接，除为挂牌公司提供定向增资、重组购并、股份转让、价值挖掘、营销宣传等服务外，还对挂牌公司规范运作、信息披露等市场行为予以监管，努力为挂牌公司实现转主板、中小板、创业板市场上市发挥培育、辅导和促进作用。交易中心旨在积极发挥"股份交易中心、资源集聚中心、上市孵化中心、金融创新中心"的功能。②

目前，上海股权托管交易中心正在大力开展与商业银行的一系列合作，鼓励商业银行为现有信贷企业客户提供规范、改制、Q 板挂牌、E 板挂牌、持续督导、并购重组、撮合融资、撮合交易、开户、三方存管、信贷等一揽子全方位综合性金融服务。同时，上海股权托管交易中心在依托当地特色开展的金融创新上也有所突破。一方面，为满足不同成长阶段的中小微企业对资本市场的需求，推出了中小企业股权报价系统（Q 板），为中小微企业提供各类信息发布和形象展示平台，搭建投融资对接的桥梁；另一方面，上海股权托管交易中心创新性地推出经纪业务会员制，让会员协助撮合投资者交易，有效提高了交投活跃度。

① 上海股权托管交易中心宣传资料。
② 上海股权托管交易中心官方网站。

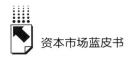

前海股权交易中心的前身是深圳联合产权交易所旗下的深圳新产业技术产权交易所，后通过增资扩股，深圳联合产权交易所完全退出，中信证券、国信证券、安信证券共同成为前海股权交易中心主导者①。前海股权交易中心是在深圳前海深港现代服务业合作区建设的国有企业控股、市场化运作的区域性交易市场，于 2012 年 5 月 15 日揭牌，2012 年 12 月 6 日完成增资扩股。公司注册资本 5.55 亿元，共有 8 家股东，其中三家券商分别位列持股比例前三名。

前海股权交易中心有如下特色。一是进场门槛低。符合"3211"挂牌标准的公司，都可以在该中心挂牌。二是融资费用低。为企业定制的私募和直销方式发债、发股融资，节省了大量保荐费、承销费、广告费、公关费，同时还大大降低了企业排队上市的机会成本。三是挂牌无审批。秉承"市场自治、规则公开、卖者有责、买者自负"的原则，企业只须达到中心设定的基本标准，即可申请挂牌，无须行政审批，致力于营造企业家与投资者各取所需、和谐共生的良好环境。四是配套服务好。中心向深圳市政府申请设立"中小企业发展基金"，为创业企业量身定制系列培训课程和咨询项目，并聘请海内外一流专家授课，帮助创业企业提升管理水平，实现跨越式发展。

此外，前海股权交易中心不同于其他市场之处在于：企业融资成本低廉；"7×24"运作，无严格的时间限制；互动对价：交易所市场强调时间优先、价格优先，场外市场是一个互动、对价的过程；客户定制：企业可以根据需要适时、灵活地筹措资金，不必像交易所一律批量发行；大量投资标本选择：前海股权交易中心的目标是 6 年达到 1 万家企业挂牌，为投资者提供更为灵活的选择；保护企业核心机密：不像交易所市场实行强制信息披露制度，企业信息只须对投资人定向披露；合作共赢：场外市场不关注交易，摒弃炒作，没有严格的一、二级市场划分，也没有严格的隔离墙制度，把市场构建成一个合作共赢的部落。

---

① 左永刚：《券商热衷参与区域性股权市场　地方 OTC 增投行色彩》，《证券日报》2013 年 6 月 22 日。

表3　天津、上海、深圳三地股权交易市场比较

项目	天津股权交易所	上海股权托管交易中心	前海股权交易中心
成立时间	2008 年 9 月	2010 年 7 月	2012 年 5 月
覆盖范围	全国 31 个省区市(不含港澳台地区)	长三角地区	珠三角地区
交易规则	集合竞价(投资人之间)+报价商双向报价(报价商和投资人)+协议转让(投资人之间)	协议转让	协议转让
挂牌企业数量(家)	500 +	5571	6094
融资总额(亿元)	271.98	70.56	74.73

　　从表3可以看出,从覆盖区域上看,天津股权交易所最为广泛,覆盖31个省区市,上海股权托管交易中心覆盖长三角地区,前海股权交易中心覆盖珠三角地区。从交易规则上看,天津股权交易所采取多元化策略,引入竞价和协商交易机制,而且天交所是目前唯一引入做市商制度的市场,其余的市场则采取单一交易制度。

　　从挂牌企业数量上看,前海股权交易中心最多,截至2015年6月7日,已经有6094家企业在前海股权交易中心挂牌,上海股权托管交易中心紧随其后,有5571家,其中E板挂牌企业413家,Q板挂牌企业5158家。挂牌企业最少的是天津股权交易所,只有500多家。但从融资总额上看,天津股权交易所为全国之最,达到了271.98亿元,其中累计直接融资81.62亿元,带动间接融资190.36亿元。前海股权交易中心位列其次,融资总额74.73亿元,上海股权托管交易中心为70.56亿元。

　　区域性股权交易市场通常被定位于为省级行政区划内中小微企业提供股权、债权转让和融资服务的交易场所。一个繁荣的区域性股权交易市场对地方经济的发展具有十分重要的促进作用。一方面,有助于整合各类资源为区域经济建设服务,另一方面,也有助于围绕该交易市场打造区域性经济金融中心。因此,地方政府对企业在股权交易市场挂牌都给予了较大的补贴。

　　在快速扩张的同时,区域性股权交易市场的发展也面临着一些困境,主

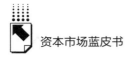

资本市场蓝皮书

要表现在以下几个方面。

一是法律地位尚不明确。按照《中华人民共和国证券法》（以下简称《证券法》）、国务院关于《清理整顿各类交易场所切实防范金融风险的决定》等法律法规，股票交易场所必须依法或由国务院批准成立。而除了初期建立的几家区域性股权交易市场外，大部分新建或筹建的区域性股权交易市场并未取得国务院的批文，各地设立的区域性股权交易市场遵循的基本是中国证监会出台的证券公司参与区域性股权交易市场的有关规定。值得关注的是，中国证监会的该规定仅适用于证券公司参与或主导建设、运营的区域性股权交易市场，而各地政府批准设立的当地区域性股权交易市场并不适用于该规定。可以想象，如果这种情况继续蔓延，很有可能会导致又一次的针对该领域的"专项清理整顿"，这对于本身就定位不明的区域性股权交易市场无疑将是一场灭顶之灾。

二是制度约束的不平衡。按照证监会的相关规定，主板、创业板、"新三板"的股东人数均可以超过 200 人，但在区域性股权交易市场挂牌的企业，其股东不能突破 200 人，股份也不能公开转让。这种限制的结果就是股东人数超过 200 人的中小企业，要么在"新三板"挂牌，要么不在任何市场挂牌，就是不能在区域性股权交易市场挂牌，这对区域性股权交易市场来讲显然是不公平的。同时，"公开"的定义，也对区域性股权交易市场的发展起到了阻碍作用。由于市场行情的公开性，任何符合投资者标准的投资者都可以参与，而区域性股权交易市场基于非公开市场的定性，就给了信息披露不对称等不公正行为以变相保护，进而会由这种现象导致严重的内幕交易等犯罪行为，若继续纵容，甚至会从根本上动摇区域性股权交易市场的根基。

三是融资功能不足。虽然很多区域性股权交易市场整体体量很大，但是各个市场的融资和交易能力都较差，很多交易市场完成的融资都是以私募债等形式而非定向增发或增资扩股这种"本源"的方式进行的。对于区域性股权交易市场，最重要也是最根本的应当是通过定向增发或增资扩股的方式进行融资，而私募债或是银行贷款，都只是一个有益的补充。如果交易市场中的主流甚至全部融资都是以私募债的方式进行，则背离了区域性股权交易市场的发展规律与自身本质。此外，一个区域多家交易市场的现象，也变相阻碍了当地资本市场的流动性。例如广东和福建，均在本省成立了多家市场。目前，广东已在广州、前海、珠海、佛山成立了四家市场，福建也分别在厦门和泉州成立了两家市场。

此外，对于"区域性"定义的偏差，导致全国各地交易市场的泛滥。国内对于"区域性"的认识停留在仅为本区域内的企业进行投融资服务，而国外的"区域性"主要针对的是交易市场的法律适用范围及其自身业务覆盖能力。同时，一些地方政府在企业挂牌上也进行深度干预，并人为设置行政壁垒，强制要求当地企业到当地或特定的区域性股权交易市场挂牌，造成了有场无市的现象。虽然挂牌市场并没有充足的融资能力，但却不得不按照当地政府的要求进行挂牌，限制了企业的进一步发展。

3. 券商柜台市场与私募报价系统

2012 年 12 月 10 日，中国证监会同意中国证券业协会在遵循"限定私募、先行起步"基本原则的基础上，开展柜台市场试点工作。2012 年 12 月 21 日，中国证券业协会发布了《证券公司柜台交易业务规范》，正式启动试点工作。从启动试点工作至今，中国证券业协会先后发布了《证券公司柜台交易业务规范》等 10 多项自律规则，从业务规范、备案、代码管理、衍生品交易及风险管理、投资者适当性等方面确保柜台市场试点工作规范发展。同时通过"机构间私募产品报价与服务系统"对柜台市场的运行进行监测监控，及时掌握柜台市场运行情况，防范风险。

2014 年 5 月 13 日，中国证监会印发《关于进一步推进证券经营机构创新发展的意见》，明确提出扩大证券经营机构柜台交易业务试点。加快建设机构间私募产品报价与服务系统，为机构投资者提供私募业务项目对接、在线转让等各项服务。稳步发展机构间市场，推动互联互通。鼓励证券经营机构多方位参与区域性股权交易市场。研究建立行业增信机构，规范管理融资性担保机构。支持自主创设私募产品。按照分类监管的原则，逐步实现对证券经营机构自主创设的私募产品实行事后备案。对在证券经营机构柜台市场或在机构间私募产品报价与服务系统创设的私募产品，直接实行事后备案。

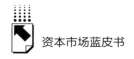

资本市场蓝皮书

2014 年 8 月中国证券业协会发布《证券公司柜台市场管理办法（试行)》及《机构间私募产品报价与服务系统管理办法（试行)》，总结了证券公司柜台业务试点经验，从私募产品发行销售转让、登记托管结算、自律管理等方面对证券公司柜台市场业务做了进一步规范。

截至 2014 年 7 月底，投资者累计开立 166584 个柜台产品账户，柜台市场累计开展融资业务 39 笔，累计融出资金 6.26 亿元。共 12 家证券公司开展了 733 笔互换交易，涉及名义本金 704.32 亿元。其中，初始交易 450 笔，初始交易名义金额 429.55 亿元；终止交易 283 笔，终止名义金额 274.77 亿元。互换交易合约数月期末存量累计 983 笔，较上月末增长 179 笔，涉及名义本金 1570.25 亿元。此外，三家证券公司开展了场外期权业务，截至 7 月底，交易合约数月期末存量累计 61 笔，涉及名义本金 117.09 亿元。

截至 2014 年 8 月，共有 15 家证券公司开展了柜台市场试点，分别是海通证券、申银万国证券、国泰君安证券、广发证券、国信证券、中信建投证券、兴业证券、中信证券、银河证券、中银国际证券、招商证券、齐鲁证券、山西证券、长江证券、中金公司。15 家证券公司的 141 只自主发行的资管产品、55 只收益凭证及 213 只代销产品通过柜台市场交易。

截至 2014 年 12 月 16 日，共有 42 家证券公司获准开展柜台市场业务试点。在目前 A 股市场的大环境下，柜台市场的发展为券商的转型创造了更多的业务机会和商业模式，也是券商新的盈利增长点。

从目前已开展该项业务的证券公司的运营轨迹来看，主要可以分为以下几种模式：资本中介模式，主要是发行约定收益的资产管理产品，向公司客户募集资金，再投向市场获取资本利差；高流动性模式，主要是将已发行的集合理财产品放入柜台中，利用协议转让或者报价交易的方式，为已发行的产品添加流动性，向封闭期内有需求转让的客户提供交易平台；权益或衍生品类模式，上柜产品主要为权益类或金融衍生品类证券产品；自主登记托管模式，该模式主要是对上柜产品实现自主登记、托管。

定位为私募市场的证券公司柜台市场，是证券公司发行、转让、交易私募产品的平台，能够丰富企业的融资渠道，使得企业融资不再局限于银行信贷及上市等传统途径。从融资成本来看，柜台市场直接面对合格投资者并提供良好的流动性，对有效降低企业融资成本提供了直接帮助。券商柜台市场还通过收益凭证、权益互换等多种交易形式，满足不同风险偏好的客户投资、融资、避险等个性化需求。柜台市场目前在我国尚处于起步阶段，它的快速发展和不断发展壮大为证券公司创新发展提供了新的机遇。

（二）我国场外股权交易市场对中小微企业发展的支持现状分析

中国证券业协会在 2015 年对国内近 30 家股权交易市场进行的调查数据显示，截至 2015 年 3 月底，全国已设立的各个股权交易市场共有挂牌企业 5800 多家，展示企业 2.54 万家，各个市场累计为 2900 多家中小微企业实现各类融资约 2300 亿元。从各个股权交易市场的运营模式来看，不同市场间的差异较大，呈现"四多四少"的特点：多数以为小微企业私募股票的发行和转让提供服务为基础，探索提供中小企业私募债券、私募股权基金份额等私募证券发行与转让，以及股权质押融资、信息展示、改制辅导、管理培训等延伸服务。深圳、厦门等少数省市的交易机构以在网络平台上为企业提供信息展示服务为切入点，通过私募理财产品形式实现展示企业与注册用户的投融资对接，并提供私募股票等发行与转让及相关服务。多数省市的交易机构只开展传统的交易平台业务。天津、广州等地的交易机构则探索将私募证券交易平台业务与股权众筹平台等互联网金融平台业务结合开展。天津、重庆、山东等少数省市交易机构则对挂牌企业设定差异化的准入条件，并相应设立不同的板块或层次。前海股权交易中心则不设中介机构这一环节，直接由运营机构提供服务。总体来看，以区域性股权交易市场为代表的场外股权交易市场，已成为扶持我国中小微企业发展的一支重要力量。

在国内目前已设立的各个股权市场中，天津股权交易所（以下简称天交所）作为国内起步和发展最早，制度规则较为完善且市场规模和影响力位居前列、最具代表性的场外股权交易市场，是考察股权交易市场服务支持小微、初创企业功能发挥的典型样本。

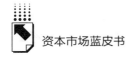

1. 天交所成立的政策背景、服务定位及发展现状

2006 年,国务院在《关于推进天津滨海新区开发开放有关问题的意见》(国发〔2006〕20 号)中提出:"鼓励天津滨海新区进行金融改革和创新;在金融企业、金融业务、金融市场和金融开放等方面的重大改革,原则上可安排在天津滨海新区先行先试。"2008 年 3 月,国务院《关于天津滨海新区综合配套改革试验总体方案的批复》(国函〔2008〕26 号)明确指出:"要为在天津滨海新区设立全国性非上市公众公司股权交易市场创造条件。"

按照相关政策要求,天交所于 2008 年 9 月在天津滨海新区正式注册设立,市场基本定位是:通过组织开展非上市公司股权融资、挂牌交易、并购重组、规范培训、品牌推广等综合服务,持续建立和拓宽中小企业融资渠道,推动完善企业公司治理结构和助力企业创新发展,持续为境内外场内资本市场培育输送优质成熟上市后备资源,努力成为场内交易所市场的必要补充和重要基础支撑,做中小微企业最需要的交易所。

2009 年 10 月,经国务院同意国家发改委批复的《天津滨海新区综合配套改革试验金融创新专项方案》(发改经体〔2009〕2680 号)进一步明确:"支持天津股权交易所不断完善运作机制,规范交易程序,健全服务网络,拓展业务范围,扩大市场规模。充分发挥市场功能,为中小企业和成长型企业提供高效便捷的股权投融资服务。"

经过七年来的创新发展,天交所目前已形成覆盖全国的业务服务网络,建立了较完备的制度规则和监管风控体系,在国内各股权交易市场发展中处于领先地位,并成为我国多层次资本市场的重要组成部分。截至 2015 年 9 月底,天交所累计挂牌企业已达 664 家,覆盖全国 31 个省、自治区、直辖市,150 个地级市,挂牌企业总市值超过 776 亿元,市场累计成交量为 25.03 亿股,累计成交金额为 57.88 亿元。天交所已与 26 省 76 市签订战略合作框架协议;已有 18 省 72 地市出台了支持当地中小微企业赴天交所挂牌的相关支持政策。

2. 天交所发挥场外股权交易市场功能,多维度扶持小微、初创企业发展

天交所通过充分发挥场外股权交易市场功能,面向各类成长型中小微企业、初创期企业提供融资、规范培育、资源整合等综合性、专业化金融服务，在多维度服务扶持企业发展方面取得了突出成效。

（1）天交所为小微、初创企业提供融资支持。小微企业可通过场外股权交易市场拓宽融资渠道。企业在天交所可以通过挂牌前股权私募或挂牌后定向增发扩股进行直接融资，壮大资本金实力，突破企业发展的资金瓶颈。在股权获得定价后，还可以做股权质押间接融资；同时，企业挂牌后可以显著改善中小微企业在银行等金融机构的信用评级，使企业更容易获得银行授信贷款。

截至2015年9月底，天交所市场累计为企业实现股权直接融资85.45亿元，带动实现间接融资194.96亿元（其中股权质押融资73.44亿元）。从2013年私募债业务推出至今，天交所累计有37家企业备案发行私募债券139期，融资金额55.78亿元。在天交所挂牌企业和融资服务对象中，农、林、牧、渔行业挂牌企业约占15%，制造业类挂牌企业数量占比超过62%；同时基于天交所市场挂牌企业已披露的2014年年报数据统计显示，企业平均年度营业收入为10212.78万元，其中营业收入在300万元以下的企业占比10.07%，营业收入在300万~2000万元的企业占比22.2%；企业从业人数平均为155人，其中从业人数在20人以下的占比10.76%，从业人数在50人以下的占比35.42%，从业人数在50~300人的企业占比57.99%，从业人数在300人以上的企业占比仅为5.9%。将以上数据对照2011年6月由工信部等四部门研究制定的《中小企业划型标准规定》，可以看出，绝大多数天交所挂牌企业均属于小型和微型企业，且有相当部分天交所挂牌企业为设立运营时间不超过五年的初创期企业。

（2）天交所帮助小微、初创企业实现治理规范。除了类似一般性金融机构对小微、初创企业的常规性融资支持外，场外股权交易市场还具备帮助小微、初创企业实现公司治理规范和股权结构优化的独特优势。天交所通过企业挂牌前改制，私募引入战略投资人，挂牌后持续信息披露督导，引导企业完善公司法人治理结构，健全现代企业制度，从根本上为企业核心竞争力打造坚实基础。

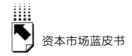

截至 2015 年 9 月底，天交所督导挂牌企业累计披露定期报告 9287 份，披露各类临时报告 12147 份，建立挂牌企业诚信档案 1124 份，保荐服务机构披露企业现场检查报告 2161 份。天交所通过发挥场外股权交易市场的规范培育功能，为小微、初创企业加快迈向更高层次资本市场奠定了基础。如吉林金宝药业股份有限公司在天交所挂牌后，公司不仅得到了山东淄川创投等战略投资者的私募融资，而且通过规范培育，建立了现代公司治理结构和规范的财务制度，最终与深交所上市公司双龙股份合并，实现了间接上市。

（3）天交所面向小微、初创企业提供综合服务。在国内众多股权交易市场中，天交所还率先推出了一系列服务小微、初创企业的特色做法。一方面，天交所面向挂牌中小微企业提供资本市场业务和管理培训、评价咨询、品牌宣传、合作对接、募投项目推介、并购重组和资源整合等综合配套服务；另一方面，天交所还通过推出"天津众创板"、"添金投"和"添金融"互联网金融平台等系列业务创新举措，持续提升市场服务水平。

截至 2015 年 9 月底，天交所累计举办专题研讨班 5 期 564 人次，挂牌企业董秘培训 51 期 1005 人次、企业上市及其他类型服务培训 19 次，同时组织 10 家优秀挂牌企业出国考察，促进对接海外资本市场。在市场孵化培育和综合服务推动下，目前已有多家企业从天交所摘牌，启动到创业板、主板市场或海外市场的上市程序，22 家企业实现在新三板挂牌；有 5 家企业被上市公司并购间接上市，1 家企业被同行优势企业并购，超过 20 家挂牌企业完成对同行业企业并购重组。2015 年 11 月 11 日，经天交所孵化培育后摘牌的福建省一挂牌企业正式实现在香港创业板市场上市；另有两家天交所挂牌企业即将于 2016 年在港交所上市，一家在德交所上市。

（三）现期我国场外股权交易市场发展面临的主要问题

尽管我国场外股权交易市场在支持我国中小微企业发展方面已开始显现出积极作用，但就我国场外股权交易市场的整体发展状况而言，还面临一系列的问题。

1. 当前监管层重点推动的"新三板"市场发展，正逐渐偏离其支持中小微企业发展的初衷

新三板市场是当前监管层定位的全国性非上市股份有限公司股权交易平台，其设立的初衷主要是为创新型、创业型、成长型中小微企业融资和发展提供服务。但是，从目前的情况来看，新三板市场挂牌企业中的金融类企业明显偏多，新三板市场目前已经囊括了银行、保险、私募、券商、期货、农信社、小贷、担保、租赁 9 类金融属性行业，其包容性远超沪深交易所市场。数据显示，目前新三板市场有金融属性的公司共计 34 家。其中，银行类的有齐鲁银行，保险公司有万舜股份、盛世大联、中衡股份三家；私募类包括九鼎投资、中科招商等；券商则有湘财证券、联讯证券等；期货公司有创元期货、永安期货等；农信社有琼中农信，其主要经营琼中农村地区的信贷业务。小贷公司的数量最多，包括通利农贷、海博小贷等 14 家；至于担保公司，则有均信担保、香塘担保等 5 家；而租赁公司有融信租赁。与此同时，新三板市场还有一些资讯类金融服务公司，比如天信投资，其主营证券投资咨询服务；又如财安金融，其主营业务是提供业务流程外包、信息技术外包等专业金融及咨询服务业务。

金融企业通过为实体企业提供融资、并购、上市等服务作用于实体经济，但它毕竟是"中介"，若金融企业本身市值在新三板市场挂牌企业中所占比例过高，势必会降低新三板市场为实体经济服务的效率。比如，新三板市场金融巨头垄断定增市场。统计数据显示，截至 2015 年 8 月 10 日，新三板市场挂牌企业市值排名前 10 位的企业市值总和为 2044.4 亿元，占新三板市场总市值的 22.7%。其中，除了恒神股份、益盟股份、垦丰种业、成大生物外，其余 6 家企业均属于金融行业，且市值排名前 5 位的企业均在其中，占 10 家企业总市值的 79.4%，排名第一位的九鼎投资更是一家独大，几乎占 10 家企业市值规模的一半。从融资情况看，2015 年以来，九鼎投资、中科招商、齐鲁银行、联讯证券、同创伟业等 5 家金融行业企业进行了定增，总计募资金额达 181.5 亿元，占所有新三板市场企业定增募资总金额 499.0 亿元的 36.4%，仅九鼎投资一家的募资额就占到募资总金额的 20%，

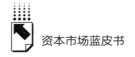

而其他 4 家非金融类实体企业均没有获得定增融资资格。如果新三板市场逐步变成金融企业的摇钱树，无疑会偏离其支持中小微企业发展的初衷。

按照设立新三板市场的初衷，如果说其目的是为促进创新型、创业型、成长型中小微企业的发展，推动国家产业结构调整和经济发展方式的转变，激活民间投资，发挥市场在资源配置中的决定性作用的话，那么代表未来的信息技术企业无疑应占有绝对的优势，可现在的情况是，在新三板市场挂牌的企业当中，信息技术仅占 24.4%，而在 NASDAQ 市场，信息技术企业占比则达 45%。从另一组数据对比来看，目前金融类企业市值在新三板市场中占比约为 22%，而在 NASDAQ 市场占比仅为 6% 左右。

除了挂牌企业具有行业特点以外，当前新三板市场挂牌的公众公司股权可以公开转让，股东人数可以突破 200 人，随着新三板市场竞价交易制度的后续推出，新三板市场由"场外"市场向"场内"交易所市场发展的趋势越来越明显。2015 年 7 月，经证监会批准，中国证券业协会发布的《场外证券业务备案管理办法》更是开宗明义地直接指出："场外证券业务是指在上海、深圳证券交易所、期货交易所和全国中小企业股份转让系统以外开展的证券业务。"

2. 新三板市场面临的流动性危机和融资功能困局，难以通过市场分层制度解决

在 2014 年以来的"大跃进"式快速扩张过程中，新三板市场也面临诸多问题，其中，最重要的就是流动性危机和融资功能困局。

首先，根据 Wind 资讯的统计数据分析，2015 年 1～9 月，新三板市场累计成交额达 972.2 亿元，其中，协议转让 263.5 亿元，做市转让 708.7 亿元。协议转让的前 20 家企业累计成交 133.4 亿元，占比 50.6%；前 100 家企业累计成交 208.6 亿元，占比 79.2%。协议转让的企业共有 2764 家，这意味着，不足 0.8% 的企业占据超过 50% 的成交额，3.6% 的企业占据近80% 的成交总量，剩余 95% 以上的企业基本没有成交量。做市转让的企业也极不均衡，前 20 家企业成交 283.9 亿元，占比 40.1%；前 80 家企业成交541.4 亿元，占比 76.4%。不足 10% 的企业占据了 76.4% 的成交量，另外90% 以上的做市企业成交寥寥。

其次，从募集资金的角度看，定增是企业的重要融资渠道。根据 Wind 资讯的统计数据分析，2015 年 1~9 月，新三板市场共进行定增 1338 家次，累计完成定增数额 592.2 亿元。前 20 名规模较大的定增累计达 217 亿元，占比 36.6%。且此类定增往往是由优质企业发起，其中，中科招商累计完成定增 109 亿元，占整个市场的 18.4%。多数企业未能通过定增募集到更多的资金。

最后，从投资汇（PEVC）来看，新三板市场共有 260 家企业获得 PEVC 投资，累计投资金额 49.4 亿元，而获得投资金额超过 5000 万元的只有 31 家，占整个 PEVC 投资的近 70%，其中近 90% 的企业获得的投资金额低于 5000 万元。绝大多数企业没有获得 PEVC 的青睐。

由此可见，由于无门槛和"大跃进"式的快速扩张，新三板市场已成为良莠不齐、差距悬殊的企业的集合体，中小企业融资难的问题并未得到根本解决。自 2015 年初以来，新三板市场内部不断透露出市场分层制度将在年内落实的消息，但分层制度就是在这样一个格局之中，人为地构建一个金字塔形的框框。可以预见，分层制度的出台并不能解决流动性问题，而两个结果则可能会逐渐显现。

第一，处于金字塔下层的企业，也是绝大多数企业，将变得更加无人问津，最终可能遭到市场的彻底淘汰。90% 以上的企业不能通过分层制度获得流动性，将导致大量企业挂牌新三板失去意义。

第二，金字塔顶端的少数企业将遭到爆炒，"三板妖股"可能出现。2015 年 7 月的 A 股大跌，大量资金从主板市场流出，努力寻找投资标的，哪怕一个小的成长点都会引来资金的炒作。新三板二级市场没有涨跌停的限制，一级市场没有锁定期的要求，许多投资者将以赚钱之后迅速离场的心态，爆炒某些公司的股票，导致其股价暴涨暴跌。资本洪流的大起大落更容易冲垮具备成长性的企业。

以上两个结果也是分层制度难以解决新三板市场流动性困局的原因。

3. 当前国家层面对区域性股权交易市场的政策限制过多，配套支持不足

尽管国家层面已明确将区域性股权交易市场纳入我国多层次资本市场体

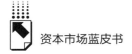

系，但现阶段金融监管部门针对区域性股权市场的配套性支持措施还基本处于空白。相反，限制措施要远远多于配套支持政策，区域性股权交易市场的业务创新更多时候是"戴着镣铐起舞"。

以国发〔2011〕38 号文和国办发〔2012〕37 号文为发端的各类交易场所清理整顿工作，对包括区域性股权交易市场在内的各类交易场所施加了诸多限制，明确了一系列禁止性行为。区域性股权交易市场不仅被限制在私募融资与非公开转让上，在市场交易制度、跨区域设立分支机构等方面也被施加了种种限制。做市商制度在国外很多场外交易市场是一般性的制度安排，而在我国禁止区域性股权交易市场采用做市商交易制度，从而导致市场交易不活跃和缺乏流动性，市场丧失估值定价功能。区域性股权交易市场交易退出机制的缺失，进一步向前延伸影响到专业投资者、机构投资者在股权投资阶段的进入，阻碍市场融资功能的发挥。在各类交易场所清理整顿中划定的红线对区域性股权交易市场功能发挥形成阻碍，以地区为单位"连坐"通过验收的规定影响了部分本身运营规范的区域性股权交易市场迟迟未能通过验收。

区域性股权交易市场融资功能发挥的外部制度环境不完善还体现在多个具体业务层面。以股权质押融资为例，目前在各区域性股权交易市场挂牌企业股权的登记托管公信力不足，区域性股权交易市场缺乏与工商登记系统的统一协作和衔接，严重影响了股权质押融资的效率，并可能带来股权质押融资业务的风险隐患。在业务创新方面，中国证监会于 2013 年 12 月发布的《优先股试点管理办法》，以及于 2015 年 1 月发布的《公司债券发行与交易管理办法》均未将区域性股权交易市场纳入试点和监管范围，使得区域性股权交易市场开展有关股权业务创新和发展私募债券融资缺乏政策指导和规范依据。

区域性股权交易市场与当前我国沪深交易所市场、新三板市场均未建立对接机制和有机联系，其自身在资本市场体系中的定位未得到主流金融机构的认可。PE/VC、证券公司、基金公司、商业银行等金融机构在区域性股权交易市场拓展业务合作缺少具体的引导和支持性政策，主流金融机构参与区域性股权交易市场的程度非常低，直接阻碍了区域性股权交易市场挂牌企业整体融资环境的改善。

4. 我国以区域性股权交易市场为代表的场外股权交易市场发展受到行政力量干扰，缺乏市场化、良性和有序的外部竞争环境

当前，行政而非市场，成为我国各地区域性股权交易市场设立发展背后的主要推动力量。很多地方未充分考虑本地的经济基础和现实需要，在未做调查研究的情况下，盲目照搬和重复建设股权交易市场，导致区域性股权交易市场间的功能和业务同质化严重；出于区域性股权交易市场的地方保护需要，各地陆续出台一批歧视性补贴和支持政策，进一步破坏了区域性股权交易市场的良性竞争秩序，加剧了市场分割和区域市场间的不公平竞争。

此外，根据即将出台的《区域性股权交易市场监督管理办法》有关规定，区域性股权交易市场跨区域服务企业可能会面临一定限制。"一刀切"地限制全部区域性股权交易市场开展跨区域经营，未充分考虑各市场的差异化实际，在一定程度上不完全符合场外市场科学发展的内在要求，也与当前中央政府简政放权、为市场松绑和激发市场活力的一系列改革施政总体方向不相适应。既不利于区域性股权交易市场间的良性竞争和改善面向中小微企业的市场服务，也不利于多层次资本市场体系加快形成和我国场外股权交易市场的健康发展。

行政力量主导的外部无序竞争环境，直接导致一些区域性股权交易市场自身业务模式存在不足。一些区域性股权交易市场重规模，轻融资；重扩张，轻服务，市场发展过于短视。部分区域性股权交易市场迫于短期生存压力，一味追求市场规模的快速扩张和挂牌企业数量的增长，而忽视了对企业的成长性和投资价值筛选；区域性股权交易市场间竞争性降低企业挂牌准入门槛的结果，是一些市场容纳了过多成长性较差的传统行业企业，市场挂牌企业良莠不齐、鱼目混珠，资质差异较大的企业间缺乏分层区分，增加了投资信息搜集筛选和投资价值甄别的难度，区域性股权交易市场对专业投资者的吸引力降低。无序的市场竞争环境，还间接导致目前在区域性股权交易市场开展业务的机构多为民营投资机构，中小投资机构执业的专业性平均水平不高，组织融资能力不强，离资本市场的规范化、专业化要求相去甚远，面向中小微企业的资本市场服务质量得不到可靠保障。

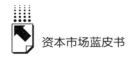
5. 我国私募市场发育不成熟，与作为私募市场的区域性股权交易市场相适应的投资人群体尚未形成和进入

区域性股权交易市场当前被监管部门定位为非公开的私募市场，而我国的私募市场本身发育又很不成熟，与私募市场相适应的投资人群体基础薄弱。与很多发达国家的多层次资本市场体系构建路径相反，我国过去20多年的资本市场发展历程是先有场内交易所市场，后有包括新三板、区域性股权交易市场在内的场外交易市场，我国已有的资本市场发展主要是围绕交易所市场和公募市场展开。长久以来，我国的私募市场发展缺乏规范，直到2014年5月发布的"新国九条"（国发〔2014〕17号）才首次提到要培育私募市场。与作为私募市场的区域性股权交易市场相适应的投资人群体尚未形成和进入，成为阻碍区域性股权交易市场面向中小微企业融资功能提升的直接因素。

五　新时期我国场外股权交易市场的发展思路及其建议

在新常态经济转型期，为充分发挥我国以区域性股权交易市场为代表的场外股权交易市场功能，进一步更好地服务和支持中小微企业发展，提出以下发展思路与建议。

1. 出台配套支持政策，从多方面完善区域性股权交易市场功能发挥的外部制度环境

建议证券监管部门，鼓励和引导证券公司下基层，到区域性股权交易市场深耕细作，提供个性化服务；支持证券公司等专业机构参与区域股权市场建设，发挥人才、专业、业务优势，加大产品创新、人才培养和业务拓展力度。同时，考虑从政策和要求上发展一批专门扶持小微企业的小型、微型的证券公司，整体提升区域性股权交易市场执业机构的专业化水平。

完善区域性股权交易市场融资功能发挥的其他外部制度环境还包括：加快推动完善小微企业股权登记托管办法，提高小微企业股权质押融资效率；培育和规范私募市场发展，持续努力提高私募市场发展成熟度；适度放开对区域性股权交易市场交易方式的限制，改善区域性股权交易市场流动性，完善和疏通交易退出机制；对区域性股权交易市场新业务推出实行备案制监管，为区域性股权交易市场开展提升与市场融资功能有关的业务创新提供宽松的外部监管环境。

2. 国家层面应为区域性股权交易市场发展创造更加市场化的竞争发展环境，打破区域性股权交易市场服务中小微企业的跨区域限制，推动我国整个场外股权交易市场实现良性竞争发展

具体而言，国家应鼓励各地区域性股权交易市场通过自由公平、规范有序的竞争，实现优胜劣汰；积极引导和支持由小微企业自主选择区域性股权交易市场和服务平台；同时从政策层面应明确：严禁区域性投权交易市场的地区行政封锁，严禁地方政府部门自办市场、指定市场，避免市场间的盲目攀比和恶性竞争。同时，应推动取消区域性股权交易市场企业服务范围的地域性限制，打破地区部门市场垄断，为多层次资本市场健康发展创造良好环境条件。支持包括天交所在内的部分具备市场竞争力的股权交易市场继续跨区域创新发展，进一步激发市场活力，更好地服务中小微和初创企业发展。

证券监管部门应着力规范区域性股权交易市场发展的市场秩序，充分发挥市场的决定性作用，就不符合市场化要求的各类地方保护规定提出清理建议，支持若干市场制度健全且在实践中运营良好的区域性股权交易市场跨区域为小微企业提供融资服务，鼓励适度良性的市场竞争。引导区域性股权交易市场在规范竞争中改善面向小微企业的融资服务，同时自觉加大市场挂牌企业规范力度，在孵化培育中持续提高挂牌小微企业的公司治理规范化水平，不断拓展小微企业成长性空间，从根本上为改善小微企业融资环境奠定和巩固基本面基础。

3. 应尽快明确将区域性股权交易市场作为各级财政资金以市场化运作扶持小微企业的重要平台

区域性股权交易市场作为小微企业的融资中心，为各级财政资金以市场化运作方式支持小微企业发展提供了重要平台。为增强区域性股权交易市场服务小微企业的能力和水平，可考虑由财政部牵头研究，推广成功经验，指导各地政府将扶持小微企业的资金以市场化的方式向区域性股权交易市场集中。同时，建议明确将区域性股权交易市场挂牌企业作为国家创投基金的重要投资对象，

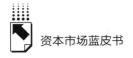

或者在国家创投基金中划出专项资金，用于投资区域性股权交易市场。

一方面，党的十八届三中全会明确提出："清理、整合、规范专项转移支付项目，逐步取消竞争性领域专项。"《国务院关于深化预算管理制度改革的决定》明确要求财政转移支付要减少行政性分配，引进市场化运作模式，逐步与金融资本相结合，引导带动社会资本投入。《国务院关于清理规范税收等优惠政策的通知》规定，未经国务院批准，各地区、各部门不得对企业规定财政优惠政策，包括先征后返、列收列支、财政奖励或补贴，以代缴或给予补贴等形式减免土地出让收入等，坚决予以取消。因此，之前各级政府通过税收、土地、补助、贴息等方式对各类企业进行的财政支持方式，将面临全面转型。另一方面，从境外情况看，通过市场化方式运用财政资金是各国政府支持小微企业融资普遍采用的一种基本模式。如美国政府通过小企业管理局（Small Business Administration）向小企业投资公司（Small Business Investment Company）提供资金支持，以直接贷款、债权融资担保、股权担保融资等方式满足中小企业的融资需求。区域性股权交易市场是多层次资本市场体系的重要组成部分，在美国等成熟市场中处于基石地位。以与我国区域性股权交易市场定位较为接近的美国粉单市场为例，该市场按挂牌公司信息披露程度从低到高分为OTCPink、OTCQB、OTCQX三个层次，共有挂牌公司数量9911家，2015年9月4日的成交额共计3.9亿美元。目前OTCQX的市值合计约1.2万亿美元，相当于2011年末NYSE和NASDAQ合计市值的7.5%。

2015年3月的政府工作报告中明确指出，要加强多层次资本市场体系建设，实施股票发行注册制改革，发展服务中小企业的区域性股权交易市场。2015年6月，国发〔2015〕32号文《国务院关于大力推进大众创业万众创新若干政策措施的意见》再次强调，要规范发展服务于中小微企业的区域性股权交易市场。特别是在新常态经济转型期，国家对发挥区域性股权交易市场功能，扶持中小微和初创企业发展的工作越来越重视。随着系列配套支持政策的逐步落实和到位，我国主要由区域性股权交易市场构成的场外股权交易市场必将迎来快速发展的黄金时期，必将能够更好地支持我国新常态经济转型期的广大中小微企业，成为支持我国实体经济增长的"新引擎"。

参考文献

［1］白玉涵：《我国区域市场向全国市场转板的路径分析》，《中国市场》2014 年第 29 期。

［2］陈德萍、曾智海：《资本结构与企业绩效的互动关系研究》，《会计研究》2012 年第 8 期。

［3］林安霁、林洲钰：《"新三板"市场的发展模式与对策研究》，《经济体制改革》2012 年第 5 期。

［4］刘克崮、王瑛、李敏波：《深化改革建设投融资并重的资本市场》，《管理世界》2013 年第 8 期。

［5］刘岩、丁宁：《美日多层次资本市场的发展、现状及启示》，《财贸经济》2007 年第 10 期。

［6］刘艳珍：《区域性股权交易市场融资研究》，《金融理论与实践》2014 年第 6 期。

［7］温权、刘力一：《新三板引入做市商制度的问题研究》，《现代管理科学》2014 年第 3 期。

［8］吴晓求：《中国资本市场：从制度和规则角度的分析》，《财贸经济》2013 年第 1 期。

［9］徐寿福、徐龙炳：《信息披露质量与资本市场估值偏误》，《会计研究》2015 年第 1 期。

［10］姚耀军、董钢锋：《中小企业融资约束缓解：金融发展水平重要抑或金融结构重要？——来自中小企业板上市公司的经验证据》，《金融研究》2015 年第 4 期。

［11］章美锦、万解秋：《我国区域性资本市场发展路径研究》，《财贸经济》2008 年第 1 期。

［12］周茂清：《场外交易市场运行机制探析》，《财贸经济》2006 年第 11 期。

转型发展篇

Transition Development Papers

B.2

区域性股权交易市场发展的
困境分析与转型思考

董瑞华 曹 红 盛 黎*

摘　要： 虽然区域性股权交易市场发展仅有五六年时间，但由于业务
模式单一、市场功能不足，且缺少政策支持，未来发展面临
困境，尚未真正成为多层次资本市场体系的一员。本文分析
了区域性股权交易市场发展面临的困境及内外部制约因素，
认为区域性股权交易市场应当走专业化与多样化协调发展之
路。在专业化方面，应当改变中立性平台的现有定位，积极
参与市场价值发现、价值投资与转让交易，真正激活市场的
价值发现和投融资功能；在多样化方面，应当在严守私募底

---

* 董瑞华，经济学博士，现就职于渤海证券股份有限公司场外市场业务总部；曹红，南开大学
经济学博士研究生；盛黎，南开大学经济学博士研究生。

线基础上，探索股权、债权、资产以及其他财产权利和金融产品的创设、发行与挂牌转让业务。

关键词： 区域性股权交易市场　转型　专业化　多样亿

一　现状与困境：未真正进入多层次资本市场的序列

区域性股权交易市场发端于地方，在清理整顿中其合法身份得以确立，此后各地掀起建设区域性股权交易市场的热潮，形成遍地开花、每省（区、市）至少一个区域性股权交易市场的局面。随着多层次资本市场体系建设进程的推进，以及国家不断出台政策支持中小企业进入资本市场进行直接融资，区域性股权交易市场越来越受到重视，行业主管部门、国务院乃至国家领导人都曾在相关文件或讲话中提出推动区域性股权交易市场的创新发展。中国证监会《关于落实〈国务院关于鼓励和引导民间投资健康发展的若干意见〉工作要点的通知》《关于规范证券公司参与区域性股权交易市场的指导意见（试行）》等规范文件中，明确提出区域性股权交易市场是多层次资本市场的重要组成部分，要加快区域性股权交易市场发展；2015年初国务院总理李克强主持召开国务院常务会议，会议确定支持发展"众创空间"的政策措施，为创业创新搭建新平台，其中，作为推动创业创新的重要举措，要求要完善创业投融资机制，发展区域性股权交易市场更是其中之一。

然而，国家对于区域性股权交易市场的政策定位与其现实处境并不完全吻合，区域性股权交易市场的现实地位仍然非常尴尬，事实表明区域性股权交易市场目前仍然游离于多层次资本市场体系之外，具体表现如下。

第一，区域性股权交易市场与现有的主板、中小板、创业板、新三板市场少有交集，未建立与更高层次资本市场之间的互动与联系，包括理论探讨层面和实际操作层面都是如此。新三板市场目前虽未推出转板绿色通道，但作为主板、中小板、创业板市场预备役和蓄水池的地位已经得到确定并成为共识，而且主板、中小板、创业板的市场功能和市场变化已经对新三板市场产生了映射效应，这一点从私募抢滩新三板市场，挂牌公司市盈率走高，定向增发融资规模爆发式增长便可以看出。而区域性股权交易市场挂牌企业虽然也可以转板到新三板市场，甚至转到主板市场上市也无障碍，但两者之间缺少直接联系，在2014年牛市启动，新三板市场挂牌公司股权一同遭到热捧的同时，区域性股权交易市场却未感受到牛市带来的热度，而其挂牌企业也未能享受到资本市场狂欢式的繁荣盛宴。

第二，政府对区域性股权交易市场的定位有待提高。在国家鼓励区域性股权交易市场发展的大政策背景下，国家和金融主管部门却少有配套性的支持举措推出。新三板市场通过一系列的改革得到迅速发展，过去的一年中，市场规模飞速扩张，做市交易、定向融资迅猛发展，市场功能得到凸显，而区域性股权交易市场却未获太多的支持与关注，2014年的发展不温不火，甚至许多地方的区域性股权交易市场生存发展面临着困境，被新三板市场的迅速扩张挤占了生存空间。

第三，区域性股权交易市场的融资与交易功能尚未充分发挥，同资本市场的定位相去甚远。区域性股权交易市场困于私募融资与非公开转让，加之缺乏与市场定位相适应的投资者群体，各地区域性股权交易市场难以真正为中小企业提供融资服务，没有体现出作为资本市场的融资功能与交易功能。

第四，金融机构参与区域性股权交易市场的程度非常低，缺少具体的引导和支持性政策，甚至仍然存在着政策性的障碍。现有监管体系与区域性股权交易市场业务存在诸多冲突与不相适应之处，证券公司尚未在区域性股权交易市场找到具有吸引力的营利性业务，目前在区域性股权交易市场开展业务的机构多为民营投资机构，缺少投行经验，价值发现能力不足，更遑论提供融资和资本运作服务，并且水平参差不齐，执业能力与素质无法达到资本市场的要求。

总而言之，在区域性股权交易市场上，从政策支持到参与主体结构都存在着明显的不足与显著的缺陷。国家未给予具体的支持和配套性政策，反倒在清理整顿中平添了诸多限制；区域性股权交易市场缺乏有经验的运营管理团队；挂牌企业资源被新三板市场大量截流；中介机构缺乏执业经验、执业能力与市场资源。如上种种限制，导致区域性股权交易市场离真正的资本市场仍然有巨大差距。

国家工商总局2014年3月28日发布的《全国小微企业发展报告》显示，截至2013年底，全国共有小微企业1169.87万户，占企业总数的76.57%，将4436.29万户个体工商户纳入统计后，小型微型企业所占比重达到94.15%，小微企业已成为国民经济的重要支柱，是经济持续稳定增长的坚实基础。但是在解决中小微企业"融资难、融资贵"的问题上，虽然沪深证券交易所已经做了很多努力，但证券场内市场"门槛高、容量小"的特点，使广大中小微企业想通过中小板、创业板市场解决融资问题是很难的，反之区域性股权交易市场由于"门槛低、容量大"的特点对于拓宽中小微企业融资渠道、促进创新创业有着重要帮助。天津股权交易所作为我国场外交易市场的先行者，立足天津滨海新区开发开放和金融改革创新先行先试的区位优势，始终坚持市场化的运营模式和发展方向，努力打造中小微企业最需要的交易所，从2009年鸣锣开市发展至今，持续推进制度创新和产品创新，不断完善市场服务功能，在为中小微企业提供金融服务方面取得了显著成绩。

二 分析与思考：自身不足与配套政策缺位

区域性股权交易市场自身不足与配套政策缺位，究其原因，主要有如下几个方面。

第一，区域性股权交易市场盲目发展，先天不足。

区域性股权交易市场肇始于天津，后扩展至浙江、重庆、上海，然后是清理整顿过程中及完成后全国性地群起仿效。这其中存在的问题，主要是在政府的推动下，建设区域性股权交易市场的象征意义大于现实意义，政治意义大于经济意义，各地在未做调查研究的情况下，照搬模仿了天津等地的模式，盲目上马建设市场。而天津等地的模式其立足点是依据国务院给予的政策，探索全国性的非上市公众公司股权交易市场。区域性股权交易市场的先天不足还体现在业务模式方面，在业务模式上，各地股权交易市场大多模仿

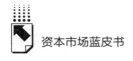

了沪深交易所的业务结构和流程，保荐挂牌、入市交易、登记清算、信息披露，无一不与沪深交易所相似，唯有私募融资与非公开发行并转让与交易所不同。然而，这正是问题所在，交易所模式与非公开发行并转让兼容性较差，场外交易市场，尤其是区域性股权交易市场的特点应该是灵活性，是非标准化，是多样性，而交易所模式恰恰是高度标准化、一体化的，这恰是区域性股权交易市场在业务模式上的先天不足。而在实践中，多数股权交易市场尚未摸索出成功的业务模式，因此造成了除少数几个股权交易市场外，其余大都陷入发展的困境之中。

第二，政策对区域性股权交易市场限制过多，支持不足。

2011 年 11 月 24 日，国务院正式下发《关于清理整顿各类交易场所，切实防范金融风险的决定》（国发〔2011〕38 号），对各类"交易所"进行清理整顿，指出各类"交易所"存在的乱象与潜在风险，提出了清理整顿的工作机制与基本规范。明确了一系列禁止性的行为，其中，对于股权交易市场有如下限制：不得将任何权益拆分为均等份额公开发行；不得采取集中竞价、做市商等集中交易方式进行交易；不得将权益按照标准化交易单位持续挂牌交易；投资者买卖时间间隔不得少于 5 个交易日；权益持有人累计不得超过 200 人。

此外，将股权交易市场的业务进行人为的区域划分和限制，也成为股权交易市场发展的一大障碍。关于区域性股权交易市场不得跨区域开展业务的要求，来自国办发〔2012〕37 号文和证监会公告〔2012〕20 号文。国办发〔2012〕37 号文要求各类交易场所不得跨区域设立经营性分支机构，"从事权益类交易、大宗商品中远期交易以及其他标准化合约交易的交易场所，原则上不得设立分支机构开展经营活动。确有必要设立的，应当分别经该交易场所所在地省级人民政府及拟设分支机构所在地省级人民政府批准，并按照属地监管原则，由相应省级人民政府负责监管"；证监会公告〔2012〕20 号文则在"不得设立分支机构开展经营活动"的基础上，进一步要求"区域性市场原则上……不得接受跨区域公司挂牌"。

总之，遵照国发〔2011〕38 号文、国办发〔2012〕37 号文精神，依照证监会公告〔2012〕20号文的规定，区域性股权交易市场是为本省级行政区划内的企业特别是中小微企业提供股权、债券的转让和融资服务的私募市场。其定位具有以下特点。

一是区域锁定，即区域性股权交易市场原则上不得跨区域设立营业性分支机构，不得跨区域接受公司挂牌。确有必要跨区域开展业务的，应当分别经该市场所在地省级人民政府及拟跨区域的省级人民政府批准，并由市场所在地省级人民政府监管。

二是功能锁定，即在区域性股权交易市场挂牌交易的公司可以采取非公开方式进行股权融资，或通过私募债方式融资，或进行股权协议转让，但不得采取广告、公开劝诱及其他变相公开方式进行。

三是权益人锁定，即区域性股权交易市场上挂牌公司的权益持有人累计不得超过200人，法律、行政法规另有规定的除外。

2015年1月，《公司债券发行与交易管理办法》发布，将私募债券纳入公司债券范畴，并确立了备案制的监管机制，私募债券可以在沪深交易所挂牌转让，也可以在股权系统、中证资本私募报价系统挂牌转让，但唯独不适用于区域性股权交易市场，该管理办法明确规定，"在区域性股权交易市场非公开发行与转让公司债券的管理办法，由中国证监会另行规定"。又一次将区域性股权交易市场排除在资本市场之外。

综上所述，区域性股权交易市场不仅被限制在私募融资与非公开转让上，在做市转让、业务开展区域上也做出了种种限制。业务开展区域的限制与做市转让的限制具有明显的不合理性。对股权交易市场业务进行区域锁定限制了竞争，不利于股权交易市场优胜劣汰、做大做强；做市转让是国外场外交易市场的典型特点之一，也没有理由对此做出强制性的限制。

由于区域性股权交易市场仍然未能纳入证监会的统一监管，所以，此类市场的业务开展缺乏监管部门的指导、引导、支持和管理，在行政许可主导市场的中国金融行业，缺乏监管直接影响市场的公信力。

第三，新三板市场快速扩张挤占股权交易市场生存空间。

目前新三板市场与区域性股权交易市场在目标客户上高度重叠，形成实

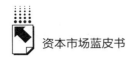

际上的竞争关系，对于挂牌企业大多都无财务指标方面的要求。在其他方面，多数区域性股权交易市场与新三板市场一样，都要求存续 2 年以上，在规范治理方面的要求也基本相同，从程序上来看，都需要由保荐机构或推荐机构出具尽职调查报告，由企业出具挂牌说明书，由会计师事务所出具 2 个会计年度的审计报告，由律师出具法律意见书。甚至部分区域性股权交易市场的挂牌标准要严于新三板市场（如天津股权交易所等股权交易市场的某些板块对挂牌企业盈利性有一定要求）。

由于中国资本市场的行政主导特征，在监管部门的直接支持下，各级政府采取了种种行政手段，再加上众多券商的利益驱动，2014～2015 年，新三板市场实现了"大跃进"式的发展，截至本文写作时间已逾 2800 家，尽管融资功能和交易功能都存在明显问题，但客观上挤占了股权交易市场的生存空间。

三 转型与发展：重新定位下的专业化与多样化市场模式

虽然政策支持不足等是目前区域性股权交易市场面临发展困境的重要外部原因，但区域性股权交易市场自身定位与发展模式的缺陷仍然是问题的关键。在市场定位上，区域性股权交易市场面向未上市的中小企业提供股权融资、交易服务，这一大的发展方向与定位并无问题，但具体角色与功能定位并未厘清。

在股权交易市场上，股权交易所选择扮演的角色多类似于证券交易所，是平台、信息中介和自律监管者，然而，其仅仅作为一个中立的信息平台和市场管理平台，无法与区域性股权交易市场的发展相适应。不同于证券交易所，对于区域性股权交易市场而言，仅提供基础平台服务无法聚合投融资资源。区域性股权交易市场作为场外交易市场，需要更多有针对性的特色服务。这一角色定位受到三方面的影响。

第一，股权交易所的组织者与管理者认为，作为交易场所，股权交易所应当保持中立，扮演裁判的角色。

其职责是维持市场的公平、公开、公正，对企业挂牌进行审核和持续监管，并提供股权登记清算、转让交易服务，这是交易场所的基础功能，也是核心功能。股权交易所不应该参与具体业务，在企业的挂牌和交易过程中，股权交易所参与企业的挂牌前保荐、辅导、挂牌操作，参与企业的融资运作，或在挂牌后参与企业的股权转让会妨碍其中立性，是既当裁判员又当运动员。所以，虽然多数区域性股权交易市场会通过与地方政府或中介机构的合作积极拓展业务，但一般情况下会尽量避免直接参与具体的操作，只是以监管者的角色出现，在企业挂牌后的股权交易过程中更是从未想过要参与交易，参与股权交易成为理所当然的禁区、雷区。

第二，各地区域性股权交易市场多在短时间内经过仓促筹备即宣告成立，缺乏资本市场运作与管理经验，缺少专业化人才团队。

借鉴交易所经验搭起股权交易市场的基本框架固然没有困难，只需要一套市场制度，外加一套电子化登记交易系统即可，这构成了股权交易市场的基础，但却不足以推动股权交易市场的持续发展。许多股权交易所在建立后，面临着业务推广与市场营销的困难，究其原因就是基础的股权挂牌、交易制度与系统固然必不可少，但仅此却无法实现市场的融资、交易功能。在无法给企业提供有价值的增值服务的情况下，企业缺少挂牌的内在动力，虽有地方政府的推动，股权交易市场业务发展依然难以持续。

第三，区域性股权交易市场长期处于单边卖方市场状态，是一个供求失衡的市场。

股权交易市场是股权买卖的市场，股权的供给者为挂牌企业，股权的需求者为投资者，供给与需求的良性互动是支撑市场存在和发展的基础驱动力。在供给方面，区域性股权交易市场可以靠政府的支持推动企业挂牌入市，甚至仅凭资本市场对供给者的神秘感就可以吸引部分企业主动挂牌入市。但在需求方面，绝大多数区域性股权交易市场缺少甚至没有投资者的参与。多数区域性股权交易市场只注重融资客户的挖掘和培养，不重视投资客户的发展与维护，究其原因是：一方面，相较而言，融资客户具有易得性和象征意义，通常评估一个股权交易市场的主要数据是挂牌企业家数和市值规

模，投资者数量与交易量还在其次；另一方面，一些区域性股权交易市场想当然地认为，有了挂牌企业就可以吸引投资者入市，似乎投资者对于股权投资有着一种天然的需求，这也是证券交易所带来的经验与印象，然而对于区域性股权交易市场却是一种假象。

区域性股权交易市场摆脱目前有平台无功能，有市场无客户，有卖方无买方的困境，需要摆脱市场管理者的定位，走贴近市场需求的专业化服务道路，真正参与到私募股权的价值发现、价值评估、价值投资、价值增值、价值实现过程中去。

第一，根据挂牌企业的特点进行客户分类，并提供差异化的服务。

对于传统行业和市场容量有限的细分行业企业来说，虽然许多企业可以实现稳定的盈利与投资回报，但难以实现快速发展，应当以一般性服务为主，即现有的服务模式，根据企业的意愿为其提供挂牌和转让服务。与此同时，区域性股权交易市场应该发展和扶持更多的有增长潜力的挂牌企业，如天津股权交易所最初对企业客户的定位是"两高六新"，"两高"即成长性高、科技含量高；"六新"即新经济、新服务、新农业、新材料、新能源和新商业模式。（1）对于此类企业，在挂牌标准上，放松财务、管理、治理等方面的准入要求，破除僵化的条条框框限制，营造宽松的挂牌入市环境，真正把挂牌入市标准放到企业的增长潜力与企业未来价值上，更多从企业的科技含量、商业模式、发展空间方面评估企业。说到底，应该从投资者的角度出发而不是交易所的角度出发来判断企业是否适合挂牌入市。（2）对于此类企业应该进行深入的调查评估，发现价值，然后协助企业制定融资方案，积极推介和对接投资机构。投资推介应该具有针对性，推介的企业应当有较高的投资价值，应当有合理的融资方案，应当有与之相适应的投资群体，然后进行有针对性的定向推介，实现融资者与投资者的高效对接，否则推介效果与效率难以符合预期，走过场式的推介对挂牌企业与投资者都是一种伤害，无法树立市场的良好形象，甚至对市场的影响是负面的，难以吸引有实力的投资者参与市场。

第二，改变费用收取方式，先服务后收费，树立在挂牌企业中的信用。

　　区域性股权交易市场目前多借鉴证券交易所的收费模式，在挂牌时一次性收取 30 万元至 50 万元不等的挂牌费用，然后再按年收取服务费。此种收费方式对证券交易所并无问题，但放到场外交易市场则非常不适应，在市场功能并不健全，对挂牌企业服务能力不足的情况下，统一对挂牌企业以类似于门槛费、过路费方式收取挂牌费用，对挂牌企业而言是一种非常不好的体验，与市场化和商品交换的原则格格不入。对于以稳定而不是增长为主要特点的企业，可适当收取挂牌费用，并提供一般的服务。而对于真正具有发展潜力的挂牌企业，应该免除挂牌费用，从增值服务中收取费用，走先服务后收费的道路。

　　第三，区域性股权交易市场一种可能的转型方向，是向做市商柜台市场转变，由中立的中介变成卖方，成为挂牌企业的做市商、经纪商与自营商。

　　区域性股权交易市场是服务者而不是监管者，即使充当自律管理的角色，其出发点也应当是维护市场的自发秩序，而不是对市场强加某种监管念或措施，不是为监管而监管。作为市场化运作的营利性组织，虽然区域性股权交易市场有其资本市场的特殊性，但作为场外交易的一种形态，以私募和非公开方式开展融资和转让交易的组织，区域性股权交易市场的角色定位不是监管者，不应该为监管者的角色所累，被这一角色架在空中，结果只能是脱离了市场。区域性股权交易市场可以将基础服务，包括股权登记、转让交易、信息披露等功能独立出来，成立单独公司负责。然后三要以经纪商、做市商、自营商的角色参与市场，通过深度参与市场来拓展市场功能，扩展盈利模式。不同于真正的证券交易所，在私募市场这一模式架构并不存在角色冲突，而且目前证券公司柜台市场的架构与此类似，证券公司可以在其柜台市场创设私募产品，参与柜台产品投资与交易，同时也负责柜台产品的登记清算、转让交易、自律管理、信息披露，在这一框架下，唯一需要市场的组织者严格遵守规则，不得利用信息等优势进行欺诈交易或不公平交易。因此，区域性股权交易市场应当走下平台，摆脱中立的纯平台中介的束缚，以市场参与者的角色，参与到挂牌企业的价值发现、价值评估与价值投资和股权交易过程中去。（1）可以通过价值发现和价值评估，以"投资价值分析报告"的形式将有价值的企业推介给投资者，而不是仅充当一个中立的组织者将企业和投资者聚集到一起自由配对。（2）区域性股权交易市场应当参与市场的股权投资，区域性股权交易市场或其股东以自有资金参与投资是对挂牌企业价值的最高认可和最佳推介，区域性股权交易市场也可以从中获取挂牌企业价值增值带来的高额回报。也只有股权交易市场愿意投资的企业，才真正值得进入市场挂牌和推荐给投资者，如果区域性股权交易市场自身都不看好和不愿意投资一个企业，那么如何说服投资者进行投资？在形式上，区域性股权交易市场可以与有实力的投资机构合作发起私募股权投资基金，由区域性股权交易所认购劣后部分的基金份额以增加基金信用，选择市场中最具发展潜力的优质企业进行投资。（3）区域性股权交易市场可以选择优质企业提供做市服务，赚取价差收益。从理论上讲，区域性股权交易市场参与挂牌企业股权交易并不存在障碍，只是区域性股权交易市场把自身定位为证券交易所导致其参与股权交易似乎存在角色冲突。如果说证券公司参与其设立的柜台市场的交易并不违规，则区域性股权交易市场参与挂牌企业股权的做市转让也无不妥，为尽量避免市场组织者与参与者的角色冲突，如前所述，市场的技术系统和基础管理功能可以剥离给单独的公司，做市报价也可以单独公司或基金的方式进行。

第四，立足股权交易业务，发展多样化私募产品发行与交易业务。

区域性股权交易市场目前以股权挂牌业务为主，这也是区域性股权交易市场建立的出发点，但这一出发点也受到市场建立者对场外交易市场最初理解的制约，而真正的场外交易市场并非仅仅是股权交易市场。场外交易市场应该是一个多样化的市场，尤其是在私募的定位下，应当包括所有私募类的金融产品的创设与转让交易。本着业务多样化发展的原则，除现有的私募债券业务外，其他所有属于私募范畴的金融产品，区域性股权交易市场都可以开展创设、发行、转让业务。包括私募基金、资产支持证券、金融衍生品等。除股权挂牌业务外，部分区域性股权交易市场也已推出私募债券业务，并在一定程度上得到了政策的支持。此外，随着互联网金融的发展，有些区域性股权交易市场还在探索开展类P2P业务。

私募债券业务将成为区域性股权交易市场的重要业务类型。证监会在

《关于规范证券公司参与区域性股权交易市场的指导意见（试行）》中明确提出，"区域性市场是为市场所在地省级行政区域内的企业特别是中小微企业提供股权、债券的转让和融资服务的私募市场"。在这一文件精神的指导下，重庆、浙江、天津、深圳、上海等地的区域性股权交易市场都开展了私募债券业务，形成了一定的特色。

虽然区域性股权交易市场私募债券业务目前仍存在一些不足，甚至法律和政策障碍，但从长期来看，区域性股权交易市场私募债券业务将迎来大发展。

（1）私募融资业务取消行政审批，放松监管要求是金融改革的重要举措，从发展趋势来看，监管要求将日益宽松，包括未来私募债券业务将取消发行与转让场所、中介机构承销和发表意见等方面的限制，企业自组织发行私募债券将成为潮流，在此之前或会允许有能力的非证券经营机构以财务顾问身份协助企业发行私募债券。所有此类监管放松的政策都将推动私募债券业务的大发展，也会为区域性股权交易市场和市场上从业的中介机构带来难得的业务机遇。

（2）种种迹象表明，在私募债券业务方面，区域性股权交易市场走在了监管政策的前面，监管部门对于区域性股权交易市场上创新的私募债券业务，虽然认为不完全符合现有规定，但并未进行清理和禁止，甚至持鼓励的态度。也许《公司债券发行与交易管理办法》中"在区域性股权交易市场非公开发行与转让公司债券的管理办法，由中国证监会另行规定"的提法，是监管部门为下一步在区域性股权交易市场推动私募债券业务创新而预留的窗口。

（3）随着未来私募债券业务的发展，存量债券规模势必不断扩大，债券的风险收益特征也将千差万别，当其之时，债券的转让交易将迎来发展良机。无论是做市转让还是协议交易，债券具有流动性实际上改变了其风险收益特征，甚至债券转让交易本身就是对风险收益的重新定价，也是风险管理的重要手段。一旦有了流动性，区域性股权交易市场才真正成为交易场所，从而带动其市场功能的完善。

（4）区域性股权交易市场一旦真正成为私募债券的发行转让场所，其聚集投资者资源的能力将大大提升，形成供需平衡发展的态势，推动区域性股权交易市场债券业务的良性循环。

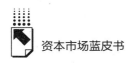

四　结语

区域性股权交易市场是我国多层次资本市场的重要组成部分，然而，与新三板市场如火如荼的发展形成鲜明对比，近年来区域性股权交易市场发展并不顺利，也未发挥其作为资本市场的功能，未真正纳入资本市场的体系中。究其原因，有其自身定位不准确、业务模式市场适应性不足等方面的内在原因，更有政策限制、监管部门支持与关注不够的原因。

区域性股权交易市场发展时间虽短，但却面临业务的转型，部分区域性股权交易市场在政策允许范围内进行业务的探索与创新，但多数区域性股权交易市场发展面临困境。本文认为，区域性股权交易市场应当走专业化与多样化协调发展之路，在专业化方面，应当改变中立性平台的现有定位，积极参与市场价值发现、价值投资与转让交易，真正激活市场的价值发现和投融资功能；在多样化方面，应当在严守私募底线基础上，探索股权、债权、资产以及其他财产权利和金融产品的创设、发行与挂牌转让业务。

参考文献

［1］中国证监会《关于落实〈国务院关于鼓励和引导民间投资健康发展的若干意见〉工作要点的通知》，http：//www.csrc.gov.cn，2012 年 5 月 26 日。

［2］中国证监会《关于规范证券公司参与区域性股权交易市场的指导意见（试行）》，http：//www.csrc.gov.cn，2012 年 8 月 23 日。

［3］《国务院关于清理整顿各类交易场所，切实防范金融风险的决定》（国发〔2011〕38 号），http：//www.gov.cn，2011 年 11 月 24 日。

［4］《中国证监会关于〈清理整顿场外非法股票交易方案〉的通知》，http：//www.stockstar.com，1998 年 3 月 25 日。

［5］中国证监会：《公司债券发行与交易管理办法》，http：//www.csrc.gov.cn，2015 年 1 月 15 日。

场外股权交易市场服务小微
企业发展的实践探索

韩家清　杨东峰　袁威威*

摘　要： 天津股权交易所是目前国内除新三板市场外，股份公司挂牌企业家数最多、市场规模最大、覆盖地域最广且成立发展时间最长的一家股权交易市场。本文重点围绕：打造面向小微企业的地方综合金融服务平台，以及使场外交易市场成为小微企业成长的培育孵化基地两个方面，结合案例展示介绍了天津股权交易所市场创新发展七年来的建设经验。本文最后就如何更好发挥场外市场作用，推动小微企业成长提出了思考和建议。

关键词： 场外股权交易市场　天津股权交易所　小微企业

引　言

自从 2013 年，国务院第一份金融服务小微企业的文件《国务院办公厅关于金融支持小微企业发展的实施意见》发布以来，已历时三年，国家部委层面共出台了近 80 份配套文件，其中提到资本市场支持小微企业发展的已有多份。但迄今为止，从全国范围来看，金融服务小微企业仍未有明显的

---

* 韩家清，天津股权交易所执行总裁；杨东峰，现就职于天津股权交易所研究发展部；袁威威，现就职于天津股权交易所研究发展部。

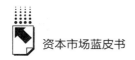

进展和大的破局之举，一方面，由于对风险损失的"零容忍"，且随着经济下行周期的来临，银行日益视向小微企业贷款为危途，贷款余额正明显下降；另一方面，国内交易所主板市场虽不断上演二级市场大涨大跌和一级市场 IPO 开闸、停闸的"闹剧"，但只是沪深市场 3000 多家大型上市公司的事情，与全国数以千万计的小微企业没有任何关系。而新三板市场虽突破4000 家，但由于不仅其尚未形成融资功能，亦缺乏交易功能，而且 4000 家企业中多数并非小微企业，何况随着其向 5000 家逼近，市场饱和的上限即将到达，广大小微企业也是难以与其为伍，只能望其项背。所以，现行金融体系如何为小微企业服务以及中国资本市场怎么在"帮小微，促小微"上发挥作用，似乎已经成了一个"世纪性"难题。

作为中国场外交易市场先行者的天津股权交易所（以下简称天交所），不仅是目前国内除新三板市场外，股份公司挂牌企业家数最多、市场规模最大、覆盖地域最广（全国 31 个省、区、市）且成立发展时间最长（2008～2015 年）的一家股权交易市场。正因为七年来，天交所将自己定位于做中小微企业最需要的交易所，在坚持不懈、持之以恒的同时，又贴近市场、锐意创新，从而在场外交易市场服务小微企业发展上，做出了有益的探索，进行了大量的实践，亦取得了令人瞩目的成绩。

一　以"三个一"为模式，打造面向小微企业的地方综合金融服务平台

2012 年 10 月 15 日，天交所泉州运营中心在晋江工商联大厦揭牌运营，迄今为止，天交所已设立了 15 个非法人运营中心或企业服务中心（见表 1）。

这些运营中心或企业服务中心是天交所服务当地小微企业的载体，也就是所谓的"综合金融服务平台"。所谓"三个一"模式就是：政府的一个职能部门，加上天交所的一个项目组，再加上一家核心保荐机构，三者在一起形成一个工作组。这样一个工作组依托运营中心或企业服务中心，开展

表 1　天交所区域运营中心和企业服务中心

序号	区域	名称	设立日期	合作对象	合作方式	场所
1	天津市 (5 个)	东丽运营中心	2014 年 2 月 28 日	天津东丽区人民政府	战略合作协议	东丽科技金融大厦
		北辰运营中心	2014 年 6 月 17 日	天津北辰区人民政府	战略合作协议	北辰金融超市
		西青企业服务中心	2015 年 5 月 19 日	天津西青经济技术开发区（国家级开发区）	战略合作协议	西青区经济技术开发区赛达新兴产业园
		自贸区运营中心	2015 年 6 月 17 日	天津自贸区中心商务区管委会	战略合作协议	天津自贸区
		南开企业服务中心	2015 年 11 月 19 日	南开区政府金融服务办公室	战略合作协议	南开区金融服务之家
2	广东省 (4 个)	惠州运营中心	2013 年 11 月 15 日	惠州市人民政府	战略合作协议	广东省惠州市投资管理大厦
		珠三角运营中心	2014 年 3 月 31 日	顺德区人民政府	战略合作协议	广东佛山市顺德区大良新城
		东莞企业服务中心	2014 年 6 月 26 日	东莞立生投资管理有限公司	战略合作协议	广东东莞
		惠州仲恺企业服务中心	2014 年 8 月	广东惠州仲恺高新区科创局	战略合作协议	广东惠州科融大厦
3	福建省 (2 个)	泉州运营中心	2012 年 10 月 15 日	晋江市人民政府	战略合作协议	晋江工商联大厦
		龙岩运营中心	2013 年 7 月 5 日	龙岩开发区人民政府	战略合作协议	福建省龙岩市太古广场
4	江苏省 (1 个)	长三角运营中心	2013 年 12 月 28 日	无锡崇安区人民政府	战略合作协议	无锡市崇安区东方广场
5	山西省 (1 个)	山西运营中心	2014 年 4 月 25 日	山西省中小企业局、晋中市人民政府	战略合作协议	山西省晋中市和田商务大厦
6	河北省 (1 个)	天交所绿色建筑板企业服务中心	2015 年 6 月 17 日	中唐投资	战略合作协议	天津市河西区津玉大厦
7	四川省 (1 个)	德阳企业服务中心	2015 年 7 月 21 日	德阳市工商联	战略合作协议	四川省德阳政府政务服务中心

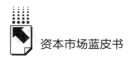

"请进来"和"走出去"相结合，形式多样、富有成效的面向小微企业的综合金融服务业务。

这种综合金融服务业务是以场外交易市场对中小微企业提供多元化融资和持续性规范为主线，带动政府财税政策，银行股权质押贷款，民间股权融资、私募债融资及权益类金融产品融资等社会资金资源向成长性中小微企业集中，同时又配套以政府和交易所对各类融资活动的规范性监管以及对企业规范经营的持续督导等，使得融资与规范相辅相成，相得益彰。

"三个一"的三方角色各有分工，但又紧密结合，不仅做到了优势互补，而且实现了整体功能的最大程度放大。政府职能部门尤其是金融主管部门参与是综合金融服务平台"公信力"的体现，这表明政府支持企业走进资本市场，依托政府公信力，能更有效地调动各方资源，同时也源源不断地把政府的各项优惠政策对接给企业，从而助推中小微企业走进资本市场。天交所项目组的参与是综合金融服务平台"凝聚力"的所在，一方面，从宏观来说，作为交易所平台可以汇聚来自区域内外的投资人、金融机构和各类市场合作伙伴；另一方面，从微观来说，交易所的企业挂牌业务流程恰恰把政府部门、中介机构、投资人、银行等与企业紧密地联结在一起，形成了"一致行动人"。核心保荐机构的参与是综合金融服务平台"执行力"的根本，核心保荐机构的作用就是"深耕"当地的中小微企业，了解企业需求，引导企业走向资本市场；对拟挂牌企业设计个性化的融资和规范方案，从而使其最终进入资本市场。

所谓"请进来"和"走出去"指的是，"请进来"是以天交所的运营中心和企业服务中心为载体，通过举办各种类型的市场活动，将当地的政府部门、企业家及各类金融机构、投资人纳入天交所举办的各类活动中，通过市场活动密切与市场主体的联系，达到金融资源集聚的效果。"走出去"是以运营中心或服务中心为半径，辐射整个地区，组织工作组下基层、下企业，为小微企业答疑解惑并提供量身定制的金融服务。以天交所天津北辰运营中心为例，仅2015年4~9月，其以"请进来"的方式在北辰金融超市举办面向中小微企业的活动就达四次（见表2）。

表2　2015 年 4～9 月北辰运营中心在北辰金融超市举办活动一览

活动时间	活动内容	
	合作部门或机构	活动主题
2015 年 4 月 30 日	北辰区金融局,双街镇发改委、工经委、商务委、科委、天交所	市中小微企业贷款风险补偿政策解读
2015 年 6 月 11 日	北辰区金融局、北辰区工商局、万达涵瀛、天交所	银行中小微企业特色产品介绍,银企互动交流
2015 年 7 月 23 日	北辰区金融局、农经委、天交所	工商局、金融局中小微企业政策与服务宣讲
2015 年 9 月 1 日	北辰区金融局、万达涵瀛、天交所	场外市场服务功能介绍

注:"万达涵瀛"是天交所在北辰地区的核心保荐机构。

而就"走出去"而言,2014 年全年"三个一"工作组在北辰区走访了区辖所有 12 个乡镇、街道和园区,共计近 500 家中小微企业,了解它们的需求,为它们量身定制提供政策支持和各类金融服务。

自 2014 年以来,北辰区共有 14 家中小微企业在天交所挂牌,共获股权融资 1.48 亿元,同时带动了银行配套融资。一年来,这些企业获得了不同程度的成长,其成长情况如表 3 所示。

表3　天交所北辰区中小微企业情况一览

企业名称	所属行业	主要产品	挂牌时间	注册资金(万元)	融资情况	成长情况
天津市骏广实业发展股份有限公司	家具制造业	木制品、实木家具、木板材	2013 年 11 月 28 日	13320	公司获得 8400 万元股权质押贷款	公司挂牌两年时间,2013 年较 2012 年主营业务收入增长 1000 万元,2014 年上半年表现出强劲增长趋势。知名度提升,央视对公司木材焊接技术予以宣传
天津景辉新型材料股份有限公司	纺织服装和服饰业	电加热服装	2013 年 12 月 26 日	1000	股权增发融资 500 万元	公司挂牌后通过增发融资增强产品研发功能,公司电加热服装产品质量过硬,用于国家南极科考人员保暖,评价效果良好,市场空间广阔

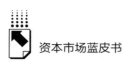

企业名称	所属行业	主要产品	挂牌时间	注册资金（万元）	融资情况	成长情况
天津市艾碘科技股份有限公司	化学原料和化学制品制造业	工业碘提纯后的升华碘	2014年6月27日	600	挂牌前私募融资及股权增发融资513万元	企业挂牌一年来从2013年全年仅5.73万元主营业务收入，到2015年第三季度，当年主营业务收入已实现了3000余万元，税后利润亦大幅增长
天津康巢生物医药股份有限公司	化学原料和化学制品制造业	高纯化学试剂	2014年6月27日	600	股权增发融资513万元	公司挂牌后利用所获融资加强产品研发，在科研队伍建设和研究条件改善方面成效显著。公司自主研发和生产的医药原料药、饲料预混剂、农药中间体、兽药中间体处于国内领先水平
天津仁义合自动化技术股份有限公司	专用设备制造业	机电自动化技术；机械钣金	2014年9月26日	1144	股权增发融资250万元	公司主营业务收入2014年比2013年增长220万元，净利润2014年比2013年增长近5倍。产品研发能力不断提升，市场业务有效拓展
天津司邦适生物科技股份有限公司	化学原料和化学制品制造业	卫生用品	2014年9月26日	5500	股权增发融资250万元	公司主营业务同比增长，获得的股权融资主要用于产品研发和生产线改进，公司新产品已经投入生产营销环节，市场空间广阔
天津迅铭科技发展股份有限公司	金属制品业	合金材料	2014年9月26日	6600	股权增发融资500.5万元	挂牌一年来，主营业务收入由431.9万元增长到2.9亿元，实现跨越式发展
中天联合节能建设发展（天津）股份有限公司	制造业	石墨聚苯板材（SEPS）	2014年9月26日	750	挂牌前私募融资100万元	挂牌一年来，企业主营业务收入由5198.47万元增长到7163.11万元，利润总额由32.53万元增长到265.1万元
天津市钰薪石油工业机械制造股份有限公司	专用设备制造业	石油开采设备——梁式抽油机中的平衡块	2014年11月28日	5000	挂牌前私募融资2908万元	公司2015年1～10月主营业务收入和净利润较上年同期均明显增长。其募集资金用于公司产品生产改进，公司自主研发能力不断提高，已有在审发明专利1项

续表

企业名称	所属行业	主要产品	挂牌时间	注册资金（万元）	融资情况	成长情况
天津威瑞家居股份有限公司	家具制造业	整体橱柜	2015年8月27日	1000	股权融资正在进行	公司挂牌后，品牌知名度有效提升，市场销售渠道不断拓展，2015年上半年主营业务收入较上年同期明显增长，已在天津市、唐山市成立威瑞品牌店8家，网络实体店1家
天津远达滤清器股份有限公司	通用设备制造业	汽车滤清器	2015年9月24日	500	股权融资正在进行	拥有先进的国内和英国滤清器制造工艺和设备，原材料采购商为国内外知名厂家。公司通过TS16949和ISO9001质量体系认证，拥有1项发明专利。挂牌后公司行业知名度有效提升
天津市英纳世纪文化传播股份有限公司	租赁和商务服务业	公关策划、会议策划等商务服务	2015年9月24日	500	股权融资正在进行	公司挂牌后，积极拓展渠道资源，公司合作伙伴数量不断增长，行业知名度提升，行业合作伙伴增多
安卡精密机械（天津）股份有限公司	通用设备制造业	机械配件、汽车配件等	2015年9月24日	1000	股权融资正在进行	公司挂牌后，有效梳理了治理机制，行业知名度提升，在吸引行业高端人才方面效果显著，到目前有实用新型发明专利6项，发展潜力巨大
天津市金星空气压缩机制造股份有限公司	通用设备制造业	空气压缩机、电子行业专用设备	2015年10月30日	500	股权融资正在进行	公司挂牌后，获得政府和新闻界高度关注，品牌知名度有效提升，目前已获得28项实用新型专利，产品研发进入新的阶段

二 以两个"10%"为目标，使场外交易市场成为小微企业成长的培育孵化基地

经过近七年的实践探索，天交所在服务小微企业改制规范、深化私募融资、促进创新创业等方面发挥了积极作用，正在成为小微企业培育和规范的园地、

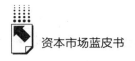

小微企业的融资中心、地方政府扶持小微企业各种政策和资金综合运用的平台，也真正实现了资本市场中介服务功能的有效延伸。具体体现在以下方面。

（一）小微企业培育和规范的园地

天交所以小微企业为服务对象，这是场内市场和新三板市场无法覆盖的领域，也是天交所实现错位发展的空间所在。小微企业单纯依靠自身积累，发展速度毕竟有限，而且企业在资金、人才、管理等方面的瓶颈也会逐渐显现。天交所市场不仅能为小微企业带来更有力的资金支撑，同时可以倒逼企业改善公司法人治理结构，健全现代企业制度，完善企业科学管理体系，全面提升企业核心竞争力。

天交所主要从创新挂牌企业层次和丰富企业服务内容两个维度来推进企业的规范与培育，一方面依据企业的不同发展阶段，构建由创业板、成长板、主板组成的 A 板以及覆盖有限责任公司的 B 板，以创新的挂牌企业体系，分层次推进企业治理水平提升与运营管理规范；另一方面，通过开展多样化企业培训、提供交易所对接渠道、培育企业信息披露理念等多种形式的服务，不断提升公司治理水平。截至 2015 年 10 月，天交所挂牌企业累计披露定期报告 9320 份，披露各类临时报告 12255 份，建立挂牌企业诚信档案 1124 份，保荐服务机构披露企业现场检查报告 2161 份；通过天交所的培育和规范，一大批具有现代企业治理结构的中小微企业崭露头角，成为新一代中小微企业的领先者和代表者，在自身成长壮大的同时，也不断为社会做出贡献。

（二）小微企业的融资中心

天交所市场通过集聚券商、银行、私募投资机构、会计师事务所和律师事务所等中介机构，围绕中小微企业开展融资服务及业务创新，从而把民间资本、中小微企业、金融创新等经济发展中的几大活跃元素有机融合在一起。同时，针对小微企业的实际需求，不断探索股权质押、私募债券、定向增资、特别股、资产受益权、股权众筹等多元化、特色化的融资服务。

小微企业在天交所既可以通过挂牌前私募获得资金，也可以在挂牌后面向特定战略投资者定向增发扩股，在股权获得定价后可以做股权质押融资，符合一定条件的挂牌企业可通过天交所平台发行私募债券及资产收益权产品进行融资；同时，企业挂牌后可以显著改善自身在银行等金融机构中的贷款信用评级，更容易获得银行授信贷款。截至目前，天交所市场累计为挂牌企业实现直接融资86.7亿元，带动实现间接融资198.71亿元（其中股权质押融资77.19亿元），融资总额285.41亿元。

（三）地方政府扶持小微企业各种政策和资金综合运用的平台

在当前国民经济发展"新常态"时期，地方经济的转方式、调结构，势必伴随着传统产业转型升级和战略性新兴产业发展。天交所搭建的地方综合性金融服务平台，有利于科技和资本的相互促进，有利于地区优势产业的形成和快速发展，有利于培育一大批创新创业企业，为产业转型升级和地方经济发展提供重要支撑。因此，一些地方政府通过成立政府引导基金、专项投资基金等方式投资于天交所市场中的优质企业，从而借助天交所市场平台逐步实现了财政资金使用方式的转变和使用效率的提升。

截至目前，天交所已与全国26省、80市地方政府签订合作框架协议159份，累计在全国11省市设立运营和服务中心15个，已有全国18省72地市政府出台了支持本地企业到天交所挂牌的鼓励政策。天交所在市场发展中，通过联合地方政府共同搭建区域性综合金融服务平台，与很多地方政府建立了良好的合作关系，共同开创了富有区域特色的小微企业发展扶持合作模式。

（四）资本市场中介服务功能的延伸

场外交易市场作为多层次资本市场体系的塔基，最贴近企业，也最了解小微企业的需求。这为场外交易市场联合银行、股权投资机构等资本市场参与主体，共同打造和延伸最契合小微企业需求的资本市场中介服务提供了重要基础。

截至目前，天交所市场有包括综合服务机构、保荐服务机构、督导服务机构、私募债承销商、会计师事务所和律师事务所在内的各类注册执业机构，共计266家；天交所已与36家银行的78家总分行签约和建立战略合作关系，同时与国内24家券商建立了业务交流联系。通过与各类机构主体合作，天交所还为挂牌小微企业提供资本市场知识和管理培训、评价咨询、品牌宣传、渠道拓展与合作对接、募投项目展示等综合服务，真正实现了资本市场中介服务功能的有效延伸。

经过七年的努力，天交所已实现作为一个场外市场交易所的"两个10%"的目标，即培育孵化10%到更高资本市场上市的企业和10%的细分行业、细分产品的领军企业（见表4、表5）。

表4 已到和将到海内外资本市场上市的企业

市场类别	企业名称	挂牌时间	摘牌时间	成长概况
香港联交所	中国糖果（好来屋）	2012年6月11日	2014年1月10日	公司挂牌前后获得1050万元私募融资和2500万元股权质押贷款，2013年成为中国粘胶糖第一大企业，2015年11月11日在香港联交所创业板上市
	好彩头	2012年6月11日	2013年9月23日	公司挂牌后获得2.5亿元政府授信贷款，挂牌当年净利润翻了一番，2013年上半年净利润同比增长1000万元。已经启动香港联交所上市工作
	恒阳牛业	2011年1月24日	2013年5月3日	公司挂牌前后三轮融资超5亿元，目前是中国第一大跨国肉牛养殖加工企业，公司摘牌时股权溢价，挂牌前私募投资者获得了10倍以上的回报。已经启动香港联交所上市工作
德意志交易所	联合盛鑫	2012年3月30日	2014年1月28日	公司通过挂牌前私募融资2000多万元，主要用于新基地建设，2012年营业收入和净利润同比增长97%和106.8%，品牌形象有效提升。2014年1月启动德交所上市工作

续表

市场类别	企业名称	挂牌时间	摘牌时间	成长概况
IPO 排队（12家）	新大地、正华助剂、森雨饮品、鑫诚股份、大地肉牛、华旅股份、沧运物流、安华瓷业、东方股份、荣珍菌业、湖北远东、恒野农牧			
被上市公司并购（5家）	鲁兴钛业、金宝药业、盛大矿业、天安化工、联盟卫材			
新三板	已挂牌（22家）		汉镒资产、丰泽股份、伊赛牛肉、舜能科技、开泰股份、海纳川、佳先助剂、信达电梯、昊福文化、日晶能源、碧松照明、神元生物、会友线缆、双发石油、卫东实业、晨宇电气、巨鹏食品、三扬股份、赛文节能、丰禾支承、菁茂农业、洪昌科技	
	拟挂牌（32家）		宝源股份、石诺科技、三甲科技、老巴陵、大方科技、起凤建工、润康牧业、中兵股份、瑞博龙、正本电气、固德电材、侍卫长、龙丰实业、帝豪装饰、赛恩集团、超群科技、维尔科技、飓风胶股份、海丝克、友联装备、福建东野、凯凯农科、尚食股份、沃特管业、奥莎电梯、高行液压、凯斯诺、星源农牧、益民股份、黑金刚、泓缘生物、沧能股份	

注：天交所市场目前已有 118 家企业的财务指标达到创业板市场所要求的业绩标准。

表5　细分行业、细分产品领军企业（天津地区）

企业名称	发展简述
海友佳音	公司是一家水产品生物饵料生产和销售公司。公司挂牌前只是年销售额 1000 多万元、利润 100 多万元的小企业。经过天交所的孵化培育，公司经营业绩增长近十倍，销售额过亿元，利润逐年增加，成为生物饵料行业"隐形冠军"
亨达升	公司是一家主营图文设计的二维及三维设计服务商。公司挂牌后依靠研发进军高新技术领域，专注数字化口腔种植技术，公司口腔种植定位器获多项发明专利，市场空间广阔
华泰森森	公司是一家研发超高压生产食品加工及技术的企业，公司挂牌后获得股权融资 1532 万元，专注于产品研发，获多项国家技术专利，现为超高压生物技术应用龙头企业
艾碘科技	公司是一家专业从事碘生产、研发与销售的科技型企业，公司挂牌后通过股权融资获得 513 万元资金，主要用于公司产品研发，公司"一种工业粗碘升华的方法"为在审国家专利，具备较强的行业竞争优势，为该细分行业的领军企业

注：在天交所天津地区挂牌企业中，细分行业、细分产品的领军企业还有悦信物流、汤谷科技、傲绿集团、中能电缆、绿博特、浩年医药、磐石科技、浩元化工等 8 家企业。

纵观当前国内场外交易市场，不管是新三板市场还是各地股权交易市场，尚未有任何一家市场体现出如天交所这样独具特色的培育孵化功能，更未做到将本市场的企业通过培育孵化，实现"两个 10%"的目标。

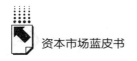

三 只有提供最贴身的多元化服务，场外交易市场才能在推动小微企业成长上发挥作用

（一）天交所做的事情是别人都不愿做也不能做的事情

小微企业是国民经济的基石，在推动国民经济增长方面有着举足轻重的作用，但是长期以来，小微企业能够获得金融服务可谓凤毛麟角。2008 年天交所的诞生，结束了中国服务小微企业的场外交易市场空白的历史。天交所七年来的探索，可以说做的都是别人不愿做也不能做的事情。

从服务范围来讲，天交所的足迹遍布中国大江南北的各个地区，甚至到最基层的社会单位——县区和乡镇，扎实地服务于身处中国经济社会最底层的小微企业。七年来，天交所市场范围覆盖全国 31 个省、区、市，152 个地市，累计挂牌企业达 675 家，其中 615 家是通过股份制改造完成挂牌。即便是在目前各地股权交易市场林立的今天，天交所为中国场外交易市场的建立和发展做出的努力和取得的成绩也是别人难以望其项背的。

从融资成果来讲，目前中国企业想要实现融资，有以下三种方式，即股权融资、债权融资及银行信贷。从这三种方式在小微企业中的具体应用来看，债权融资使用率更高一些。小微企业股权融资受制于企业发展阶段、股权定价困难以及股权价值发现功能缺位等因素制约，实施成本较高。银行信贷主要是受制于银行信贷风险控制的制约，小微企业很难从银行获得贷款。

为了扭转这一局面，天交所做了巨大的努力，通过建立综合性的金融服务平台，帮助企业实现股权定价，打通银行授信贷款通道，帮助企业建立多种融资渠道。截至目前，天交所市场累计为挂牌企业实现各类融资 285.41 亿元，其中直接融资 86.7 亿元（其中：挂牌前私募 42.62 亿元，后续增发 44.08 亿元），间接融资 198.71 亿元（其中：股权质押融资 77.19 亿元，带动银行授信贷款 121.52 亿元）。

融资仅仅是助力小微企业发展的一个方面，更重要的是规范，小微企业只有实现自身规范发展，才能在根本上保证企业长远发展。天交所致力于为企业提供挂牌后的持续督导服务，通过"监管＋服务"模式，帮助挂牌企业建立现代公司治理结构。

类似"深耕"天津北辰区近500家小微企业这样的事情，对于中国资本市场中诸多"官办"交易所来说是不可想象的，也是它们不愿做也不能做的事情。正因为如此，也就形成了场外交易市场面向小微企业的差别化空间，这是一个巨大的空间。而在这一巨大的空间中，唯有如天交所这样的"草根"交易所，即"市场化"的交易所才能适得其所，开石出一条场外交易市场服务小微企业的新路子来。

（二）中国的国情决定了天交所在一开始就致力于做一个具有中国特色的场外交易市场

众所周知，中国幅员辽阔，中小微企业数量众多，市场服务空间巨大，企业服务需求各异，这就为场外交易市场提供了差别化的巨大发展空间。目前中国场外交易市场发展同质化严重，但天交所从成立之初就锐意创新，坚持创新发展，致力于打造一个具有中国特色的场外交易市场。

中国特色的场外交易市场，最需要改进的就是融资方式，多元化融资应成为场外交易市场提供融资服务的重要方式。目前中国存在两大融资方式，一种是以IPO为导向的融资拉动，虽然近期IPO重启如火如茶，但其却与广大的小微企业没有任何直接关系，以IPO为导向的融资拉动主要依靠主板市场和新三板市场，这对小微企业融资起不到任何作用。另一种是以企业成长为导向的融资拉动，此种只有在场外交易市场的综合金融服务平台上进行的融资才能对小微企业起到作用。如前所述，在这种平台上，由股权融资、私募债、银行质押贷款以及政府扶持资金在一起构成的多元化融资模式会源源不断地为那些成长型小微企业提供发展所急需的资金，助力它们快速成长。

天交所发展之初，就努力打造自身特色，坚持帮助企业做股份制改造挂牌，从企业规范、融资、孵化培育等诸多方面提供特色服务，特别是2015

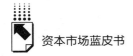

年以来，板块结构的调整，互联网金融平台上线，使得天交所综合金融服务平台更加完善，能为企业提供"线上与线下"相结合的量身定制金融服务。

（三）对中国场外交易市场的反思

发展多层次资本市场，服务中小微企业，已经成为"十三五"规划中国家金融改革的重要组成部分，已上升到国家制度建设层面。2015年国家已经将新三板市场提升为与主板市场和创业板市场一样的场内交易市场，所以曾经寄希望通过新三板市场发展中国场外交易市场的宏愿注定会成为泡影。新三板市场的出现和发展主要囊括的是暂时无法进入主板市场和创业板市场的企业，虽然新三板市场定位服务中小企业，但是其服务能力与全国数以千万计的中小微企业相比，显然是远远不足的。从目前新三板市场挂牌企业所处层次来看，主要是中小企业，处于发展成熟期的企业，力量相对薄弱的小微企业是无缘新三板市场的。

因此，发展新三板市场之外的场外交易市场成了一个重要的课题。目前基本每个省、区、市都出现了一家股权交易所，业务模式同质化较为严重，在服务小微企业方面收效有待观察。而市场化已经成为国家经济发展的必然方向，资本市场也不例外。综观主板市场、新三板市场、天交所市场以及各地股权交易市场在服务小微企业发展上的成败得失，我们的结论是：只有提供最贴身的多元化服务，场外交易市场才能在"帮小微，促小微"上发挥作用。因此，如何重构中国场外交易市场，建立一个以服务小微企业发展为导向的场外交易市场，从而贯彻国家发展战略，将金融服务小微企业落到实处，这些都是近期中国资本市场需要研究的重要课题。

B.4
构建场外资本市场新形态

胡继之[*]

摘　要： 前海股权交易中心遵循"政府监管、证券公司主导、市场化运作"的原则设立，既是一个高度专业化的公司组织，又是致力于场外市场发展的新型交易所。自成立之日起，前海股权交易中心就确立了两大定位：一是打造一个独立于沪深交易所、商业银行之外的新型市场化融资平台；二是构筑一个企业和投资人"开放、互动、对等、共赢'的"网上部落"。为此，前海股权交易中心提出了"相聚梧桐树下"的理念，按照资本市场发展早期没有完整分工的思路，自主开发构建一个全能型金融机构。

关键词： 前海股权交易中心　场外资本市场　市场化融资平台

　　20世纪90年代初，沪深交易所相继出现，经过20多年的发展，取得了举世瞩目的成就。到2014年，沪深两市总市值超过日本，成为仅次于美国的全球第二大证券市场。伴随着中国经济总量跃居世界第二位和多层次经济发展格局的形成，特别是"大众创业、万众创新"国家战略的全面展开，新的时代正在呼唤出现一个适应未来的资本市场新形态，前海股权交易中心在时代变局中应运而生。根据国务院及中国证监会关于大力发展场外资本市场的要求及统一布局，前海股权交易中心于2013年5月30日正式开业。

---

[*] 胡继之，前海股权交易中心董事长。

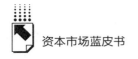

一　构建生态型市场体系

经过两年多的运作，前海股权交易中心已经初步构建了一个全方位、系列化服务中小企业的生态型市场体系，逐步形成了三个系列的战略布局：一是创建一个中小企业挂牌展示系统；二是全方位满足企业从创立到成长到上市不同阶段的需求；三是针对细分市场的出现，设立若干专业性子公司。前海股权交易中心建成了服务企业的"五大中心"——挂牌展示中心、登记结算托管中心、债权与产品融资中心、自助股权融资中心以及培训咨询中心。同时，前海股权交易中心不断升级商业模式，打造出贯穿企业全生命周期的业务链。在企业创设时，前海股权交易中心通过股权众筹来帮助创业者启动项目，并提供标准化的企业商事服务。企业成长过程中，前海股权交易中心提供股权转让服务，满足小微企业股权交易需求；通过产品、债信、私募股权融资等方式，满足企业多层次资金需求；开展定制化、模块化的培训咨询服务。未来，前海股权交易中心将选择优质企业，启动相应的并购重组、上市筹划等安排，从财务管理、股份制改造等方面规范企业发展，推动企业顺利上市。此外，众多专业性子公司的设立，有利于拓展业务体系，进一步增强整体能量。

二　初步形成六大创新优势

第一，首创企业挂牌展示系统，有效改善中小企业成长的外部环境。一般来说，中小企业缺乏外界的足够关注，与投资者之间也存在着突出的信息不对称问题。为此，前海股权交易中心率先在场外市场推出企业挂牌展示，并与融资及其他服务环节相分离，使之成为一个独立的市场形态。通过自主开发的挂牌展示系统，全世界的潜在客户及投资者都能以图片、视频、全景展示等方式了解企业基本情况，某种程度上相当于亲临企业调查，有效改善了企业的外部成长环境。

现在，不少挂牌企业反馈，挂牌之后确实感觉到企业在被外界观察和了解，也拓宽了对接渠道，获得了更多商业机会。相信随着挂牌企业数量的不断增多，研究这些企业价值的专家及专业机构自然就会出现，因为从前海股权交易中心这里去发现有价值的企业，相对于其他方式会更加便捷有效。此外，通过挂牌展示系统，前海股权交易中心既锁定了海量企业资源，又能够记录企业成长历程、积累各项数据，为未来进一步打造中小企业数据征信中心奠定基础。

第二，颠覆传统交易所市场规则，形成了独特的"十无"运作模式。针对交易所市场状况，前海股权交易中心提出的"十无"模式（无行政审批、无登记托管费用、无原有企业形态的改变、无行业限制、无强制性信息披露、无一级/二级市场严格划分、无批量发行的限制、无交易时间限制、无上市阻隔、无期限的培训咨询），实际上是对目前资本市场中的各项规定进行了十个方面的改变，也是对场内资本市场规则的重要突破和创新。前海股权交易中心的市场准入门槛也相对较低，进入成本也不高，打破了原来交易所市场只有股份制企业才能筹资的障碍。总体来看，"十无"模式运作两年来，得到了众多合作方的高度认同。

第三，创造性解决资本市场短期融资难题，打造短中长期相结合的融资体系。中小企业规模小、变化大、未定型，一开始很难进行投权融资，更谈不上股票交易，因此先开发金融产品，满足企业短期资金需求，再开发定制股权融资，筹措企业长期资本，可能是场外市场发展的必然路径。在业务实践中前海股权交易中心进一步发现，中小企业的短期融资需求往往比股权融资需求更大，特别是优秀的企业一般不愿意在早期出让股权。但长期以来，交易所市场主要是为企业进行长期资金安排和股本筹措，并不关注企业的短期融资，包括个股期权、权证交易等创新也都是从股票现货衍生出来的金融产品，始终没有开辟将资金直接导入企业的融资方式。

针对这种状况，前海股权交易中心先着重发展产品融资和债权融资，并派企业经纪人深入一线，动态了解企业的发展情况，随着对企业了解程度的加深，再为企业开发定制股权融资服务。两年来，前海股权交易中心以私募为界，以定制为本，已经基本形成短中长期相结合的融资安排，覆盖约十分

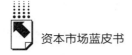

之一的挂牌企业，同时也掌握了一批优质企业资源，为今后延伸开发其他业务打下了基础。

第四，"融资"与"融智"并重，提升企业品质，保障投资人的资金安全。前海股权交易中心在为企业融资的同时，特别注重开展培训、咨询，充当"企业教练"，以此作为提升企业质量、保障融资安全的一个重要手段。前海股权交易中心认识到，中小企业不仅仅需要资金支持，更需要在企业治理、人才选拔、绩效提升等方面的智力支持。当下大部分商学院课程都在讲授通用理论，这种从围墙外看企业的培训方式很难解决企业的实际问题。为此，前海股权交易中心采取"碎片化"方式，把经典管理理论和经营法则浓缩成几百字的片段，通过"梧桐智语"公众微信号，每天一篇向企业传播。另外，前海股权交易中心还为企业提供模块化的培训课程，下属子公司——"智媒网络科技有限公司"正在逐步形成这套培训体系，公司推出的"新四板直通车"，已在全国 11 个省市及新加坡布局了运营中心或子公司，服务企业现已超过 1 万家。

第五，有效结合互联网技术和资本市场专业优势，实现线上、线下协调运转。前海股权交易中心一直坚持通过互联网技术来建设市场，最有效地动员社会资本、整合社会资源，并提供平台让大家互动讨论，同时也非常注重在线下把握企业根基。线上，前海股权交易中心自主开发了"展示、管理、业务、融资"四大平台，实现了随时随地、7×24 小时运作。线下，前海股权交易中心一方面通过企业经纪人团队全面对接企业需求，并对企业进行专项跟踪，动态了解企业状况；另一方面，派驻专业风控团队深入一线，切实把控融资风险。

第六，成功设立若干个服务细分市场的专业化公司，构建平台生态圈。从现代公司管理的角度看，大型公司作为 20 世纪工业文明的产物，弊病越来越多，它的历史性功能已经走到了尽头。在《管理的未来》一书中，加里·哈默全面检讨了工业文明的管理体制，他认为在当前环境下，由众多的子公司或者独立的小公司在一个共同的平台上运作，有可能是一种最佳模式。

前海股权交易中心的目标是成为生态型平台。前海股权交易中心以"平台生态、统筹服务、细分市场、自主经营"为原则，通过嫁接外部资源，引入高端人才和专业团队，已经设立了十余家服务细分市场的子公司，涉及并购基金、培训咨询、股权投资、金融服务等众多领域。目前前海股权交易中心有几个子公司发展非常迅速，成立不到一年时间，其估值溢价就达到了20倍左右，初步显示了平台战略的成效。

三 思考与建议

第一，"大众创业"需要股权市场来配合。"大众创业、万众创新"国家战略的推行，将对中国产生重大的改变，其影响不啻1978年的农村联产承包责任制。"大众创业"如果能有股权市场的配合，效果一定会更好。因为创业是很艰难的，失败率也很高，如果有了股权市场的配合，就能够把大众创业与大众投资结合起来，将真正推动大众创业的繁荣发展。

第二，股权市场不能按交易所模式去建设。一直以来，前海股权交易中心都认为服务中小企业的股权市场不能按照交易所市场的模式来布局，一定要想办法贴近现实需求。中小企业不规范、变化大、存活率低，由机构投资者来直接投资的难度是非常大的。如果监管部门，还是按照交易所市场的思维来对待服务中小企业的股权市场，这会是一种大忌。

第三，股权市场不能依据行政区域来划分发展地域，进行业务行政范围限制。全国人大财经委副主任吴晓灵认为，公权力在资本市场中的运用要划分不同的边界。所以，前海股权交易中心不能以公权力来阻碍市场的发展，不能打着改革的旗号，形成事实上的垄断。要从理论上界定公募市场和私募市场的界限，真正认识到两者之间存在标准化和非标准化的区别。交易所市场是把上市公司的市值切割为标准化股票，然后再到公开市场发行、交易，这有其伟大之处，但不是所有的企业都必须遵循这个模式。另外，全世界的交易所市场都存在着过于注重交易的弊病，容易导致"脱实向虚"，应引起

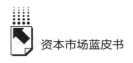

注意。

如何发展股权市场，有以下五点建议。

第一，构建股权市场监管及发展新模式。股权市场在我国多层次资本市场体系中属于第四层次，它的服务主体是中小企业，融资方式和交易所市场的本质区别在于私募和非标，既不能强制按照全国统一模式发展，也不能完全放任不管，要在集中统一和贴近地气、保持特色之间寻求平稳。

其一，由中国证监会规定股权市场的业务底线，并制定相应的"负面清单"。作为国家监管机关，中国证监会可从规范角度设立底线，形成"负面清单"。各地股权交易中心牌照应由中国证监会颁发，这样既让各地遵守统一底线标准，又便于股权交易中心与各类金融机构合作开展业务。

其二，明确股权市场的属地监管原则，由所在地的地方政府进行监管。属地监管原则对股权市场的发展非常重要，地方政府应当对各自区域内的股权交易中心承担明确的管理职责。由于各地基础条件差异很大，各地政府支持当地股权市场的力度也有差异，因此，有的地方发展很快，不能因为是地方政府管理就限制了发展范围。按行政区划限制，既不符合市场发展规律，也不符合企业精神，因为企业是根据市场需求和服务能力决定发展范围的。

其三，区域性股权交易中心应采取公司化运作的方式。区域性股权交易中心本质上是一个专业服务机构，其只有以公司化方式来运作才有未来，如果由国家或者地方政府来规定这类机构的性质，比如赋予它某种行政级别，结果往往是从政策上形成垄断，也难以使其做到贴近市场，为中小企业提供专业化服务。

第二，从法律层面明确规定，由股权交易中心来承担有关中小企业私募股权的登记、托管职责。在融资业务开发方面，前海股权交易中心目前采取了"先债后股"的发展策略，这是因为在现行法律中，股权市场并不具备登记和托管非上市企业股权的法定功能。交易所市场能够发展起来，离不开

《证券法》赋予中国登记结算公司相关的法律权利，而对于各地的股权交易中心来说，法律层面并没有赋予其登记和托管非上市企业股权的权利。可以说，这一功能缺失大大阻碍了整个股权市场的发展。

第三，允许证券公司参与股权市场的相关业务。目前，前海股权交易中心的业务无法与证券公司、银行进行对接。与证券公司对接时，因为前海股权交易中心不是中国证监会批准设立的机构，所以不能通过合规论证；与银行对接时，又因为前海股权交易中心不是中国银监会批准设立的机构，同样无法开展业务。通常情况下，很多金融机构只认可国家层面批准设立机构的业务资质，并不准入由地方政府批准设立的机构。

第四，开放专门服务于场外市场的证券公司牌照。现在我国的证券机构基本上都在场内市场开展业务，而像美国那样发达的资本市场，场外市场占比大约为80%。"大众创业、万众创新"时代的到来，呼唤我国资本市场的发展要有所承接。如果中国证监会能够批准设立若干家专门服务于场外市场的专业性证券公司，相信会很好地推进、规范场外市场发展。

第五，探索建立创业企业通过股权市场融资的补贴制度。鼓励地方政府财政资金通过股权市场对创业企业进行配投。对于区域性股权交易中心孵化的优质创业企业来说，如果它们能够获得相关专业机构的投资，地方政府可以考虑按照一定比例进行配投，相信这种方式能够切实推进中小企业创新发展，促进"大众投资"局面的形成。

参考文献

［1］《国务院关于进一步促进资本市场健康发展的若干意见》，http：//www.gov.cn，2014年5月9日。

［2］《国务院办公厅关于清理整顿各类交易场所的实施意见》，http：//www.gov.cn，2012年7月20日。

功能创新篇

Function Innovation Papers

B.5
区域性股权交易市场服务小微企业的融资功能研究

杨东峰*

摘　要：　区域性股权交易市场是我国多层次资本市场体系的重要组成部分，而面向小微企业提供融资支持是区域性股权交易市场基本的市场功能之一。本文在整体综述当前我国区域性股权交易市场发展现状和运营模式的基础上，重点就区域性股权交易市场面向小微企业的融资服务特点、主要方式手段、存在的困境及原因展开分析，同时借鉴有关国际经验并结合我国区域性股权交易市场的现实情况提出了对策建议。

关键词：　区域性股权交易市场　融资功能　小微企业

* 杨东峰，现就职于天津股权交易所研究发展部。

目前，区域性股权交易市场正逐步成为我国多层次资本市场体系的重要组成部分。2014年12月在广西南宁召开的"民族地区股权市场规范发展座谈会"上，中国证监会主席肖钢对区域性股权交易市场的主要功能作用做了四点归纳：一是小微企业培育和规范的园地，二是小微企业的融资中心，三是地方政府扶持小微企业各种政策和资金综合运用的平台，四是资本市场中介服务功能的延伸。在我国证券监管部门对区域性股权交易市场的四点功能定位之中，"小微企业的融资中心"无疑应是区域性股权交易市场一项基本的和核心的功能。数量庞大的小微企业群体，是我国实体经济运行发展的微观基础和重要主体。关注研究区域性股权交易市场服务小微企业融资功能的发挥，对于当前缓解我国宏观经济下行压力，破解小微企业"融资难、融资贵"问题，实现实体经济稳增长具有重大现实意义。

一 当前我国区域性股权交易市场的总体发展现状和运营模式

近年来，我国区域性股权交易市场发展得到了一系列国家有关政策支持和鼓励引导。2013年8月，国务院办公厅出台的《关于金融支持小微企业发展的实施意见》（国办发〔2013〕87号）首次提出，将区域性股权交易市场纳入多层次资本市场体系，促进小微企业改制、挂牌、定向转让股份和融资，支持证券公司通过区域性股权交易市场为小微企业提供挂牌公司推荐、股权代理买卖等服务。2014年5月，《国务院关于进一步促进资本市场健康发展的若干意见》（国发〔2014〕17号）再次重申，将区域性股权交易市场纳入多层次资本市场体系。2015年6月，《国务院关于大力推进大众创业万众创新若干政策措施的意见》（国发〔2015〕32号）在"优化资本市场"部分指出，要规范发展服务于小微企业的区域性股权交易市场，推动建立工商登记部门与区域性股权交易市场的股权登记对接机制，支持股权质押融资。

在国家有关宏观政策的鼓励引导下，我国区域性股权交易市场近两年的市场规模得到了快速发展。中国证监会的有关资料统计数据显示，截至2015年3月底，全国已设立33家区域性股权交易市场，基本形成了"一省一市

场"甚至"一省多市场"的格局。各市场共有挂牌企业 5800 多家,展示企业 2.54 万家,而该组数据在 2014 年 6 月底时分别为 2100 多家和 1.36 万家。

从区域性股权交易市场的运营模式来看,不同市场间的差异较大,其呈现以下"四多四少"的特点,即多数以为小微企业私募股票的发行和转让提供服务为基础,探索提供中小企业私募债券、私募股权基金份额等其他私募证券发行与转让,以及股权质押融资、信息展示、改制辅导、管理培训等延伸服务;少数(如前海、厦门)以在网络平台上为企业提供信息展示服务为切入点,通过私募理财产品形式实现展示企业与注册用户的投融资对接,并提供私募股票等发行与转让服务。多数只开展传统的交易平台业务;少数(如天津、浙江、广州)则探索将私募证券交易平台业务与股权众筹平台等互联网金融平台业务结合开展。多数只设单一层次,对挂牌企业设立统一的准入条件;少数(如天津、重庆、齐鲁)则对挂牌企业设定差异化的准入条件,并相应设立不同的板块或层次。多数引入市场中介机构提供相关服务;少数(如前海)则不设中介机构这一环节,直接由运营机构提供服务。

二 我国区域性股权交易市场主要融资服务特点——基于问卷调查的统计分析

为摸清我国区域性股权交易市场发展及服务小微企业的情况,中国证券业协会在 2014 年底时,通过问卷形式分别对国内 24 家区域性股权交易市场进行了调查。问卷调查形成的统计数据,有助于我们对区域性股权交易市场功能发挥及其为小微企业融资服务情况获得总体了解。调查问卷数据显示,截至 2014 年 6 月底,全国各区域性股权交易市场共有投资者开户数近 48 万户,累计实现各类融资 1100 多亿元;截至 2015 年 3 月底,各区域性股权交易市场累计为 2900 多家企业实现各类融资约 2300 亿元。区域性股权交易市场融资服务总量增长的同时,还呈现以下特点。

1. 融资服务对象以小微企业为主

近年来,我国小微企业登记注册所占比重有逐渐上升的趋势:注册资本低于 1000 万元的企业数占比由 2012 年底的 22% 增长到 2014 年底的 41%,

增幅 86%。同时调查问卷数据显示，我国区域性股权交易市场挂牌企业平均股本 2089 万股，是同期新三板市场挂牌公司平均水平的 50% 左右，近七成的挂牌企业股本在 3000 万股以下。挂牌企业平均每次股权融资金额 1636 万元，是同期新三板市场平均水平的 45%。以上数据初步表明，区域性股权交易市场的服务对象是以小微企业为主。

2. 融资增幅较大、方式较多、用时较短

截至 2014 年底，区域性股权交易市场共计为 2314 家企业累计融资 2755.43 亿元，其中 2012 年、2013 年、2014 年分别融资 307.07 亿元、930.36 亿元、1518 亿元，年均增幅 133.07%。融资方式有股权质押、股权、私募债和其他（包括银行贷款、资管计划、信托计划和资产收益权等）。2014 年度，上述方式融资累计金额分别约为 604.38 亿元、364.37 亿元、262.67 亿元、286.58 亿元，其中股权质押融资占比最大，为 39.81%；增幅最快的是私募债，由 2012 年的占比 1.24% 增长到 2014 年的 17.3%。区域性股权交易市场各融资方式年度融资额见图 1。

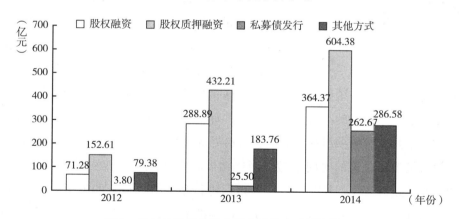

图1　区域性股权交易市场各融资方式融资情况

注：2012 年的数据为 2012 年之前历年数据之和；数据截至 2014 年底。

此外，调查问卷数据还显示，2014 年全国各区域性股权交易市场共实现融资 2750 次，平均每家区域市场每 3 个工作日就实现一次融资，体现了区域性股权交易市场灵活快速的融资特点。

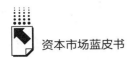

三 我国区域性股权交易市场服务小微企业 融资的主要方式和存在的突出问题

上述基于统计问卷的数据分析，有助于我们初步了解区域性股权交易市场融资功能发挥的一些基本特点，如服务面向小微企业、每次实现融资平均金额较小、股权直接融资占比不高、以股权质押融资手段为主，同时融资方式灵活多样等。但考虑到各区域性股权交易市场在问卷填写中基于自身市场融资功能宣传需要的有意虚报和"拔高"，单就区域性股权交易市场服务小微企业的效果来看，实际并不如问卷总体融资数据般"看上去很美"。

总体来看，当前我国区域性股权交易市场为小微企业提供融资支持的各主要手段方式都面临不同程度的困难和问题。

1. 挂牌前私募融资

企业在挂牌进入区域性股权交易市场前，一般可以按照企业自身融资需要进行挂牌前的一轮私募股权融资。区域性股权交易市场在企业介绍材料的基础上，组织拟挂牌企业进行私募融资推介，但推介效果往往并不理想。很多拟挂牌企业在私募融资阶段对接引入的投资人多为企业的大股东、实际控制人、内部核心员工或与企业有直接业务往来的关联方，通过区域性股权交易市场渠道对接并最终成功引入的私募股权融资情况很少。究其原因，拟挂牌企业多为区域性的小微企业，市场占有率和品牌影响力较为有限，相对于平均 3 个月左右的项目挂牌周期，留给外部私募股权投资人开展尽职调查和做出最终投资决策的时间很短，而单靠即将在区域性股权交易市场挂牌转让，又不足以产生促使外部投资人短期进行私募股权投资的吸引力。同时，由于目前国内大多数区域性股权交易市场都采用了前端一次性挂牌收费的业务模式，基于市场间竞争和自身盈利考虑，区域性股权交易市场一般会引导拟挂牌企业"先挂牌，后融资"，很多市场 2013~2014 年新挂牌的企业挂牌前私募融资已基本为零。

2. 挂牌后定向增发融资

企业在区域性股权交易市场挂牌后，可以提出增发融资需求。区域性股权交易市场一般会定期在北京、上海、深圳、天津等投资人集中的地区组织召开企业融资项目路演会，面向市场已注册或者参会的合格投资人进行企业融资项目推介。近年来，一些市场还通过互联网、电话等通讯技术，实现了融资项目线上（如3C路演）和线下推介相结合。但很多区域性股权交易市场对挂牌企业提出定向增发无明确标准和财务指标要求，导致进行定向增发的企业项目资质良莠不齐，总体推介效果不甚理想。目前在很多区域性股权交易市场统计完成的增发融资数据中，有相当部分是企业在自行确定定向增发投资人后，仅在区域性股权交易市场完成企业增资和股权登记托管的手续。

3. 股权质押融资与银行授信

小微企业自身的一些特点，是导致其通过资本市场股权直接融资困难的内在原因。因此，在市场实践中，很多区域性股权交易市场也通过引入与银行、担保公司等金融机构的合作，尝试转向以股权质押融资为典型的间接融资作为服务市场挂牌企业的主要融资方式。在服务小微企业的股权质押融资业务中，区域性股权交易市场主要扮演对接合作银行的角色；部分区域性股权交易市场还通过与合作银行签署战略协议，对市场挂牌企业实现总体授信，试图改善挂牌企业在银行的贷款融资环境。区域性股权交易市场在帮助小微企业实现股权质押融资中的另一个积极作用，是可以提高挂牌企业的股权质押率，放大小微企业从银行股权质押的总体授信规模。

然而，从目前市场实践来看，区域性股权交易市场挂牌企业的股权价值认可度还比较低。单纯以挂牌企业股权为质押实现融资的情形很少，大多在进行股权质押的同时，引入了不动产抵押或第三方担保等增信方式。在挂牌企业已实现的股权质押融资中，大多为1~2年期的短期贷款，难以满足挂牌小微企业的中长期资金需求。虽然经营状况和还贷记录良好的小微企业，到期后一般可与合作银行进行展期和续贷，但仍存在很大程度的不确定性。

此外，随着2014年新三板市场面向全国的正式扩容，其独有的政策和制度优势吸引了大批优质挂牌企业资源，受此影响区域性股权交易市场挂牌企业整体质量呈下降趋势，原合作银行出于风险及贷款安全考虑，与区域性股权交易市场合作的积极性在减退。同时，部分区域性股权交易市场与合作银行前期签署的挂牌企业总体授信，在各地分支行的具体实施和实际政策落地效果也并不好。目前，区域性股权交易市场挂牌小微企业的股权质押在具体操作上，多为挂牌企业先自行与当地银行洽谈，在双方确定股权质押率和贷款条件后，挂牌企业再到区域性股权交易市场办理股权质押冻结手续。区域性股权交易市场目前对外宣传的统计数据，大多属于上述"被动实现型"的股权质押融资。

4.私募债券

目前，在区域性股权交易市场备案发行和挂牌的债券绝大多数都是城投债，且在城投债的发行中，区域性股权交易市场本身基本不具备私募债发行融资功能，其大多扮演的仅是通道角色，一般按照私募债发行金额的2‰左右收费。区域性股权交易市场在组织以挂牌企业为主体发行私募债券方面也做过一些尝试，但同样面临与投资人的对接困难，挂牌小微企业通过私募债发行实现融资的通道也并不顺畅。

除了上述四种主要方式和手段，当前区域性股权交易市场在服务挂牌小微企业融资方面还在进行一些其他融资方式创新——如板块体系创新、设立市场专项私募基金、发展互联网金融、股权众筹、产品众筹等。但总体来看，这些创新融资手段还大多处于尝试探索阶段，真正服务挂牌小微企业融资的成效还未发挥和显现，并且这些创新融资探索在下一步实践中，将同样不可避免受到区域性股权交易市场自身一些固有因素的阻碍和制约。可预见的是，在区域性股权交易市场融资功能提升的基础性制约因素得到真正改善前，仅在手段和方式层面进行融资服务创新将始终收效甚微。

四 制约我国区域性股权交易市场服务小微企业融资功能提升的主要因素分析

我国区域性股权交易市场服务小微企业融资面临的困境，是多方面原因综合作用的结果，综合来看，可以归结为以下几方面主要因素。

（一）区域性股权交易市场融资功能发挥的外部制度环境不够完善，政策对区域性股权交易市场限制过多，配套支持不足

尽管国家层面已明确将区域性股权交易市场纳入我国多层次资本市场体系，但当前阶段金融监管部门针对区域性股权交易市场的配套性支持措施还基本处于空白。相反，限制措施要远远多于配套支持政策，区域性股权交易市场的业务创新更多时候更像是"戴着镣铐起舞"。

以国发〔2011〕38 号文和国办发〔2012〕37 号文为发端的各类交易场所清理整顿工作，对包括区域性股权交易市场在内的各类交易场所施加了诸多限制，明确了一系列禁止性的行为。区域性股权交易市场不仅被限制在私募融资与非公开转让上，在市场交易制度、跨区域设立分支机构等方面也被施加了种种限制。做市商制度在国外很多场外交易市场是一般性的制度安排，而在我国禁止区域性股权交易市场采用做市商交易制度，从而导致市场交易不活跃和缺乏流动性，市场丧失估值定价功能。区域性股权交易市场交易退出机制的缺失，进一步向前延伸影响到专业投资者、机构投资者在股权投资阶段的进入，阻碍市场融资功能发挥。

区域性股权交易市场融资功能发挥的外部制度环境不够完善还体现在多个具体业务层面。以股权质押融资为例，目前在各区域性股权交易市场挂牌企业股权的登记托管公信力不足，区域性股权交易市场缺乏与工商登记系统的统一协作和衔接，严重影响了股权质押融资的效率，并可能带来股权质押融资业务的风险隐患。在业务创新方面，中国证监会于 2013 年 12 月发布的《优先股试点管理办法》，以及于 2015 年 1 月发布的《公司债券发行与交易管理办法》均未将区域性股权交易市场纳入试点和监管范围，使得区域性股权交易市场开展有关股权业务创新和私募债券融资缺乏政策指导和规范依据。

区域性股权交易市场与当前我国沪深交易所市场、新三板市场均未建立对接机制和有机联系，其自身在资本市场体系中的定位未得到主流金融机构的认可。PE/VC、证券公司、基金公司、商业银行等金融机构在区域性股权交易市场开展业务合作缺少具体的引导和支持性政策，主流金融机构参与区

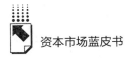

域性股权交易市场的程度非常低，直接影响了区域性股权交易市场挂牌企业整体融资环境的改善。

（二）小微企业自身存在的系列问题，是制约区域性股权交易市场融资功能发挥的突出因素

在区域性股权交易市场挂牌的多为区域性的小微企业。小微企业大多体量规模较小、成立时间较短、品牌知名度和市场影响力有限，且大多为传统行业，业绩稳定性差，抗外部市场风险能力弱，很难达到 PE/VC 等主流金融机构对项目成长性的预期要求。同时，小微企业大多股权集中度较高，家族企业特征突出，而区域性股权交易市场又以市场自律监管为主，对市场挂牌企业缺乏强有力的监管措施，监管约束力和威慑性较弱，很难从根本上根除小微企业自身公司治理不规范的痼疾。此外，受 2014 年初以来新三板市场面向全国扩容的影响，各区域性股权交易市场对挂牌企业的吸引力和新增挂牌企业的整体质量有进一步下降的趋势。挂牌小微企业自身存在的系列问题，成为制约区域性股权交易市场融资功能提升的内在基本因素。

（三）区域性股权交易市场自身的不足，是市场影响服务小微企业融资效果的又一主要因素

当前，行政而非市场，成为我国各地区域性股权交易市场设立发展背后的主要推动力量。很多地方未充分考虑本地的经济基础和现实需要，在未做调查研究的情况下，盲目照搬和重复建设股权交易市场，导致区域性股权交易市场间的功能和业务同质化严重；出于区域性股权交易市场的地方保护需要，各地陆续出台一批歧视性补贴和支持政策，进一步破坏了区域性股权交易市场的良性竞争秩序，加剧了市场分割和区域市场间的不公平竞争。

行政力量主导的外部无序竞争环境，直接导致一些区域性股权交易市场自身业务模式存在不足。一些区域性股权交易市场重规模，轻融资；重扩张，轻服务，市场发展过于短视。部分区域性股权交易市场迫于短期生存压力，一味追求市场规模的快速扩张和挂牌企业数量的增长，而忽视了对

企业的成长性和投资价值筛选；区域性股权交易市场间竞争性降低企业挂牌准入门槛的结果，是一些市场容纳了过多成长性较差的传统行业企业，市场挂牌企业良莠不齐、鱼目混珠，资质差异较大的企业间缺乏分层区分，增加了投资信息搜集筛选和投资价值甄别的难度，区域性股权交易市场对专业投资者的吸引力降低。

此外，目前在区域性股权交易市场开展业务的机构多为民营投资机构，中小投资机构执业的专业性水平不高，组织融资能力不强，离资本市场的规范化、专业化要求相去甚远。区域性股权交易市场本身的融资推介专业化水平不高，缺乏对市场挂牌企业投资价值的深入挖掘研究，没有对不同投资偏好投资人群体的细分和针对性营销推介，挂牌企业融资推介流于宽泛，粗放式的路演融资推介很难取得预期融资效果。

（四）我国私募市场发育不成熟，与作为私募市场的区域性股权交易市场相适应的投资人群体尚未形成和进入

区域性股权交易市场当前被监管部门定位为非公开的私募市场，而我国的私募市场本身发育又很不成熟，与私募市场相对应的投资人群体基础薄弱。与很多发达国家的多层次资本市场体系构建路径相反，我国过去二十多年的资本市场发展历程是先有场内交易所市场，后有包括新三板市场、区域性股权交易市场在内的场外交易市场，我国已有的资本市场发展主要是围绕交易所市场和公募市场展开。长久以来，我国的私募市场发展缺乏规范，直到2014年5月发布的"新国九条"（国发〔2014〕17号）才首次提到要培育私募市场。与作为私募市场的区域性股权交易市场相适应的投资人群体尚未形成和进入，成为最终阻碍区域性股权交易市场融资功能提升的直接因素。

五 完善提升我国区域性股权交易市场服务小微企业融资功能的政策建议

针对制约我国区域性股权交易市场服务小微企业融资功能提升的主要因

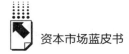

素，同时参考国外主要场外交易市场服务企业融资方面的有关经验，就完善提升我国区域性股权交易市场服务小微企业融资功能提出以下建议。

（一）出台配套支持政策，从多方面完善区域性股权交易市场融资功能发挥的外部制度环境

建议证券监管部门，鼓励和引导证券公司下基层，到区域性股权交易市场深耕细作，提供个性化服务；支持证券公司等专业机构参与区域性股权交易市场建设，发挥人才、专业、业务优势，加大产品创新、人才培养和业务拓展力度。同时，考虑从政策和要求上发展一批专门扶持小微企业的小型、微型的证券公司，整体提升区域性股权交易市场执业机构的专业化水平。

完善区域性股权交易市场融资功能发挥的其他外部制度环境还包括：加快推动完善小微企业股权登记托管办法，提高小微企业股权质押融资效率；培育和规范私募市场发展，持续努力提高私募市场发展成熟度；适度放开对区域性股权交易市场交易方式的限制，改善区域性股权交易市场流动性，完善和畅通交易退出机制；对区域性股权交易市场新业务推出实行备案制监管，为区域性股权交易市场开展提升与市场融资功能有关的业务创新提供宽松的外部监管环境。

（二）明确将区域性股权交易市场作为各级财政资金以市场化运作扶持小微企业的重要平台

区域性股权交易市场作为小微企业的融资中心，为各级财政资金以市场化运作方式支持小微企业发展提供了重要平台。为增强区域性股权交易市场服务小微企业的能力和水平，可考虑由财政部牵头研究，推广成功经验，指导各地政府将扶持小微企业的资金以市场化的方式向区域性股权交易市场集中。同时，建议明确将在区域性股权交易市场挂牌的企业作为国家创投基金的重要投资对象，或者在国家创投基金中划出专项资金，用于投资区域性股权交易市场。该建议主要是基于以下两方面考虑。

一方面，党的十八届三中全会明确提出，"清理、整合、规范专项转移

支付项目，逐步取消竞争性领域专项"。《国务院关于深化预算管理制度改革的决定》明确要求财政转移支付要减少行政性分配，引迸市场化运作模式，逐步与金融资本相结合，引导带动社会资本投入。《国务院关于清理规范税收等优惠政策的通知》规定，未经国务院批准，各地区、各部门不得对企业规定财政优惠政策，包括先征后返、列收列支、财政奖励或补贴，以代缴或给予补贴等形式减免土地出让收入等，坚决予以取消。因此，之前各级政府通过税收、土地、补助、贴息等方式对各类企业进行的财政支持方式，将面临全面转型。另一方面，从境外情况看，通过市场化方式运用财政资金是各国政府支持小微企业融资普遍采用的一种基本模式。如美国政府通过小企业管理局（Small Business Administration）向小企业投资公司（Small Business Investment Company）提供资金支持，以直接贷款、债权融资担保、股权担保融资等方式满足中小企业的融资需求。

（三）引导区域性股权交易市场在规范竞争中改善融资服务，激发市场活力

证券监管部门应着力规范区域性股权交易市场发展的市场秩序，充分发挥市场决定作用，就不符合市场化要求的各类地方保护规定提出清理建议，支持若干市场制度健全且在实践中运营良好的区域性股权交易市场跨区域为小微企业提供融资服务，鼓励适度良性的市场竞争。引导区域性股权交易市场在规范竞争中改善面向小微企业的融资服务，同时自觉加大对市场挂牌企业的规范力度，在孵化培育中持续提高挂牌小微企业的公司治理规范化水平，不断拓展小微企业成长空间，从根本上为改善小微企业融资环境奠定基本面基础。

参考文献

［1］《关于规范证券公司参与区域性股权市场的指导意见（试行）》，http：//

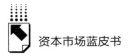

资本市场蓝皮书

www. csrc. gov. cn，2012 年 8 月 23 日。

［2］《国务院关于清理整顿各类交易场所，切实防范金融风险的决定》 （国发〔2011〕38 号），http：//www. gov. cn，2011 年 11 月 24 日。

［3］《国务院办公厅关于清理整顿各类交易场所的实施意见》，http：//www. gov. cn，2012 年 7 月 20 日。

［4］《国务院关于进一步促进资本市场健康发展的若干意见》，http：//www. gov. cn，2014 年 5 月 9 日。

［5］中国证券业协会场外市场部《关于区域股权市场服务小微企业情况的报告》，2015 年 5 月。

［6］中国证监会《关于〈区域性股权市场规范发展指导意见（草案）〉的起草说明》，2014 年 10 月 22 日。

［7］张云峰：《在竞争中发展中国场外市场》，财新网，2014 年 8 月 27 日。

［8］鲁公路、李丰也：《美国股权市场交易体系介绍》，http：//www. csrc. gov. cn，2014 年 6 月 9 日。

［9］祁斌： 《加快多层次资本市场建设化解中小企业发展困局》，http：//www. csrc. gov. cn，2014 年 5 月。

［10］欧阳泽华：《增强区域股权市场服务能力》，《中国证券报》2015 年 3 月 9 日。

［11］秦浩：《美国区域股权市场变迁简介》，《中国证券报》2014 年 9 月 19 日。

场外交易市场动产金融业务研究[*]

罗红梅　岳文淑[**]

摘　要： 场外交易市场作为动产金融业务中的专业机构，遵循动产金融的运作原理，注重挖掘、控制中小企业内部具备变现价值及交换价值的动产信息，并激励各类外部机构参与动产价值的挖掘及增信。场外交易市场在动产金融业务的探索中应凸显对中小企业动产交易的专业服务能力，加强对担保动产的跟踪、控制，在风险可控的条件下，提升动产金融的融资效率。

关键词： 动产金融　场外交易市场　股权质押

一　引言

2007年《中华人民共和国物权法》颁布后，供应链金融、贸易类融资、动产信托、互联网金融、股权质押等含有动产要素的金融形态日益活跃。参与机构从传统的商业银行扩展到第三方物流企业、期货公司、保险公司、信托投资公司、电商，交易市场也从间接融资市场渗透到期货市场、场内股票

---

　*　本文系山东省高校人文社科项目"中小企业新型融资模式比较（项目编号：J14WF58）""市场竞争与微型金融机构风险的关系研究（项目编号：J15WG15）"的阶段性成果；齐鲁工业大学人文社科校级规划项目"场外交易市场监管体系研究"。

**　*　罗红梅，齐鲁工业大学金融学院讲师，天津财经大学2012级金融学博士研究生；岳文淑，天津财经大学2014级金融学硕士研究生。

市场、场外交易市场；金融服务的范围不再局限于融资，还囊括了应收账款账户管理、承担买方信用风险、保单赔款权转让等其他金融元素。这就需要一个更具包容性的概念来扩展动产融资的内涵及边界，在这种背景下动产金融逐渐取代动产融资，泛指以动产支持的金融活动。

动产金融业务的参与主体起初局限于商业银行和融资企业，随着股权质押模式的兴起，场外交易市场逐步成为提供动产金融业务的重要主体。特别是 2012 年以来，场外交易市场建设步伐加快，目前全国已有 31 个省、区、市成立了 35 家区域性股权交易市场①。这些场外交易市场不仅仅是中小企业挂牌交易的场所，更是作为专业机构以金融服务优劣竞争的平台。根据各场外交易市场的官方网站数据，作为传统的动产金融模式，股权质押贷款增长速度令人瞩目。以 2008 年成立的天津股权交易所为例，2009~2014 年商业银行股权质押贷款额的年平均增长率达 200% 以上②，除了常规化的股权质押贷款外，场外交易市场近年来尝试了多种形式的动产金融业务，如股权质押反担保业务、股权众筹、小额贷款收益权转让等。场外交易市场在动产金融业务中的主导作用也日渐明显。本文拟通过梳理动产金融的运作模式，力图从经济学的角度分析动产金融业务的融资效率和风险管控，意在阐释场外交易市场在动产金融业务发展中应承担的角色，为场外交易市场探索新的动产金融业务提供理论支持。

二 动产金融业务的运作原理

动产是相对于土地、房产等不动产而言的，由于动产的范围一直在扩展，迄今对其没有一致性的界定。我国 2007 年实施的《中华人民共和国物权法》中把动产分为两类，一类是作为非移转占有型动产担保权为标的的财产：包括 (1) 以招标、拍卖、公开协商等方式取得的荒地等土地承包经

---

① 根据各股权交易机构网站公开资料整理，时间截至 2014 年底。
② 天津股权交易所的数据来源于笔者的调研及天津股权交易所研究发展部编制的《业务数据和信息统计快报》，2015 年 4 月 30 日。

营权；（2）生产设备、原材料、半成品、产品；（3）正在建造的船舶、航空器；（4）交通运输工具；（5）法律、行政法规未禁止抵押的其他财产。另一类是作为移转占有型动产担保权为标的的财产：包括（1）有形动产；（2）汇票、支票、本票、债券、存款单、仓单、提单；（3）可以转让的基金份额、股权；（4）可以转让的注册商标专用权、专利权、著作权等知识产权中的财产权；（5）应收账款；（6）法律、行政法规规定的可以出质的其他财产权利。这些财产及权利分散到企业生产经营的各个阶段，并作为担保品促成了企业的融资，加速了企业资本循环。

（一）基于生产经营循环的动产金融业务分类

动产金融模式繁多，按照动产金融介入企业生产经营循环阶段的不同，大致分为预付类、存货类、应收类以及综合类等动产金融模式。

预付类、存货类、应收类动产金融模式与企业的生产循环阶段一一吻合。保兑仓模式出现在企业的预付款阶段，以供应方核心企业承诺回购为前提，以商业银行指定仓库的仓单为质押，从而降低了商业银行为企业提供融资的风险。仓单质押模式出现在企业的生产阶段，企业将其拥有完全所有权的货物存放在商业银行的指定第三方物流企业，并以物流企业出具的仓单为担保进行质押，商业银行依据质押仓单向申请人提供短期融资业务。应收账款质押模式是当企业产品或服务处在销售阶段时，企业把符合银行要求的应收账款质押给出资方从而获得资金。应收账款本身是金钱债权，能够形成自动还款机制，范围不仅包括现有已到期或未到期的债权，还包括具有稳定预期的未来债权。由于应收账款质押模式交易成本低，促成这种模式在实践中开展最为广泛，并出现了多样的创新类型，如保理业务、国内信保项下应收账款质押融资模式、互联网金融中的订单贷款等。

有些动产，如知识产权、股权等很难细化到企业的生产经营循环阶段，我们把这些模式称为综合类动产金融。在该分类下，股权质押模式因股权的广泛存在而最具代表性，它是指出质人以其所持有的股权作为质押物向质押权人融资，当出质人到期不能履行债务时，质押权人可以依照约定在股份转

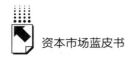
让后优先受偿。随着多层次资本市场的建立和发展，基于中小企业移转占有型动产担保权为标的的财产会越来越多，因而这种动产金融模式的发展前景更为广阔。

（二）中小企业的片段信息提升了动产金融融资效率

既然中小企业的不动产偏少，动产金融就另辟蹊径，注重中小企业在生产经营中有价值的动产，这些动产是整个企业价值中的一部分，蕴含了企业局部、片段的信息。动产金融挖掘这些片段信息中的可变现价值及交换价值，扩大了可担保的动产范围。同时，动产金融明显跳出了单纯的融资，期货交易所、保险公司、第三方物流、电商的服务都被囊括进来，生产要素的连接也无形中增信了动产价值，风险的防范从单纯的锁定动产标的物向风险的多机构分担转移。

1. 动产金融注重中小企业片段信息的可变现价值，使得担保动产的范围不断扩大

动产金融既关注中小企业生产经营过程中的每一个阶段，也关注生产过程之外有变现价值的信息。保兑仓模式出现在企业的采购阶段；存货质押类模式运用在企业的生产阶段；应收账款质押模式应用在企业的销售阶段；知识产权质押模式注重企业专利技术价值；股权质押模式看重的是企业收益权及控制权。在具体实践中，中小企业可出质的动产只要能减弱投融资双方的信息不对称、对相关主体构成有效激励，金融市场就会快速吸收、接纳这种动产，相信随着经济及技术的发展，可担保的动产范围还会继续扩大。

2. 动产金融注重中小企业片段信息的交换价值，并在这个过程中连接了各类机构

仓单质押模式中，由于期货交易市场的加入，非标准仓单可转换成标准仓单，电子化的凭证增强了仓单流动性，挖掘了仓单的流动价值；保理业务基于应收账款的转让建立起来，中小企业款项收不回的风险转让给了风险承受能力更强的银行，中小企业在转让应收账款获取融资时同时实现了风险的最优配置；国内信保项下应收账款质押模式下，中小企业除转让应收账款，还把保险的赔款权益转让给了银行，两类转让加上保险公司的增信，使得中小企业片段信息的交换价值大大提升；电商金融中沉淀在支付系统的资金既可以用来作质押贷款，也可以显示贷款商家的实时现金流量，电商机构的加入，使得动产金融连接的机构扩展到一般意义的金融机构之外。

（三）控制和激励是动产金融风险管控的手段

动产金融利用片段信息是整体不得而求其次的做法，借入资金毕竟要为整个企业所用，要达到"窥一斑而知全豹"的功效离不开对担保动产的控制及对融资方、专业机构的激励。

1. 动产金融注重对担保动产的控制

中小企业的借入金额与担保动产的价值相匹配。保兑仓模式中，中小企业将买方的保证金和卖方的货物回购作为担保；存货质押类模式的担保为存货；应收账款质押模式的担保为应收账款、保单项下赔款权、电商金融模式中沉淀在支付环节的应收账款和现金流；股权质押的担保为股票的可变现价值及对中小企业的控股权。动产金融讲究对这些担保动产价值的实时评价，以做到风险和收益实时匹配。中小企业违约率高，而要做到贷款的损失率低，最基本的方法是："紧密跟踪担保点，紧密跟踪借款人的现金回款，紧密跟踪频率不能超过五天，而且永远不超过事先设定的放款率"[①]。例如，保兑仓模式中商业银行或第三方物流企业高频跟踪担保品价值，并广泛采用现场审计手段就体现了动产金融对担保动产价值的超强控制思想。

中小企业融资期限与担保动产的存续期限相匹配。动产金融是基于中小企业的生产循环、资产转移循环设计的，相应的中小企业贷款期限要与生产循环、资产转移循环相吻合。从动产金融的运作模式中可以看到明显的贷款期限控制痕迹：存货期限与贷款期限匹配；保理业务与应收账款期限匹配，

---

① 摘自 2015 年 3 月 28 日赖金昌在"第五届中国小额信贷机构联席会年会"上的讲话。

一般不超过 6 个月；电商金融中的订单贷款一般小于 60 天，与沉淀在支付系统中的资金期限相吻合。

依据《中华人民共和国担保法》和《中华人民共和国破产法》中的相关条款，出资方拥有对担保标的优先受偿权，加上动产金融对担保动产的控制，使得动产金融能在一定程度上脱离中小企业的财务报表，依靠担保动产就能达到给中小企业融资的目的。

2. 动产金融注重对融资方、专业机构的激励

动产金融对担保动产的超强控制，还蕴含了对相关机构的激励，这也正是动产金融的活力所在。

动产金融注重对融资方中小企业的激励。动产金融针对余额控制的设计，激励中小企业重新认识拥有的动产价值，完善自身的生产经营循环；在股权质押模式中，中小企业主为保住企业控股权，必将尽力守约，正是这种明确的激励激发了股权质押的效率。

动产金融注重对专业机构的激励。动产金融囊括的专业机构越来越多，这些专业机构在各自的领域都有独到的专业技术，拥有开展业务的专业条件。动产金融激励它们做自己最擅长的业务并给予相应的激励。例如，存货质押模式，根据商业银行对第三方物流企业授权程度不同，可分为委托监管模式、共同委托模式、统一授信模式。委托监管模式和共同委托模式中，银行放权程度小，物流企业需要服从银行指令，这无形中增加了中间环节的交易成本，而在统一授信模式中，银行直接给物流企业一定的授信额度，由物流企业根据质押存货的价值直接给中小企业发放贷款。这种统一授信模式效率最高，在实践中开展得也最为普遍。

解读动产金融运作原理，动产金融的融资效率体现在注重中小企业片段信息的价值上，吸纳了更多类型的机构，并依靠其独有的专业技术参与到这些片段信息的挖掘及增信上来。同时，动产金融通过对担保动产的控制，对融资方、专业机构的激励以管控中小企业的融资风险。随着参与机构的增多，动产金融已不再是商业银行的专有业务，而是多机构参与下的金融混业结晶。

三　场外交易市场股权质押业务发展现状

现阶段，场外交易市场作为动产金融中的专业机构主要开展了股权质押贷款业务，实现了中小企业股权的可变现价值及交换价值，提升了动产金融的融资效率，通过对中小企业股权的跟踪、控制管控融资风险。

（一）场外交易市场的专业化服务能力放大了中小企业的股权价值

场外交易市场入市门槛低，便利了中小企业挂牌融资，使得中小企业有机会量化自己的股权价值。同时，场外交易市场既容纳了投融资者，也容纳了各类中介结构，规范了中小企业股权的交换，使得中小企业的股权价值能得到公允的定价。另外，场外交易市场要对上市的股票进行必要的监管，这都使得商业银行对场外交易市场挂牌的中小企业另眼相看，商业银行主动与场外交易市场签订战略合作协议，也是看重了场外交易市场的专业化服务能力。

较早在场外交易市场开展股权质押服务的天津股权交易所，培育中小企业逐步认识自身股权的价值。从 2009 年第一单定向私募融资至 2015 年 4 月底，共有 518 家中小企业在天津股权交易所完成首次定向私募，其中，开展股权质押融资的就有 141 家，占比 27%，且这 141 家企业通过股权质押融资次数为 324 次，平均每家 2.3 次。越来越多的中小企业认识到股权挂牌流通的价值，并且一旦认识到就多次采用这种融资方式。

表1　2009 年至 2015 年 4 月天津股权交易所股权融资额

单位：亿元，%

融资类别	2009 年		2010 年		2011 年		2012 年		2013 年		2014 年		2015 年 1~4 月	
	金额	占比	金额	占比	金额	占比	金额	占比	金额	占比	金额	占比	金额	占比
首次定向私募	1.85	100	8.48	81.23	7.18	34.97	9.57	35.98	9.23	25.56	5.74	12.62	0.17	2.45
增发	0	0	1.43	13.70	11.01	53.63	7.06	26.54	7.49	20.74	11.24	24.72	0.92	13.26
股权质押融资	0	0	0.53	5.07	2.34	11.40	9.97	37.48	19.39	53.70	28.49	62.66	5.85	84.29

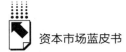

从天津股权交易所挂牌股权所带动的融资额看，股权质押融资占据了越来越重要的位置（见表1）。场外交易市场通过股权质押放大了中小企业的融资额度，并在这个过程中凸显了场外交易市场的专业服务价值。

（二）场外交易市场通过对中小企业股权的跟踪、控制管控融资风险

由于中小企业股权价值存在较大的波动，加上违约后处置的成本高及受偿顺序的劣后，这都大大降低了商业银行对质押股权的控制能力。商业银行在开展股权质押贷款时，认为股权质押是为减少单纯的信用风险而设置的，还需要基于企业的整体信用进行评估。对商业银行而言，股权质押还处在有胜于无的尴尬境地。而中小企业从挂牌、融资交易，到财务报表披露都要受到场外交易市场的监管，相比于商业银行，场外交易市场积累了中小企业更长时间的经营数据，并掌握投资者对股权的动态评价，这种实时跟踪中小企业股权价值的能力恰是商业银行所缺的，这也正是场外交易市场的优势所在。场外交易市场开展股权质押业务时，有时还会要求中小企业的实际控制人提供无限责任的担保，以加强对质押股权的控制力，降低融资风险。

随着场外交易市场专业服务能力的增强，参照存货质押中的统一授信模式，场外交易市场在股权质押业务中应承担更为重要的角色。根据笔者调查，商业银行已对天津股权交易所开展授信工作。天津股权交易所向中小企业推介各类股权质押产品，并向商业银行推荐需要股权质押贷款的企业。授信的作用体现在商业银行对股权质押贷款审批的速度及额度上，但商业银行依旧执行严格的审批手续，对场外交易市场采取了有限程度的放权。随着场外交易市场对中小企业股权交易专业服务能力的提高，有理由相信商业银行的放权程度也会提高。

由此可见，场外交易市场通过放大中小企业的股权价值实现了融资效率的提升，并因具备实时跟踪中小企业股权价值的能力实现了融资的风险管控。随着场外交易市场对中小企业服务能力的增强，其也将为更多类型的融资动产交易服务，在动产金融中将承担更为重要的角色。

四 场外交易市场动产金融业务探索

近年来，场外交易市场的业务创新很大一部分来自对动产金融模式的不断探索。根据各场外交易市场官方网站的数据，动产金融业务已有担保公司要求中小企业以股权质押作为反担保措施、信托公司推出挂牌企业股权为质押标的信托产品、互联网企业与场外交易市场合作开展股权众筹业务等多种方式。同时，场外交易市场也在探索股权之外的动产金融业务，如小额贷款收益权转让。这些动产金融业务正逐渐脱离商业银行的审批，依靠场外交易市场对中小企业动产交易的专业化服务能力提升融资效率、管控风险。

（一）场外交易市场对与外部机构合作的探索

场外交易市场与担保公司的合作。股权质押除了可直接用于获取商业银行的贷款外，还可以作为反担保品质押给担保公司。股权质押的比例一般在50%以上，或中小企业的实际控制人承担无限连带责任。当中小企业违约时，担保公司除了占有股权的变现价值外，还可以掌控中小企业的股权，这恰恰击中了中小企业主害怕失去企业控制权的软肋，取得了较好的反担保效果。

场外交易市场与互联网企业的合作。以股权众筹为例，融资企业拿出一定的股份，普通的投资者通过小额、分散的投资入股企业，以获得未来收益。这种基于互联网渠道进行融资的模式被称作股权众筹。与互联网企业相比，场外交易市场拥有股权交易、托管、资金存管、清算、信息披露等更为成熟的制度，在风险管控上更有效率。场外交易市场依靠对中小企股权的控制能力，同时借用互联网渠道筹集资金、销售产品正符合动产金融的运作原理。

场外交易市场以股权为依托，集中了越来越多的金融资源，扩大了股权交易主体的数量，从而引导更多类型的资本发现中小企业的股权投资价值。

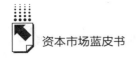
（二）场外交易市场对扩展中小企业动产范围的探索

场外交易市场除了有企业股权挂牌流通外，也有中小企业私募债、权益类产品备案等业务，这些债权类的产品也为场外交易市场扩展动产范围、探索新型动产金融业务提供了基础，小额贷款收益权转让业务就是典型的例子。小额贷款公司的信贷资产在场外交易市场打包细分后直接向投资者出售，由于信贷资产没有出表，所有权没有发生转移，该类产品被市场上定义为类资产证券化产品。这种模式的风险主要是缺乏特殊目的机构（SPV），资产证券化过程中有一个关键的步骤即"破产隔离"，发起人向 SPV 机构转让适宜于证券化的资产，SPV 占有的这部分资产要与发起人的资产隔离开，也就是投资者不会因为发起人的信用水平低下而受到影响。正是由于 SPV 对优质信贷资产的控制、隔离，才使得这类产品的融资风险得以控制，这也恰好符合动产金融的运作原理。但统计各区域性股权交易市场的数据，小额贷款公司既是发起人又是出让人，大都依靠担保对该产品增信，可见场外交易市场在进行动产金融业务创新时还需加强风险的控制。又如理财产品的收益权转让业务，在金融链条衍生中，如不能对动产产生有效控制，风险管控不直接，也不能真正激发出动产金融的融资效率。

场外交易市场连接多类机构，也有利于扩展中小企业的动产范围。已有学者[①]提出场外交易市场应借助信托公司所积累的巨大而优质的融资企业资源和投资者资源，开展附信托（私募）企业债业务。以发行企业为委托人，信托公司作为受托人，当企业发行附担保动产的企业债券前，委托人与受托人签订信托合同，将担保物权设定给受托人，使受托人为全体债权人的利益保管并行使担保物权，由于场外交易市场的参与，运用信托集中分散权利的功能，避免了因债权分散及流通中个别担保所带来的烦琐的法律手续，从而使个别担保方式无法完成的担保得以实现。

---

① 陈赤：《附信托私募企业债初探——信托业务创新的一个设想》，《西南金融》2014 年第 4 期，第 33 页。

总之，场外交易市场在整合金融资源探索新型动产金融模式时，还应遵循动产金融的运作原理，特别是质押的权利由基础权利衍生而来时，如果链条衍生得很长，质押权人的掌控能力变弱，就需要场外交易市场的专业服务能力填补，如信息的及时公布、风险提示等，在风险可控的情况下提升融资效率，才会产生真正的业务创新。

五　政策建议

场外交易市场开展动产金融业务同样面临不完善的外部环境，监管政策也应遵循动产金融的运作原理，弱化场外交易市场发展动产金融业务的内外部约束条件，在有效的风险管控下激发出动产金融的潜在效率。

（一）建立动产权属的统一登记制度

场外交易市场开展动产金融业务主要是基于动产权利的交易展开的。权利的交换主要是基于权属的清楚界定。据此场外交易市场投资者才可以全面了解抵押、质押品状态，在发生动产权属纠纷时，就可以利用登记的信息，有效地进行资产保全。现阶段，我国35个区域性股权交易市场几乎遍及每一个省，场外交易市场的地域特征明显，对于分散在各地的区域性股权交易市场及其他类型的场外交易市场来说，包括股权在内的各类交易产品需要统一的联网登记，也为其业务竞争的跨区域展开创造了条件，从而也促进了金融资源的自由流动。

单个登记系统建得再完善，也无法避免孤岛信息的局限性。区域性股权交易市场应主动与地方政府部门连接，从工商、税务、劳动等部门获得企业注册登记、生产经营、人才及技术、纳税缴费、劳动用工、用水用电、节能环保、不动产等信息，构建集企业征信、信用评级、信息发布、项目融资等功能为一体的中小微企业信用评级机制。

"在动产登记方面，除了动产抵押、权利质押登记机构高度分散，需要多头登记外，在租购、所有权保留、动产留置权、动产购置款担保、存货质押、仓单质押、动产信托、保证金账户质押等新型动产融资业务上存在登记

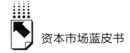

无门的困难。"① 动产权属登记的分散性、覆盖范围的有限性都构成了场外交易市场开展动产金融业务的约束条件。由此可见，打破这些约束，除了必要的监管政策外，还需要包括场外交易市场在内的多部门、多机构的共同努力。

（二）完善场外交易市场的交易制度

场外交易市场的交易制度会直接影响动产的流动性，进而影响动产金融的融资效率。从场外交易市场公布的数据看，最为明显的缺陷是挂牌股票的流动性不足。天津股权交易所 2010 ~ 2014 年挂牌股权的年换手率平均为 23.50%，在区域性股权交易市场中已属靠前，其他很多市场的年换手率在 10% 以下，股票交投不活跃直接影响了区域性股权交易市场的融资功能。根据新三板市场的官网数据，2012 年、2013 年的股票换手率都为 4.47%，2014 年的换手率提升到 19.67%，这与 2014 年 8 月新三板市场推出的做市商交易制度密切相关。新三板市场挂牌股票流动性增强，股权质押的次数也跟着多倍放大，2014 年、2015 年的增长率分别为 458%、366%。可见，动产流动性的改善能显著提高动产金融的融资效率。

虽然场外交易市场挂牌企业差异性较大，没有一致最优的交易制度，但监管政策要给市场主体更多的选择权。新三板市场主要有协议方式、做市方式、竞价方式三种交易制度，从趋势上看，不同发展层次的企业对应不同的交易制度。而区域性股权交易市场交易制度的选择受到《国务院关于清理整顿各类交易场所切实防范金融风险的决定》以及《关于规范证券公司参与区域性股权交易市场的指导意见（试行）》的约束，不能拆细、连续交易，不能采取做市商制度，监管政策应从加强信息披露，规范中介机构行为等措施入手，如果单纯为了管住交易风险，市场丧失了融资功能，就失去了设立区域性股权交易市场的意义。

---

① 摘自 2013 年 6 月 7 日吴晓灵在 "2013 滨海动产金融论坛" 上的讲话。

（三）完善场外交易市场信息披露机制

动产金融的风险大小主要看对动产的控制程度、控制方式及动产价值的波动，如上文提到的小额信贷资产收益权转让，由于信贷资产与小额贷款公司的其他资产没有有效隔离，现阶段还不具备动产金融的风控优势。例如，一些区域性股权交易市场开始试点的理财产品转让，每一个产品都有不同的权属规定，加上金融链条衍生得很长，如果没有准确、及时的信息披露，即使是专业投资者也很难判断清楚产品的风险。另外，由于动产价值的大小直接关系到融资额的大小，因而挂牌企业都有炒高动产价格的冲动。2015 年上半年新三板市场挂牌企业股价快速攀升，很大一部分原因是参与者通过相互的高价协议转让，以提高股权质押融资的额度。这都需要监管政策明确参与主体的哪些行为是合法的，哪些行为是违规的，并对此实行严格的信息披露以保护投资者的利益。

因中小企业的风险大，场外交易市场的监管从事前转向事后，加上不断涌现的动产金融创新，持续完善信息披露机制就显得尤为重要。笔者查阅场外交易市场股权质押的数据时，大部分场外交易市场没有披露信息。在股权质押的公告书里，有的企业公布了质押融资额，有的就省略了，从以上细节可见信息披露还没有引起市场足够的重视。

参考文献

［1］刘鹏、贾志丽：《全国场外市场的服务对象与发展前景——基于美国经验的分析》，《证券市场导报》2013 年第 7 期。

［2］高圣平：《我国动产融资担保制度的检讨与完善》，《中国人民大学学报》2007 年第 3 期。

［3］林毅夫、孙希芳：《信息、非正规金融与中小企业融资》，《经济研究》2005 年第 7 期。

［4］赵岳、谭之博：《电子商务、银行信贷与中小企业融资——一个基于信息经济

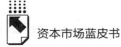

学的理论模型》,《经济研究》2012 年第 7 期。

［5］张杰、尚长风:《资本结构、融资渠道与小企业融资困境——来自中国江苏的实证分析》,《经济科学》2006 年第 3 期。

［6］陈赤:《附信托私募企业债初探——信托业务创新的一个设想》,《西南金融》2014 年第 4 期。

［7］苏峻、何佳、韦能亮:《创业板与中小企业融资问题再探——基于卢卡斯悖论的思考》,《证券市场导报》2011 年第 6 期。

［8］牛世杰、顾科:《动产融资登记公示系统应用情况研究——以洛阳市为例》,《征信》2013 年第 10 期。

［9］张维迎:《博弈论与信息经济学》,上海三联书店、上海人民出版社,1996。

场外股权众筹融资与风险防范

吴玉新　谷焕迪　佟　淼*

摘　要：目前，我国创业创新风气正盛，互联网精神及技术所带来的新型投融资模式，将深刻地影响中国经济。作为新型投融资模式的股权众筹不仅有利于缓解小微企业融资难问题，还会刺激金融创新，对拓宽和完善多层次资本市场也有重要意义。作为我国互联网金融六大模式之一，众筹拥有强大的爆发力及良好的前景。本文对股权众筹融资有关理论和实践做了系统的梳理，以期为场外交易市场开展股权众筹融资提供有益的借鉴。

关键词：股权众筹　"领投＋跟投"模式　天使汇　和解金赔偿制度

引　言

2014年11月19日，国务院总理李克强主持召开国务院常务会议，决定进一步采取有力措施，缓解企业融资成本高的问题。会议指出，要"建立资本市场小额再融资快速机制，开展股权众筹融资试点"。2014年12月18日，中国证券业协会发布了《私募股权众筹融资管理办法（试行）（征

---

* 吴玉新，现就职于一德期货研究发展部；谷焕迪，天津财经大学金融系硕士研究生；佟淼，天津财经大学金融系。

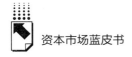

求意见稿)》，中国股权众筹终于迎来了规范化的监管。随后，2015 年 3 月《国务院办公厅关于发展众创空间，推进大众创新创业的指导意见》中将"开展互联网股权众筹融资试点，增强众筹对大众创新创业的服务能力"作为重要内容。可以看出，中国股权众筹迎来了难得的发展机遇。

一 股权众筹概述

（一）众筹的概念

众筹（Crowdfunding），也被称作大众筹资或群众投资。现代意义上，众筹定义为借助互联网平台，集众人力量来支持某个人或组织的项目或创意的筹资模式。不同于以往仅依赖几个大的投资人或资助人，众筹需要众多的个体。众筹资金可以用来支持各种项目或创意，包括灾后重建、图书印制、艺术创作乃至创业集资等。

众筹雏形始于 18 世纪，当时像莫扎特、贝多芬等艺术家的艺术创作主要是通过称为"订购"的方式完成的。首先他们去找预购者，这些人会先提供预购资金，其次当作品完成后，预购者会获得一本他们签名的新书或乐曲副本，或是他们音乐会的入场券。类似的情况还有由法国人和美国人的捐赠建成的自由女神像等。

随后随着监管的加强，众筹形式趋于消失。现代意义上的众筹起源于美国，距今已有十余年。2005 年，一家名为 Kiva 的公司在美国成立，它通过在美国筹集大众资金资助发展中国家的个体经商者或小企业主，资助者仅需要 100 ~ 1000 美元，通过 Kiva 的官网可跟踪被资助者的经营情况，被资助者实现盈利后，回报资助者。2008 年全球金融危机爆发后，中小企业融资更加困难，这一状况助推了众筹行业的快速发展。

2009 年，Kickstarter 网站的上线使"众筹"的概念为人们所熟知。Kickstarter 是一个互联网平台，专门为那些有创意的企业或个人筹集资金。通过这个平台，筹资者面向公众募集小额资金，并获得他们所需要的资金数额，从而让梦想得以实现。例如，有人想在某一城市建造一座主题雕像，草根乐队计划出版专辑等，就通过众筹方式筹集资金，但捐款者不会得到金钱回报，得到的可能是主题雕像的复制品、一封感谢邮件，或者仅仅是帮助人的满足感。这一新鲜的筹资方式在欧美迅速流行起来，也不仅仅局限在文艺领域，后来扩大到了商业领域，如 Crowdfunder、Bloom Venture Catalyst 等股权众筹网站的涌现。众筹吸引力越来越大，众多的企业和个人参与到这个行业中，寄希望找到新的盈利点。

为应对众筹行业快速发展，各国监管层也与时俱进，通过设立规章制度来规范众筹行业的发展。2012 年美国通过 JOBS 法案，2013 年 10 月，美国证券交易委员会（SEC）发布了一项针对众筹的监管新规提案，英国、法国等欧洲国家也在积极探索众筹监管立法，而中国对监管立法也在征求意见中。

美国监管法律的发展如图 1 所示。

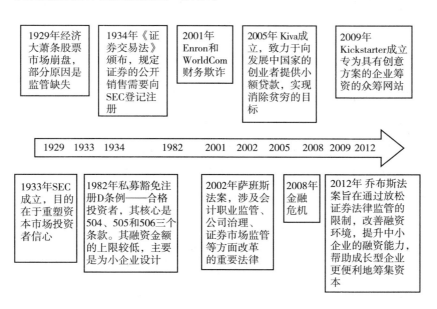

图 1　美国监管法律发展

资料来源：笔者整理。

"Crowdfunding" 这个词汇首次出现时间为 2006 年 8 月，美国人沙利文成立了名为 Fundavlog 的筹资平台，并用 Crowdfunding 来描述这一行为。同

年9月，维基百科将Crowdfunding定义为通过互联网筹集资金，以支持由他人或组织发起的项目。2010年2月和2011年11月，《麦克米伦词典》网页版与《牛津词典》分别收录了Crowdfunding一词。

Crowdfunding出现后，国内同样反响强烈，先后有云募资、众筹和密集型筹资三种译法。国内最初的译法是云募资，翻译文章出自网易科技每日一站。密集型筹资出自腾讯公益，翻译自股权众筹平台Crowdcube合伙人Luke Lang撰写的题为 *Crowdfunding Equity—the New Age of Co-created Finance* 的文章。而众筹译法出自寒雨（笔名）《众筹的力量》一文。虽然这期间Crowdfunding中文名字还没有统一，但这种模式却快速地登陆国内。2011年7月，"点名时间"上线，它根据Crowdfunding模式建立。2012年5月16日，众筹词条被百度百科收录，至此各种译法得以统一，众筹就此正式进入国内公众视线。

（二）股权众筹

英国金融行为监督局（FCA）将众筹划分为两大类：社区类众筹和金融回报类众筹。社区类众筹包括捐赠型众筹、奖励型众筹。捐赠型众筹指投资者无偿捐赠，不要求任何物质上的回报；奖励型众筹指投资者投资项目或公司，能够获得产品或服务。金融回报类众筹包括借贷类众筹（P2P借贷）和股权众筹。借贷类众筹指投资者投资的目的是获取一定比例的债权，这类债权持有者有获得利息、收回本金的权利。众筹分类如图2所示。

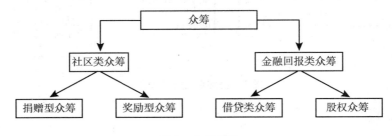

图2 众筹分类

资料来源：全球P2P行业发展报告。

金融回报类众筹中的另一种是股权众筹，这也是本文讨论的重点。股权众筹与借贷类众筹相似，也是获得一定比例的权利，但是股权众筹中获得的权利是股权（而非实物或利息），风险相对较高，投资期限也较长，筹资者多为初创期企业，处于我国金字塔式融资体系的底部，与地方性股权交易中心相似。下文不讨论借贷类众筹，因借贷类众筹规模较大，需单独列为一项进行分析，把其余三类众筹分为股权众筹与非股权众筹，其中非股权众筹包括捐赠型众筹、奖励型众筹。

我国证券市场融资体系如图3所示。

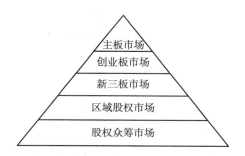

图3　我国证券市场融资体系

资料来源：笔者整理。

1. 股权众筹和非股权众筹的区别

（1）投资者回报性质不同

股权众筹中投资者可以得到股权作为回报，而非股权众筹回报给投资者物品或服务，此外，前者以盈利为目的，而后者不带有盈利特点。例如，非股权众筹网站 Kickstarter 就明确规定："Kickstarter 虽非常赞同慈善事业，但是不允许出现在我们平台上，众筹项目不能提供像股权或回馈这样的激励。"

（2）投资者目的不同

参与股权众筹的目的，就如同风险投资（Venture Capital）一样，通过注资使企业持续健康发展，最终以盈利回馈投资者。而非股权众筹，参与投资者更多是出于爱好或梦想，如参与众筹一部有创意的电影，或是加工制作

某个实物。投资人也不是为了赚取资金回报，而只是希望得到自己期望的某件产品实物或服务而已。

（3）项目风险程度不同

股权众筹对项目安全性要求较高，能登上众筹平台的项目都需事先经过严格筛选，并且众筹平台对投资人资格和单次投资金额上下限等也有要求。而非股权众筹对项目安全性要求相对较低，众筹平台对筹资人提交的项目一般不会刻意挑选，只要项目不违反法律以及平台规定就可以，此外，对投资人资格和单次投资金额上下限等要求也较少。

2.股权众筹的要素主体

股权众筹运作过程中至少有筹资人、投资人和股权众筹平台三个必备要素，部分还要有资金托管机构。

（1）筹资人

筹资人大都是小型、微型企业创立人。因其他融资渠道相对匮乏，筹资人需要借助股权众筹平台为融资难的项目筹资，融资的项目多处于种子期或初创期，并且具有三高特征（高新技术、高创新商业模式、高市场成长预期）。同时，筹资人创立的企业须遵循现代公司治理制度，股权结构清晰明确。此外，筹资企业还需要满足股权众筹网站规定的条件，在股权众筹网站注册并提出融资申请，经股权众筹网站审核通过后才能进行项目融资。

（2）投资人

投资人需要在股权众筹网站上实名注册，通过股权众筹网站的资格审核才能成为合格的投资者。这类投资人有时被称为"草根天使"。投资者在股权众筹网站上挑选中意的项目，然后表达投资意向并最终完成投资。投资者会因此获得入资公司相应的股份，成为其股东，并能享受到分红等股东权利。

（3）股权众筹平台

股权众筹平台拥有多重身份，在已搭建和运营平台的前提下，审核、辅导乃至监督项目融资人。投资者在股权众筹平台中处于相对弱势的地位，所以股权众筹平台还需要维护出资人的利益。此外，股权众筹平台还能为投融资双方提供如财务审核、技术咨询、法律文档、交易撮合等各种支持服务。

（4）资金托管机构

资金托管机构不是股权众筹主体架构中的必要环节，但确实能对投资人的资金提供安全保障。股权众筹平台借此也可以提高对投资者的吸引力。资金托管机构是众筹平台的战略合作伙伴，其功能类似于信托中的资金托管机构。

3. 股权众筹的融资模式

（1）个人直接股东模式

个人直接股东模式是投资人注册成为股权众筹平台会员，在此平台浏览投资项目，然后挑选中意的项目进行投资。此项目筹资成功后，项目方会通过股权众筹平台为投资者提供电子化的合同等相关文件，投资者审阅后签署。此后，项目方公司会登记投资人为股东，并向投资人提供纸质的股权证书（通常分为 A 股和 B 股两种），持有 B 股股权证书的投资者享有普通股东权利，即对公司的决策有投票权。这种模式主要集中在英国，如英国著名的股权众筹平台 Crowdcube 和 Seedrs。

（2）基金间接股东模式

投资人注册成为股权众筹平台会员，在此平台浏览投资项目，然后挑选中意的项目进行投资，与个人直接股东模式不同的是，资金会转入一家风险投资基金。风险投资基金代表投资者将资金注入项目融资方，投资人仅持有基金份额，并按此份额分享项目方公司成长所带来的红利。投资者不直接行使股东权利，由风险投资基金代为行使。美国著名股权众筹平台 Funders Club 就采用此模式。

（3）集合直接股东模式

集合直接股东模式也被称为"领投＋跟投"模式或辛迪加模式。通常由股权众筹平台指派一名领投人参与某一项目的投资。要成为领投人，需经过股权众筹平台的审核，其一般是具有丰富的投资经验和较强风险承受能力的人。领投人依靠其良好的行业知识和影响力，吸引一部分跟随投资者，从而形成"领投＋跟投"投资模式。领投人与跟投人之间要签署相关的管理文件，文件中会列出领投人和跟投人的权利和义务。领投人和跟投人都会成为被投资企业的股东，对重大决策有投票权，但是领投人可担任公司的重要股东并参与管理。著名的集合直接股东模式的股权众筹平台有：美国的AngeList、澳大利业的 ASSOB、中国的天使汇和大家投等。

二 国内外股权众筹平台发展现状分析

（一）股权众筹市场发展现状

近年来众筹行业快速发展，众筹融资公司数量由 2009 年的 192 家增加到 2014 年的 1250 家，全球众筹交易规模由 2009 年的 32.1 亿美元增长到 2014 年的 842.90 亿美元（见图 4）。这种快速增长的势头预计还将延续，到 2016 年，全球众筹融资规模将可达到 2000 亿美元，众筹融资平台将达到 1800 家。另据世界银行预测，2025 年全球众筹市场规模将达到 3000 亿美元。

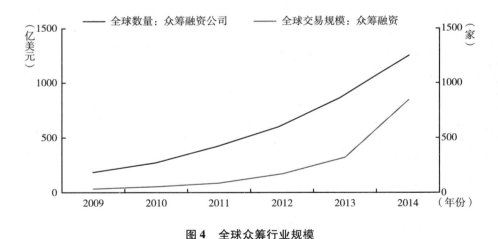

图 4　全球众筹行业规模

资料来源：Wind 资讯。

国际证监会组织（IOSCO）2014 年发布的报告 *Crowd – funding：An Infant Industry Growing Fast* 显示，金融回报类众筹，如借贷类众筹和股权众筹，在 2009～2013 年快速增长。美国、中国、英国成为全球三大众筹市场，占了总市场份额的 96%。

在过去几年中，虽然金融回报类众筹快速增长，但与金融行业其他业务相比，量非常小。就拿借贷类众筹来说，借贷类众筹市场相对其他借贷市场来说是非常小众的市场，与银行系统相比，仅占银行信贷规模的 0.01%。股权众筹规模更小，股权众筹平台本身就相对较少，而且由于监管较严，投资人多是天使投资者或资深投资者。但是股权众筹市场发展非常快，以英国为例，在众筹行业中，股权众筹增长最为亮眼，2012～2014 年的年平均增长率为 410%。

目前，国内外的股权众筹平台不断增多，各平台项目不断细分，开始专注于不同领域，且在运作模式上也逐渐形成了自己的特色。表 1 归纳和比较了具有代表性的股权众筹网站的类型和特点。

表 1　具有代表性股权众筹网站

众筹网站	国家	专注领域	特点	明星品种
Crowdcube	英国	零售、互联网、科技	与律师事务所合作	Habhousing limited
Fundable	美国	健康、科技、食品、饮料	为初创企业提供集资服务	Atlas
Wefunder	美国	科技、影视	所有流程线上完成	Flying car
天使汇	中国	移动互联网、传媒娱乐、O2O	领投＋跟投模式	滴滴打车
大家投	中国	科技文化、新能源、生物医药	询价认投、领投人制度	iMall
原始会	中国	移动互联网、游戏动漫、智能科技	投资者实行资格审核制	盈花财富
爱合投	中国	综合	专注优秀的创业成长企业	智能车载电脑

资料来源：笔者整理。

（二）股权众筹平台

本部分选取美国、中国、英国全球三大众筹市场中的典型股权众筹平台作为代表作如下简介。

1. 美国股权众筹平台——FundersClub

前文所述，Funders Club（FC）采用的是基金间接股东模式，Funders Club 通过设立子公司 FC 管理公司来运作投资者投资项目的资金。Funders

Club 其前身是一家投资咨询公司，主营业务是为 VC/PE（风险投资）提供相应的咨询业务，众筹形式出现后，Funders Club 发现了其优势，于 2012 年转型成为一家股权众筹平台。如上文所述，投资者投资项目的资金转入 FC 管理公司，投资者在 FC 管理公司中有一定的基金份额。FC 管理公司成立短短五个月，已经有近 6000 名会员，已有 1600 万美元作为种子资金投资于初创企业。通过 Funders Club 网站完成私募股权融资的业务流程如图 5 所示，图中虚线箭头表示可能的流程，椭圆中包括的流程在互联网平台操作。

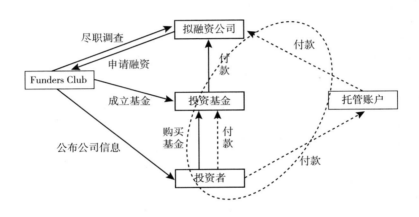

图 5　Funders Club 网站融资流程

资料来源：笔者整理。

从具体流程来看，拟融资公司向 Funders Club 平台提出融资需求，Funders Club 会对这家企业进行尽职调查，要求企业提供充分的资料支持。一旦尽职调查通过，Funders Club 会与拟融资公司商讨相关后续融资细节，比如融资额度、融资期限等，达成一致后，双方签署相关协议。然后 Funders Club 会将拟融资企业发布在网站上，供投资者预览。投资者如对该项目有兴趣，可向网站提出投资意向。当累计投资意向达到拟融资企业融资额度后，项目关闭。FC 管理公司与融资企业商讨投资条款，比如所占股份比例等，协商一致后，双方签署协议。随后 FC 管理公司与投资者签署基金投资协议，投资者款项打入 FC 管理公司账户，FC 管理公司再将资金划拨至融资企业，整个股权众筹融资流程完成。

Funders Club 运作模式具有以下特点。

第一，投资者不直接占有融资企业股份，而是通过 FC 管理公司间接持有。投资者直接持有的是 FC 管理公司的基金份额。因为不直接持有股份，所以投资者不能行使股东权利，股东权利由 FC 管理公司代为行使。一般一只基金只为一家公司融资。

第二，相比于财务指标，Funders Club 更关注拟融资企业的成长性以及竞争力的团队。Funders Club 对融资企业财务状况没有硬性要求。Funders Club 通过成立的投资委员会对拟融资企业进行详尽的调研。为尽可能保障投资者利益，尽职调查非常严格，一般尽职调查通过的融资企业仅占提出融资申请企业的 5% 左右。

第三，Funders Club 实行会员制，拟参与企业投资，必须首先成为会员。Funders Club 要求投资者必须满足一定的要求才能成为会员。比如，会员有最低投资额度要求，一般为 1000 ~ 5000 美元。此外，Funders Club 要求每只基金投资者不超过 95 人。

第四，费用方面，投资者需承担 FC 管理公司基金运作的相关费用，在投资者款项中扣除。具体费用包括：法律费用、注册费、托管费、报税费等。Funders Club 没有会员费，FC 管理公司也不会收取管理费等相关费用，不过会有利润分成，一般为 20% ~ 30%。

第五，Funders Club 不会强制融资公司信息披露。信息披露决定权在融资公司。入资后，融资公司是否需要定期公布公司财务情况，也完全取决于融资公司自身。

2. 英国股权众筹平台——Crowdcube

Crowdcube 是全球第一家股权众筹平台，成立于 2011 年。2013 年 1 月被 FSA 注册批准。Crowdcube 主要为英国注册未上市企业进行股权融资，企业主体是初创期、孵化期和成长期的企业。截至目前，该平台已有 161573 个投资者，229 个项目融资成功，提供了近 7830 万英镑的资金。目前，零

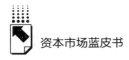

售、互联网和科技领域占有该平台较大的投资市场份额。

表 2 总结了 Crowdcube 在面向对象、融资过程及费用、融资后管理三个方面的规定。面向对象方面，Crowdcube 对企业发展时期限制相对较少，覆盖范围较广，但对地域限制很严，融资者必须是英国企业，投资者必须是英国公民。融资过程及费用方面，企业融资没有上限，投资者单次投资额也无最大限制。Crowdcube 网站对融资成功者收费，但对投资者不收费。融资后管理方面，Crowdcube 仅仅是连接投资者与融资者的平台而已。

表 2　股权众筹平台 Crowdcube 的部分规定

面向对象			
融资者限制		投资者限制	
创业启动期、项目初始期和项目成长期的英国公司		18 周岁以上的英国公民	通过问卷测试的投资者
融资过程及费用			
融资过程			费用	
融资目标额度	额外回报	单次投资额	融资者	投资者
最低融资目标为 10000 英镑，没有最高限制；如果融资目标高于 15 万英镑，需向网站书面解释，且经网站审核同意	有，例如会员卡、T 恤衫	最少 10 英镑，无最大限额	达到目标融资金额后，向融资者收取 500 英镑加 5% 的费用	对投资者免费
融资后管理			
持股方式	资金保护	股东权利行使	收益取得
投资者拥有股权证书，直接持股	投资者只能通过第三方支付平台 GoCardless 进行支付，网站不直接接受支票以及银行转账	股东权利由投资者直接行使	投资者直接从公司获得收益

资料来源：笔者整理。

作为股权众筹平台，Crowdcube 拥有符合自身的运作模式（见图 6）。通俗地说，Crowdcube 类似于淘宝，同样是网络平台，许多个体在平台上被联系起来，和淘宝的区别是，淘宝买卖的是商品，而 Crowdcube 平台买卖的是股权。

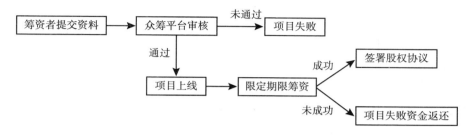

图6　Crowdcube 运作模式

资料来源：笔者整理。

运作流程如下：

（1）项目上线

步骤1：项目申请

拟融资公司向 Crowdcube 平台提出融资申请，提供如下资料：融资额度、融资额所占公司股份比例、项目描述、财务预测等。一般情况下，Crowdcube 会在 3 个工作日内审核完毕，如若审核未通过或提交资料不全，Crowdcube 也会第一时间给出修改建议，以便于融资企业再次申请。

步骤2：标书制作

通过审核后，Crowdcube 会要求融资企业把提供的资料制作成标书，标书制作要求的资料与项目申请时要求提交的资料大致相同，但要求资料表述更加详尽。此步骤中，融资目标金额、股权比例、股权类型、融资期限等都要表述明确。标书制作完成后，Crowdcube 会再次审核，确保项目描述的真实性，经过审核、确认，项目可以上线。

（2）选择项目

项目上线后，投资者就可以在平台上选择自己中意的项目进行投资。投资者可根据条件进行筛选，以便快速找到自己认为好的项目。登录 Crowdcube 官网，我们可以看到筛选条件有多个，比如按上线天数、行业、企业成长阶段等。要是不想采取条件筛选方式，也可以按照 Crowdcube 的默认分类来逐一浏览。Crowdcube 的默认分类方式是：热门 – 临近截止日期 – 新上线。

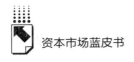

（3）资金募集

当规定的融资期限届满后，当然会有两种结果，一种结果是融资成功，即目标融资金额达成。融资成功后，Crowdcube 与律师事务所 AshfordsLLP 合作，与融资公司签署相关文件，并依靠自己的专业性为融资公司设计与投资者相关的法律文件，然后法律文件会发送给投资者确认，投资者可有 7 个工作日考虑从而最终决定是否投资。当确认投资金额后，资金由第三方支付平台 GoCardless 转账到融资公司账户。融资公司收到资金后，会寄出投资者股权证明书。至此整个融资流程完成。后续的股权分红之类的问题，Crowdcube 不再过问。

另一种结果则是融资失败。Crowdcube 会将已融到的资金返还给投资者，Crowdcube 不收取任何费用。

3. 中国股权众筹平台——天使汇

天使汇于 2011 年 11 月上线，其名称中鲜明地提到"让靠谱的项目找到靠谱的钱"。上线后，投融资双方都反映较为正面，每日会有 100～200 个新增项目等待审核。上线仅仅三个月后，天使汇审核通过项目超过 4000 个，天使投资人达到 200 位。

截至 2015 年 4 月，天使汇审核通过的项目中，310 个项目融资成功，融资额达到 30 亿元。平台有 35880 个项目入驻，2365 位认证投资人。成功的项目包括记忆便签、喜上妆、中羽联、码卡等。2014 年互联网股权众筹盘点报告数据显示，天使汇 2014 年前 9 个月审核通过的项目是 2013 年的两倍，创建项目也有较为明显的增加，2014 年前 9 个月创建量超 2013 年创建量 2000 个。2014 年前 9 个月、2013 年融资项目分别为 77 个和 65 个。

天使汇主要关注以下 3 类项目或企业：TMT（科技、媒体和通信行业）、有独有知识产权的高精尖技术背景项目、创新型企业（技术创新和商业模式创新）。对于拟融资公司提出申请后，天使汇都会对其审核、约谈。天使汇约谈企业重点关注企业是否能清醒地认识自我，即必须要清楚地知道自己的现在和未来。天使汇组建有自己专业的投资审核团队，行业专长的领头人也在受邀之列。经过多轮审核，仅有约5%的项目会被放到平台上。

运作流程如下：

在叙述运作流程之前，首先要区分两种融资模式："快速合投"模式与"领投＋跟投"模式。"快速合投"模式，天使汇官网的解释为"天使汇推出的在线认购项目股份的服务，旨在帮助创业项目随时随地快速进行融资，以更主动的融资地位，打造火爆的融资势头，让靠谱的天使投资人合投创业项目，实现超额认购"。"领投＋跟投"模式是跟投人跟随领投人一起对项目进行投资，跟投人和融资方会对领投人有一定的利益分成。这种模式中关键点是领投人，领投人一般有丰富的投资经验和较强的风险承受能力。要成为领投人需要经过天使汇的认证。

流程1：投资人审核

一般投资人的认证相对较为简单。天使汇要求投资者提供如下资料：公司及职位、过往项目投资经历、投资能力等。最后通过绑定的新浪认证微博等进行身份验证。

天使汇对领投人的认证要求较为严格。天使汇汇同众多天使投资人共同起草了《中国天使众筹领投人规则》，在这个规则中对领投人的标准做了要求：（1）领投人应符合天使汇的合格投资人要求；（2）领投人为在天使汇上活跃的投资人（半年内投资过项目、最近一个月约谈过项目）；（3）在某个领域具有丰富的经验和独立的判断力，并有丰富的行业资源和影响力，以及很强的风险承受能力；（4）一年领投项目不超过5个，有充分的时间可以帮助项目成长；（5）至少有1个项目退出；（6）能够专业地协助项目完善BP，确定估值和投资条款及融资额，协助项目路演，完成本轮跟投融资；（7）有很强的分享精神，乐意把自己领投的项目分享给其他投资人。

流程2：项目审核

项目审核与其他股权众筹平台较为一致。平台要求融资公司提供商业计划书、团队详细信息和融资计划等。天使汇有专业的创投经理团队，他们对项目进行审核。

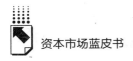

流程3：投融资意向达成

在闪投模式中，融资方需要通过线下路演的方式与投资人接触。整个过程在一天内完成，参加闪投的创业项目在上午集中路演，中午和投资人共进午餐，下午和有投资意向的投资人进行一对一私密约谈，傍晚签订投资意向书。天使汇还有称为100X投资俱乐部的私密融资方式，1次面对16位顶级天使投资人的机会，有机会当场获得投资资金。

流程4：协议签订及后续跟进

投融资双方通过天使汇签署相关协议，天使汇会提供相关协议和法律文件的模板。天使汇还会提供其他收费性的服务项目，比如"创业者与天使汇签署股权托管协议和网络融资服务协议，天使汇为公司的股权登记、股权管理、变更、增资、员工持股计划等方面提供电子化的服务"，以及"天使汇为领投人和跟投人提供方便的GP/LP管理系统，协助设立有限合伙企业，提供标准化的法律文本，收取5%的利益分成"等。

天使汇网站规则见表3。

表3　天使汇网站规则

项目定位	科技创新项目	
项目融资时限	30天,允许超募	
项目资料完善与估值	领投人协助完善项目资料与确定估值	
投资人要求	要求有天使投资经验,审核严格	
领投人规则	资格	至少有一个项目退出
	激励	项目创业者1%的股权激励和投入5%~20%的投资收益
	费用	平台收取5%投资收益
跟投人规则	资格	尚未具体公布
	费用	平台收取5%投资收益,领投人收取5%~20%的投资收益
投资人持股方式	投资人超过10个采用有限合伙方式,10人以下采用协议代持方式	
投资款拨付	一次性到账,没有银行托管	
手续办理	提供信息化文档服务	
平台收费	收取项目方5%服务费,收取投资人投资收益5%	
项目信息披露	简单,没有实现标准化	
总结	专业投资人圈子内众筹,"草根"较难参与	

资料来源：笔者整理。

三 股权众筹风险及防范

虽然股权众筹模式听起来很吸引人，互联网的兴起使得普通投资者投资成本大大降低，在网络平台上普通人也能够成为天使投资人，但是作为新兴事物，股权众筹不可避免地会存在很多风险。股权众筹行业中有哪些潜在的风险以及投融资双方如何规避风险是本节重点探讨解决的问题。

（一）股权众筹的法律风险

1. 公开发行证券或非法集资风险

《中华人民共和国证券法》第十条规定："公开发行证券，必须符合法律、行政法规规定的条件，并依法报经国务院证券监督管理机构或者国务院授权的部门核准；未经依法核准，任何单位和个人不得公开发行证券；有下列情形之一的，为公开发行：（1）向不特定对象发行证券的；（2）向特定对象发行证券累计超过200人的；（3）法律、行政法规规定的其他发行行为；非公开发行证券，不得采用广告、公开劝诱和变相公开方式。"我国《刑法》和《最高人民法院关于审理非法集资刑事案件具体应用法律若干问题的解释》规定的"擅自发行股票和公司、企业债券罪"的构成要件包括："未经国家有关主管部门批准；向社会不特定对象发行、以转让股权等方式变相发行股票或者公司、企业债券，或者向特定对象发行、变相发行股票或者公司、企业债券累计超过200人，即为'公开发行'；数额巨大、后果严重或者有其他严重情节的。"

2. 民事法律风险

众筹除了可能会面临前面所说的公开发行证券或非法集资风险之外，由于众筹涉及人数较多，大家利益安排不一致，关切点也不尽相同，所以，必然会伴随如下民事法律风险：

第一类：股权争议

股权众筹可能引发股权纠纷及与公司治理有关的纠纷。此外，对于采取

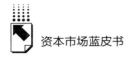

股权代持方式的股权众筹，还可能存在股权代持纠纷等。

第二类：民事诉讼程序上的问题

民事诉讼程序问题涉及诉讼主体资格确定，电子证据认定，损失确定标准，刑民交叉及刑事附带民事诉讼等诸多程序问题。

那么如何避开公开发行证券、非法集资风险以及民事法律风险呢？虽然股权众筹作为新兴事物，应适当给予较足的发展空间，但不要触碰法律红线。股权众筹不要突破以下五条法律红线：（1）不向非特定对象发行股份；（2）不向超过200个特定对象发行股份；（3）不得采用广告、公开劝诱和变相公开方式发行股份；（4）对融资方身份及项目的真实性严格履行核查义务，不得发布风险较大的项目和虚假项目；（5）不得为平台本身公开募股。

为了有效规避法律风险，国内股权众筹平台做了很多工作，像天使汇就采取了多种有效措施。首先，天使投资人对感兴趣的项目都尽量线下私谈，像闪投模式以及100X投资俱乐部模式都是线下私谈为主。其次，天使汇实行会员制，经平台审核通过才能参与投资。最后，拟融资方仅向会员募集资金，同时限制投资人人数。天使汇平台的信用体系通过实名制、设定背书人等方式加以完善。

（二）监管风险分析

众筹模式作为国内互联网金融的重要模式之一，近年来，发展十分迅速，但相应的法律法规却难以跟上，导致监管风险增加。监管的难点主要有以下两点，众筹模式融合互联网和金融两方面以及监管对象向小众方向发展。因此，适度的监管对于互联网金融的健康发展十分必要。

1. 信用风险

长期以来，我国投资渠道较少，更多的资金在银行系统留存，刚性兑付的观念使得投资者风险意识淡薄。再者，我国征信体系尚未建立，使得某些不法分子钻了空子，比如非法吸收公众存款后携款逃走。股权众筹对于投资者而言，投资期限更加漫长，相应的风险也会更大。

2. 信息及支付风险

众筹平台实行实名制，投资者在注册时或投资之前会被要求填写详尽的个人资料，融资方提交融资申请时会被要求提交关于项目的详尽资料，如果众筹平台监管不力或存在安全漏洞可能就会导致投资者或融资方信息的泄露。此外，众筹平台通常与第三方支付平台或银行合作，第三方支付平台同样可能也会存在风险。

（三）其他风险

1. 项目估值风险

筹资方筹集目标资金，涉及的关键问题是股权比例的确定，即筹集资金量占有多少比例的股份，以上问题可通过估值方法来确定。但我们也要认识到股权众筹平台上的筹资公司实物资产比重很低，更多的是知识产权等，这样估值会很困难，使得筹资人不能准确确定所提供的股权价格。在这种情况下，融资方要与天使投资者对双方估值差异进行分析，参考市场同类型资产公允价值，最终确定一个投融资双方都认可的估算价值。

2. 合格投资者问题

股权众筹中投资者多是普通投资者，行业知识、投资知识等相对匮乏，风险意识淡薄，从而导致对潜在的风险估计不足。因此很多投资者不能对项目进行准确的评估，做出合适的投资决策，只是单纯地跟风投资或者不投资。尤其对于股权众筹而言，风险远大于债权众筹。因此，为保护投资者权益，维护金融市场秩序，与股指期货等投资品种类似，对于股权众筹投资者的参与资格应该进行一定的限制，比如风险态度、风险承受能力、投资经验等。

四 政策建议

（一）加快推进股权众筹合法化

近年来，在健全多层次资本市场体系的战略规划下，如"新三板"、

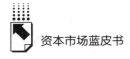

区域性股权交易中心等三板、四板市场快速发展，现在挂牌企业数量已超过主板和中小板市场，被专家赞誉为五板市场的股权众筹市场增速更为惊人。但是股权众筹迟迟未合法化，这不利于股权众筹市场的健康发展。

2014年底，中国证券业协会发布《私募股权众筹融资管理办法（试行）（征求意见稿）》，但半年时间过去，管理办法正式版却始终未见公布。征求意见稿发布后，争议很多，争议焦点集中在第十四条投资者范围上。办法规定，投资者须符合下列条件之一，"投资单个融资项目的最低金额不低于100万元人民币的单位或个人；""净资产不低于1000万元人民币的单位；""金融资产不低于300万元人民币或最近三年个人年均收入不低于50万元人民币的个人。"这种高门槛显然与众筹理念不符，将把众多的中小投资者拒之门外。随后有媒体报道称，修改后的办法降低了投资者门槛，"投资者（单位或个人）投资单个融资项目的最低金额不低于10万元，金融资产方面不低于100万元，或最近三年个人年均收入不低于30万元（个人）"。这相比第一版有了大幅度降低，但离普通民众仍很遥远。

2015年4月，全国人大审议通过了《证券法（修订草案）》，草案中明确把互联网众筹列入其中。《证券法（修订草案）》第十三条规定，"通过证券经营机构或者国务院证券监督管理机构认可的其他机构以互联网等众筹方式公开发行证券"。这将为股权众筹的规范发展提供法律保障。

《私募股权众筹融资管理办法》推进缓慢与《证券法》的修订有很大的关系。中国人民银行原副行长吴晓灵称《证券法》修改已经列入2015年人大的立法计划，如果顺利的话，其认为最快应该是10月就可以完成三审通过，预计《私募股权众筹融资管理办法》也将很快推出，虽然可能仍有瑕疵，但毕竟股权众筹将会合法化。

（二）加强股权众筹平台监管

股权众筹平台是指"通过互联网平台为股权众筹投融资双方提供信息

发布、需求对接、协助资金划转等相关服务的中介机构。"股权众筹平台不仅仅能起到匹配投融资双方的作用，因投融资双方实名制，更能够掌握很多重要信息。正因为股权众筹平台有这种优势，所以要对其加强监管。

首先，对股权众筹平台准入机制要明确。从中国证券业协会（简称中证协）公布的《私募股权众筹融资管理办法（试行）（征求意见稿）》中可以看到，准入监管主要涉及以下 3 个方面：（1）股权众筹平台的法律性质和主体地位；（2）平台服务能力是否达标；（3）股权众筹平台设立与经营的条件是否具备等。目前有 9 家股权众筹平台已成为中证协会员，这 9 家分别为天使汇、云筹、投行圈、众投帮、开心投、原始会、人人投、天使街以及筹道股权。

其次，股权众筹平台有与证券承销商类似的地位，所以股权众筹平台必须要秉承公平公正的立场。监管立法中也要赋予平台审核的权利，包括对用户信息的真实性、融资项目的合法性的审核等。此外，像场外交易市场一样，也应该以自律监管为主。加强对股权众筹平台的监管，强化其法律责任，对违规违纪的股权众筹平台予以重罚，确保其依法合规开展业务。明确股权众筹平台禁止行为，比如通过平台为自身或关联方融资等，一经发现，从重处罚或取消其准入资格。

具体到监管层次上，应采取中国证监会、中国证券业协会及其各地分支机构和各地金融办三位一体的监管体系。中国证监会或中国证监会指定中证协负责顶层设计，制定股权众筹行业法律法规；证券业协会及其各地分支机构应在行业法律法规的指导下，对股权众筹平台执行行规行约、各类标准和经营作风情况进行严格监督；地方金融办主要监督众筹平台合法经营和切实履行信息中介的职责，主导平台核查融资企业是否按规定客观、真实和准确地进行信息披露。

（三）加强投资者保护制度建设

建立健全事前、事中、事后全覆盖的投资者保护"防火墙"。首先，加大对投资者教育力度，通过网络、纸媒等让投资者树立"投资有风险、入市

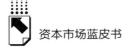
需谨慎"的投资意识。其次，依据股权众筹的特点，建立与股权众筹相适应的信息披露制度，从源头上抑制风险。要加强对股权众筹平台的监管。最后，建立健全多元化的投资者纠纷解决机制。伴随股权众筹的快速发展，风险事件难以避免，"筹闹"会时有发生。为防"筹闹"，应创新投资者保护机制，如引入证券专业调解制度、建立和解金赔偿制度、侵权行为人主动补偿制度以及证券侵权民事赔偿制度等，以利于纠纷快速、高效、便捷地解决。

参考文献

［1］魏来：《玩转众筹》，机械工业出版社，2014。

［2］张新钰：《"大家投"网众筹融资模式分析》，辽宁大学硕士学位论文，2014。

［3］刘志坚、吴珂：《众筹融资起源、发展与前瞻》，《海南金融》2014年第6期。

［4］赵恒珩、姚杰：《众人拾柴火焰高——闲话众筹》，《华宝证券》2014年7月。

［5］杨明：《论中国股权众筹模式的法律定位与监管》，中国社会科学院研究生院硕士学位论文，2014。

［6］邱勋、陈月波：《股权众筹：融资模式、价值与风险监管》，《新金融》2014年第9期。

［7］肖百灵：《美国私募股权电子融资平台运作模式、监管及启示》，《金融法苑》2014年第89辑。

［8］杨东、苏伦嘎：《股权众筹平台的运营模式及风险防范》，《国家检察官学院学报》2014年第7期。

［9］徐迪：《我国股权众筹的发展及风险揭示》，《赤峰学院学报》2014年第10期。

［10］张小涛、岳文华、张学锋：《中国股权类众筹发展的制约因素及风险研究》，《河南科技》2014年第11期。

［11］袁康：《资本形成、投资者保护与股权众筹的制度供给》，《证券市场导报》2014年第12期。

［12］龚映清、兰海平：《美国SEC众筹新规及其监管启示》，《证券市场导报》2014年第9期。

［13］周振国：《股权众筹在中国的发展及面临的法律风险》，《京都律师》2014年第3期。

B.8

中国资本市场转板机制设计研究[*]

中国资本市场转板机制设计研究[*]

惠建军 李 腾 刘国正[**]

摘　要：本文在厘清资本市场转板机制的内涵、分类的基础上，深
入分析建立转板机制的现实意义，以及目前我国资本市场
转板机制建设现状与面临的主要问题，并结合我国资本市
场发展过程中的实际问题，深入探讨了我国资本市场转板
机制的设计原则、转板标准。最后，借鉴境外成熟资本市
场转板机制的模式，提出了我国资本市场转板机制设计的
具体政策建议。

关键词：资本市场　转板机制　转板标准　设计原则

一　引言

2014年10月，中国证券业监督管理委员会出台了《关于支持深圳资本
市场改革创新的若干意见》，明确表态计划在创业板市场设立相应的层次，
在合适的条件下接收虽然尚未盈利、但在新三板市场挂牌一年以上的互联网

* 国家社科基金项目（项目编号：13BJY172）：《城镇化进程中县域经济与县域金融服务协同发
展研究》。
天津市教委高等学校创新团队（项目编号：TD12－5055）：《小微企业的创新发展机制及国际
比较研究》。
** 惠建军，经济学博士，天津产权交易中心；李腾，天津财经大学金融系硕士研究生；刘国正，
天津财经大学金融系硕士研究生。

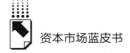

或者高新技术企业转到创业板市场发行上市。同时，深圳证券交易所（以下简称"深交所"）在 2015 年年度工作会议中也重点提出了将进一步明确深交所的定位，以加快多层次资本市场建设，迅速壮大主板和中小企业板市场，不断改革创业板市场，使创业板市场层次更加分明、多样，加快新三板和创业板之间转板试点的施行。

按照党的十八届三中全会对我国经济发展的重要部署，我国加快了资本市场建设的步伐，建立和完善更具层次性和良性竞争的中国特色资本市场进程不断推进。主板市场、中小板市场、创业板市场、新三板市场以及建设发展中的场外股权交易市场一道组成了更加合理的多层次资本市场体系。目前我国多层次资本市场中，各个组成部分的角色日渐清晰：主板市场是核心，二板市场（创业板市场）是主板市场的补充，包括新三板市场和场外股权交易市场在内的场外交易市场是我国多层次资本市场的重要组成部分，是主板市场和二板市场的基础性、前端性市场。如果将我国多层次资本市场比喻为金字塔，那么主板市场是塔顶，新三板市场和各地区域性场外股权市场是塔基，承载着整个资本市场的稳定性。为了我国资本市场更好更快发展，"转板机制"的建立必不可少，它可为我国多层次资本市场之间开通一条可以升降的通道，使不断壮大的企业可以从场外交易市场升至更高层次市场，也可以强制不符合条件的企业从主板市场降至二板市场乃至场外交易市场。因此，"转板机制"的建立，可以提高我国资本市场的效率，促进其稳定发展。

近些年，我国一直致力于多层次资本市场的建立和完善，力图建立一个良性竞争、层次分明的市场结构，我国多层次资本市场结构的研究设计也受到学者们关注。但是，对资本市场各个板块之间互动机制的研究还有待深入，资本市场各层次之间僵化、缺乏互动。目前，我国亟须建立合适的资本市场转板机制，为资本市场发展提供必要的制度保证。如何建立完善的转板机制是理论界和实务界正在探索之中的问题。本文试图厘清人们对转板机制建立必要性的认识，借鉴有关境外典型经验，提出我国多层次资本市场间"转板机制"的设计建议。

二 资本市场转板的内涵、分类

根据信息披露情况、财务规模、股份构成等情况，一个上市挂牌公司转到不同交易系统挂牌上市称为转板。公司可以在不同证券市场或同一证券市场不同层次之间转换上市，或挂牌进行股份转让交易。不同市场之间的转板，称为外向转板，如纳斯达克上市公司转到纽约证券交易所上市，上海证券交易所上市公司的 B 股转到香港联交所上市。同一证券市场不同层次之间的转板，称为内向转板。例如，香港联交所创业板上市公司转到香港联交所主板上市，纳斯达克市场不同板块之间的转板，等等。从低层次市场向高层次市场转板，称为升级转板。从高层次市场向低层次市场转板，称为降级转板。在同一层次市场之间进行转板，则称为平级转板。

转板机制是多层次资本市场建设的内在要求。不同层次市场之间所要求的上市条件应具有明显的差异性、递进性，以体现内在逻辑的层次性和统一性。不同的市场制定相对比较灵活的上市标准，以吸引不同层次的企业上市，从而为不同发展阶段、不同发展需求的企业提供便捷、高效、多样化的融资平台。

三 我国资本市场转板机制的现状及存在的问题

（一）我国资本市场转板机制的建设现状

1991 年，中国人民银行出台的《中国证券交易系统有限公司业务规则》（以下简称《规则》）是我国颁布最早的关于"转板制度"的规范性文件，确立了我国上市证券终止制度。该文件是一份为了维护广大投资者权益和保证证券系统的稳定运转而设立的部门规章。它确立了上市企业证券退市的相应制度，同时谨慎地设立了"暂停上市"规则，为上市企业顺利退市做好铺垫工作。1993 年，《中华人民共和国公司法》颁布，借鉴上述《规则》

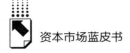

的制度安排，在上市公司股票退市制度中建立了缓冲地带，把暂停上市确立为上市公司股票退市的前提条件。从此，上市公司股票退市制度得以明确，并不断完善。1998 年的《证券法》仅仅规定了公司债券退市制度而未规定股票退市相应制度。直至 2001 年，中国证监会颁布了《亏损上市公司暂停上市和终止上市实施办法》（以下简称《办法》），它是以《公司法》《证券法》为依据，采取部门规章的形式明确了上市公司证券退市的相应制度，提出了可行的相关操作办法。该《办法》在传统的以暂停上市为终止上市前提条件的思路下，建立了暂停、恢复、终止上市的标准和条件。2011 年 11 月 28 日，深圳证券交易所制订了《关于完善创业板退市制度的方案》，明确了创业板公司终止上市后必须统一按相关规定划到代办股份转让系统挂牌，也就是创业板市场的上市公司降至新三板市场的相关规定。

随着多层次资本市场体系基本成型，设计并完善资本市场转板制度已成为各界的共识。2013 年全国"两会"《关于修改〈证券法〉的议案》明确指出，要建设多层次场外市场，完善市场层次。另外，提出了要建立转板标准和程序制度，明确做市商制度，规定做市商的资格条件、报价义务以及做市行为的豁免制度。新修订的《证券法》将更加有利于转板机制的全面推进，但在实践中，只有代办股份转让系统为主板市场上市公司提供退市渠道的降级转板机制，尚未建立由低层次市场向高层次市场升级转板的机制。因此，很大程度上限制了多层次资本市场的健康发展，较低层级的市场起不到资本市场"筛子""孵化器"的作用，同时也在一定程度上降低了各层次资本市场的运行效率。

1. 升级转板机制建设现状

尽管目前我国尚未建立由低层次市场向高层次市场升级转板的机制，而确有代办股份转让系统中部分公司实现了在深交所中小板市场或创业板市场上市的案例，但各家企业基本都是通过 IPO 实现的在更高一级资本市场上市。2014 年 5 月 19 日，中国证监会明确允许未盈利的高新技术企业在新三板市场挂牌一年以后到创业板市场上市，对于目前正打算转板的新三板公司，或盈利指标暂时不能满足创业板市场要求却长期致力于对接资本市场的拟 IPO 公司来说，都是一个积极的信号，企业可根据自身情况及战略发展需要选择最合适的资本运作计划。据统计，2008 年以来，先后有 22 家新三板公司向新三板系统提交了转板申请或明确表达了转板意向，除已完成转板和主动放弃转板的公司外，目前仍有 10 余家新三板市场公司在计划转板。可见推行系统完备的转板机制是现实需要，是资本市场走向成熟的关键一步。

2. 降级转板机制建设现状

上市公司降级转板与退市并不是完全等同。上市公司退市有两种可能：自愿申请退市或因为其不再符合上市条件或因连续亏损等触犯《证券法》第 56 条第 2 项、第 3 项或第 5 项授权交易所《上市规则》规定的情形而被终止上市。目前，我国多层次资本市场的降级转板机制现状如下。

（1）主板市场的降级转板机制缺乏相匹配的升级机制

由于退市标准设计缺陷、主板市场与代办股份转让系统之间双向交流机制不畅等原因，造成长期以来我国资本市场升级转板机制失灵，出现主板市场上市企业“只能下不能上”“退下去了回不来”等现象。

（2）中小板市场的降级转板机制处于“空转”状态

2004 年 5 月 21 日，深圳证券交易所发布《深圳证券交易所中小企业板块上市公司特别规定》，要求“中小企业板块上市公司向本所申请上市时，其公司章程除应当包含《上市公司章程指引》的内容外，还应当包含以下内容，并在《上市公告书》中予以披露：（一）股票被终止上市后，公司股票进入代办股份转让系统继续交易；（二）公司不得修改公司章程中的前项规定”，借此在中小板市场亦引入了主板市场的降级转板机制。此后，深交所于 2006 年 11 月 29 日发布《中小企业板股票暂停上市、终止上市特别规定》，明确了中小板市场应予终止上市的情形及程序，较之主板市场存在一定差异，本文不再赘述。截至目前，尚未有中小板市场公司退市转板的案例。

（3）创业板市场的降级转板机制更加严格

2009 年 6 月 5 日，深圳证券交易所发布《深圳证券交易所创业板股票上市规则》，确立了创业板市场退市制度，对上市公司退市标准予以详细规

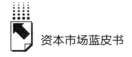

定。较之于主板市场和中小板市场的退市制度，创业板市场退市制度强调"直接退市""快速退市"，以期杜绝目前主板市场上市公司退市过程中出现的久拖不退、"借壳上市"、内幕交易和市场操纵的现象。

（二）我国资本市场转板机制存在的主要问题

1. 各级资本市场层次不明显

中小板市场门槛偏高，导致本应主导中小企业融资的中小板市场却多是成熟的大企业扎堆。创业板市场主要的服务对象是成长型、创新型的中小企业，但对成长和创新的要求低于对规模和效益的要求，因此规模有限。近期由于政策刺激，新三板市场挂牌企业剧增，2015 年底已超过 5000 家，但其体系仍在进一步完善当中，交易量与主板市场相差甚远，因此其发展趋势仍有待观察。另外，其他区域型的产权交易市场和其他场外交易市场的成熟度和影响力也有待提升，于是形成了我国资本市场形式上多层次，实质上主板市场一板独大的局面。主板市场的一板独大，加上其他市场自身特色彰显不足，使得中小企业融资难的现实难题依然没有得到很好的解决。

虽然现在"新三板"有了可以"转板"的政策信号，但总体来说我国多层次资本市场转板机制依然没有形成。目前我国只建立了退市机制，沪深两市的转板机制、中小板和创业板到主板的升板机制、场外市场到场内市场的升板机制等都尚未建立。

2. 转板法律制度还不完善

降板方面，只涉及主板市场退至二板市场、二板市场退至三板市场等规定，而且法律的规定较为宽泛，具体的实施细则较少，灵活性较大，缺乏规范性和可操作性。升板方面，场外交易市场公司升至更高层次市场采用的是一般公司上市规定，但这些不算严格意义上的升板转板机制，没有专门针对场外市场升至场内市场，中小企业板市场、创业板市场升至主板市场，主板市场相互之间转板对接的法律制度。

3. 企业转板渠道不畅通

目前，在我国，企业无论在场外市场还是场内市场上市，基本都要通过

IPO 这一种方式。这使得场外市场失去了其本应有的作为更高层次市场"蓄水池""孵化器"的作用。在英、美等多层次资本市场比较成熟发达的国家，都有健全的转板对接机制，为其有转板需要的企业建立了转板对接的专门渠道：中小企业先在场外市场或中小企业板市场挂牌融资不断发展壮大并最终达到更高市场准入要求时就可以按照既定程序升板转至更高层次市场，而不是直接进入主板市场。渠道的不畅通导致其他资本市场缺乏发展和融资的动力，主板市场又不堪重负，无法实现分流市场需求。渠道的狭窄限制了个性不同的企业选择的灵活性。

4. 退市中具体操作不规范

从目前的退市制度来看，在其具体执行过程中，由于制度规定的不完善，出现了很多操作上的问题。如退市程序复杂办理太慢，时间长，从 ST 到 *ST再到之后的一系列过程，给了企业充足的灵活处理时间。制度执行中人为可操作空间大，随意性大，这就使得退市流程的不规范化严重，甚至在主板市场曾出现"只生不死"的怪象，导致了我国退市机制的强制力难以有效发挥。此外，由于场外交易市场不发达，企业一旦降板或退市就会陷入融资困境。企业退市后保障机制的缺失，导致企业出现不遗余力想通过退市或降板程序中执行不力的制度漏洞，在应该退出主板市场情况下还继续进行一系列的变通的做法。

四 对中国资本市场转板机制设计的建议

（一）建立转板机制的基本原则

我国目前的多层次资本市场在实践运行和制度建设方面都存在严重的不足之处，与境外的成熟资本市场存在着不小的差距。建立完善我国资本市场转板机制应把握以下几方面基本原则。

1. 自愿和强制相结合的原则

我国目前要建立多层次资本市场，需要保证主板市场、中小企业板市场、

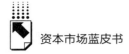

创业板市场以及新三板市场的共同发展。新三板市场作为资本市场金字塔的塔基，应该成为其他市场的"蓄水池"，而不应是一般的附属板块。在转板机制运行中，要保证强制和自愿转板相结合。若主板市场、中小企业板市场和创业板市场中的上市公司不再满足相关的规定之后，应强制其转入新三板市场，进行调整和重组后重新进行股权交易活动。这样不仅可以保证投资者的利益，而且可以实现市场的资源优化配置，提高市场效率。而自愿转板制度是指在新三板市场上交易股权的公司在条件满足创业板市场乃至主板市场要求后，可以申请转到上层板块进行股权交易，这样既可以满足企业不断发展的需要，也可以增强市场的流动性。当然，符合条件的企业既可以依据规定申请转板，也可以考虑实际情况留在新三板市场。综上，面对企业的不同情况和发展需求，必须保证在转板机制上采取强制和自愿相结合的原则。

2. 公平和效率原则

目前，我国资本市场仍然没有形成有效的转板制度，在新三板市场交易股权的公司如果想升板到创业板市场，仍然需要像其他场外市场公司一样通过首次公开发行股份的方式才可以到创业板市场进行上市交易活动。所以，面对这一现实情况，在设计转板机制的时候必须考虑公平和效率的原则，只有兼顾二者才可以更好地进行转板制度建设。首先只有保证了公平原则，才能使市场中的企业依据自身发展的实际情况来考虑何种平台适合其进一步发展，只有这样才能保障市场内企业的权利。其次，为了保证市场的效率，必须降低转板过程中的成本。在保证公平的前提下，不断提高转板机制的效率。可以设想：在注册制实现的前提下，新三板市场乃至各地股权交易市场的挂牌企业，只要它们的投资价值和规范程度得到投资人的认可，其就可以而且应该转到主板市场、中小板市场或创业板市场挂牌交易。

3. 公开、公正原则

公开原则是指依据我国现有的证券法律制度，必须强制要求新三板市场的公司在申请升板运作时，保证完整、准确、真实、规范地披露公司的相关信息。只有坚持公开原则，才能保障广大投资者的切实利益，促进我国资本市场规范发展。公正原则是指我国相关的证券监管机构在做出决策时要保证公正，不论是批准还是否定公司的升板申请，都要给出合理而充分的理由。监管机构要尽量保证在相关法律体系内公正地解决利益冲突和纠纷，同时允许利益相关者对其监管部门的决定有提出异议的权力，并可通过法律渠道求助。

（二）转板的标准设定

在我国多层次资本市场体系尚未完善的情况下，进行转板活动必须设定一套操作标准，以便保证转板机制的公正公平和合理性。

1. 新三板市场转创业板市场

在新三板市场进行股权交易的企业申请转入创业板市场进行上市必须满足以下七个条件。

（1）提出申请的企业必须是股份有限公司性质且持续经营已达三年以上。包括有限责任公司进行整体性股权结构改制而成股份有限公司，经营时间从有限责任公司成立计起。

（2）申请企业最近两年连续盈利，且两年的累计净利润不低于1000万元；或者最近一年的净利润不低于500万元，且最近一年营业收入不低于5000万元。

（3）离申请日最近的企业期末净资产不低于2000万元，同时不存在尚未弥补的亏损。

（4）企业的股本总额不低于3000万股。

（5）企业的流通股不低于总股本的25%。

（6）最低市盈率已达20倍。

（7）企业的股东数已达300人以上。

从以上七个转板标准的设定中，可以很清晰地看出前三条标准和一般企业申请创业板市场上市的条件是一致的，反映的是企业的财务指标。而后四条标准则是表达了企业在新三板市场受到了投资者和社会的认可，体现了公司的成长性。

2. 创业板市场转中小板市场和主板市场

在创业板市场上市的企业，在满足以下条件后，可以申请进入中小板市

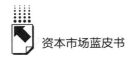

场和主板市场。

（1）提出申请的企业必须是股份有限公司性质且持续经营已达三年以上。

（2）最近三年的年度净利润均为正值且累计利润超过3000万元。

（3）最近三年的年度现金流量净额均为正值且累计净额超过5000万元；或者最近三年营业收入累计超过3亿元。

（4）最近一个会计年度不存在尚未弥补的亏损。

（三）建立多层次资本市场体系，加快转板机制的基础建设

1. 完善多层次资本市场的法律法规和监管体系

目前，我国主要有《公司法》《证券法》两部法律是专门针对资本市场以及股票交易制度的，它们对我国整个资本市场与证券业都起到关键性作用。这两部法律仅对股份公司的设立和股票发行以及交易等做了基础性规定。但这些框架性规定只适用于较高层次的市场，即场内交易市场，并不适用于基础层级的场外交易市场和区域性股权交易市场。另外，《公司法》《证券法》也没有对国外公司在我国证券市场上市交易进行相关规定，这些因素影响了我国资本市场的国际化发展历程。健全的法律法规是完善我国资本市场体系的制度基础，是国际化背景下建立和完善多层次资本市场的重要前提。我国为了健全完善国际化、多层次资本市场，不仅需要不断完善已有的法律法规，还要不断出台新的法律法规，以满足我国资本市场的建设需要。

（1）应通过立法的形式确立场外交易市场和区域性股权交易市场的合法地位，特别是地方性场外交易市场的法律地位有待进一步明确，为它们的进一步发展解决资格问题。发展我国多层次资本市场的前提条件就是确定这二者的合法地位，只有这样才能保证它们更好更快地发展，为完善资本市场体系做出贡献。否则地方性场外交易市场将随时面临被清理整顿的风险。随着人民币国际化进程的加快，以及我国资本账户的不断开放，资本市场已成为充分利用国外资源、资本和技术的重要平台。在国际化大潮中，有必要以

法律的形式规定我国资本市场可以接受国外公司在我国证券市场上市交易，同时规定它们在我国上市的标准、监管模式和信息披露要求等。

（2）要不断完善资本市场中各类上市主体的准入制度。作为资本市场中资源配置机制的集中体现，资本市场的市场准入制度是资本市场效率的关键影响因素。目前，我国场内交易市场已经具备了较为完善的准入制度，而新三板市场及其他场外交易市场的市场准入制度却仍然没有法律可依。为了科学地、合理地确立各企业在场外交易市场挂牌交易的资格，必须尽快确立场外交易市场的准入制度。

2. 完善股票发行制度

一直以来，我国股票的发行都以核准制方式进行审查。中国证监会亲自对股票发行人的发行条件和上市资格进行审查，同时对其股票做出价值评估。但是，在境外发达的资本市场中，证券发行主要以信息披露制度为依据，监管部门并不直接审查申请上市企业的证券质量，而是保证申请上市企业所发布的信息是公开准确的，从而维护投资者利益。这样才可以保证企业股票上市申请的诚信和投资者对资本市场的信心。注册制的审查方式使得企业可以不用经过严格的核准便可以较为方便地上市，而且企业股票的风险由市场承担，不再由监管部门承担责任，这样可以保证监管部门的信用。新三板转板制度的建立和实施需要在注册制建立的前提之下，只要求申请企业公开发行的相关信息，并且到监管部门进行注册就可以上市。我国目前新三板市场的股票发行制度已经成为转板制度建立的一个障碍。

2013 年 11 月 30 日，中国证监会根据《中共中央关于全面深化改革若干重大问题的决定》中的相关要求，颁布了《中国证监会进一步推进新股发行体制改革的意见》（以下简称《意见》）。《意见》明确了我国推进核准制向注册制改革的决心。首先，《意见》中要求股票首次发行要以信息披露为中心原则，监管部门将把监管的重心放在股票发行人披露的信息是否准确、真实、完整上。其次，要求监管部门渐渐淡化事前判断。《意见》明确提出，中国证监会发行监管部门和股票发行审核委员会依法对发行申请文件和信息披露内容的合法合规性进行审核，不对发行人的盈利能力和投资价值

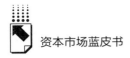

做出判断。《意见》还强调了监管执法的力度要加大。如果在对企业上市申请进行审核的过程中发现申请人的材料存在自相矛盾或者前后不一的情况将立即中止审核，同时申请人将在一年内不得再次提出上市申请。此外，《意见》强调事后问责。中国证监会对申请企业和董事、高管，以及保荐机构、会计师事务所、律师事务所等相关责任者的职责进行了明确的界定，一旦出现问题，将对他们采取严格的处罚措施。

目前，我国股票发行制度还处在"核准制"向"注册制"过渡的阶段。与发达国家资本市场中的注册制相比，我国股票发行的注册制改革中存在三点不同之处。第一，在一般意义上的注册制中，股票发行的权利是由国家法律直接赋予，而不像我国的注册制只有经过监管机构中国证监会的批准才能发行上市。第二，真正意义上的注册制是只对发行申请人的申请材料进行形式上的审查，并不对材料进行具体内容的审核，而我国虽然也在淡化对具体内容的审核，但是仍然没有做到真正的形式审查。第三，注册制重点强调事后问责，主要依靠事后审查和处罚来保护投资者利益，而我国的注册制仍然强调事前审查和事后审查并重。

虽然我国的股票发行制度改革仍然存在诸多的问题和困难，但和原有的核准制相比，我国股票发行注册制度改革将会对各类场外交易市场挂牌企业的直接转板产生巨大的利好。在各类场外交易市场进行股权交易的企业在符合一定条件下，可以通过充分的信息披露进入主板市场、创业板市场等场内市场交易。总而言之，我国的股票发行制度改革必将对我国资本市场转板机制的完善奠定坚实的基础，但我们也应该认识到股票发行制度的改革仍面临较大的困难和风险，正式实行股票发行注册制还需时日。

3. 完善市场交易制度，充分发挥做市商制度的优势

首先，对连续竞价制度和做市商制度进行比较，以发现两者各自的优势所在。在比较市场交易制度时，一般选取流动性和价格发现两个方面的表现来对比两种制度。

市场流动性是指在保持价格稳定的前提下，市场中达成交易的速度或参与者试图以市场价完成交易的可能性。在连续竞价交易过程中，市场参与者的交易指令存在匹配问题。如果市场的交易量较大，那么通过电子平台交易就可以忽略等待时间。但是，如果市场中的交易量出现不足时，等待时间就会显得较长而影响市场效率。在集合竞价进行交易时也是定期才能撮合成交，进而会降低交易的愿望。同时，在投资者的交易指令较为分散时，也会出现交易延迟的难题。综上可知，竞价交易制度在市场规模较大的场所适合使用。但在新三板等场外交易市场中却不一定可以有效发挥其作用，因为我国新三板市场发展尚不完善，存在流动性不足的问题，这便凸显了做市商制度的优势。新三板市场的交易仍不活跃，有些企业甚至几个月都没有股权转让，基于新三板市场没有足够的市场规模，所以竞价制度在新三板市场还不能良好运行。与竞价交易相比，做市商制度并不需要这种巨大的市场规模，可以运行不连续的交易指令，而且还可以及时促进完成市场的交易。所以从市场流动性角度分析，新三板市场引入做市商制度是非常必要的。

其次，在价格发现方面，影响因素主要包括供求、竞争、信息三个因素。由于供求和竞争要通过市场流动性解决，所以在价格发现方面主要研究信息在市场价格发现中的作用。如果在市场中交易指令不充足或市场的透明度不足，连续竞价的价格发现就会出现问题，难以体现市场的有效性。而在做市商制度下，做市商在进行价格确定之前会对其所做市的股票进行充分的了解，所以其价格更具有合理性，可以更好反映股票的价值和其供求信息的变化。但是，这个过程中做市商也会将信息搜集成本转嫁至投资者。还需要考虑的是新三板市场挂牌企业的风险相对较高，同时信息披露体系也不够完善。如果采取竞价交易方式进行，将会加大投资者在发出指令前信息搜集成本。虽然做市商制度需要投资者一起分担价格发现的成本，但是这样会使市场更加富有活力。结合市场中信息、供求、竞争等方面的因素，做市商制度显然更适合场外交易市场。但是，做市商制度优势的发挥离不开优秀的做市商，离不开与做市商交易制度相匹配的法律法规制度的规范，只有这样才能有效防范做市商虚假做市、操纵市场的行为。

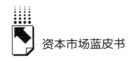

（四）转板渠道的设计

随着新三板市场不断扩张，我国多层次资本市场基本框架已经形成，但是我国资本市场各层次之间仍然缺乏顺畅的互动。为了形成良好的互动机制，必须不断推进转板机制设计，在我国现有法律基础上，借鉴外国成熟资本市场的经验建立符合我国资本市场具体情况的转板机制。

在进行转板机制设计过程中，必须充分考虑我国资本市场目前的各项制度，最大可能地利用现有的框架，避免在制度建立上产生巨大的重建成本，对现有的资本市场形成冲击。因此，转板机制设计要循序渐进，而不能期望一步到位，脱离实际情况。

转板机制的具体设计主要包括升板方式、升板主体、升板费用、升板安排以及降板的相关规定等几个方面。

1. 升板方式

（1）主动升板

主动升板是指上市企业主动通过书面文件向中国证监会申请转板至上一级资本市场的过程，体现了企业的自主性。在深交所中小板市场或者创业板市场上市的企业可以主动提出申请转板至深交所或者上交所的主板市场。建立场外股权交易市场转板新三板市场、新三板市场申请转板至深交所或者上交所主板市场的"绿色转板通道"。[①]

（2）被动升板

目前，被动升板的方式主要适用于深圳证券交易所内部的板块之间。由于深圳证券交易所内部包括了中小板市场、创业板市场以及主板市场，所以深交所为了保证资本市场的效率，采取定期检查核实上市企业的股票质量，

---

① 绿色转板通道是指不同于一般企业首次申请主板市场上市的特殊通道，中国证监会为了支持场外交易市场发展而建设的专属于新三板市场企业升板上市的通道。在场外交易市场的挂牌企业可以统一通过"绿色转板通道"进行IPO，达到在主板市场、创业板市场以及中小板市场上市的目的。这条"绿色转板通道"使得目前在场外交易市场的挂牌企业进行IPO和普通企业有所区别，这必将提高新三板市场挂牌企业的上市效率。

如果达到上一层板块的要求，深交所可以采取直接将其升板至上一板块的措施，无须公司申请或者同意，当然也不能收取上市企业的费用。随着新三板市场和场外股权交易市场挂牌企业数量的增加，场外交易市场将实行内部分层，其内部分层机制可借鉴此方式。

2. 升板主体

（1）升板的申请：企业

企业必须满足对应板块对公司的准入要求才可以申请升板。当然，新三板市场挂牌企业如果希望申请公开上市或者创业板市场及中小板市场中的企业申请升板必须保证在原来的板块已经挂牌一年以上。同时，这些企业还要满足在原板块挂牌期间没有违法违规行为、公司高管也没有违法记录、没有正在接受监管或法律部门的调查事件等。

（2）升板的审核：中国证监会、证券交易所

如果中小板市场或者创业板市场中的企业申请升板，那么应该由证券交易所负责审核企业的申请，最终决定企业是否符合升板要求。但是，在目前股票审核发行制度环境下，场外市场向场内市场转板应分两种情况：①在场外交易市场非公开发行挂牌的企业申请升板，应该首先由中国证监会对申请企业进行审核，同意其可以首次公开发行股份后，才由证券交易所进行进一步的审核，决定是否可以或者何时升板。②公开发行的股票转板直接由证券交易所审核决定。

3. 升板过程中的中介机构

在企业上市或者转板前都要由相关中介机构进行指导，如证券公司、律师事务所、会计师事务所等。首先，在新三板市场挂牌的企业申请升板时，需要证券公司作为保荐人，对申请的公司进行专业的辅导，并需出具上市保荐书，而且要在公司上市后进行持续的督导。其次，公司上市需要雇用专业的律师事务所为公司的上市出具律师工作报告和法律意见书等。最后，升板过程中企业也离不开会计师事务所的协助，会计师事务所主要负责对公司财务状况进行分析、检查并出具内部控制鉴定报告、盈利预测报告、审核报告、审计报告以及财务管理建议等。在场外交易市场挂牌的企业转板过程与

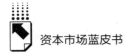

此类似。

创业板市场、中小板市场的企业欲申请升板时，只需要律师事务所出具专业的法律意见书即可。因为企业在创业板市场、中小板市场的原保荐人将会继续发挥持续督导的作用，无须另外再聘请其他证券公司为其保荐。当然，企业在原板块上市期间的财务报告同样在升板申请材料中可以直接使用，不需要另外聘请会计师事务所进行重新审计。若在场外交易市场挂牌的企业已经完成公开发行挂牌交易，其转板过程的要求与创业板市场、中小板市场的企业转板要求相同。

在新三板市场挂牌的企业如果申请升板，需要向证券交易所支付申请费和上市费用。而在创业板市场、中小板市场上市的企业如果申请升板则只需要缴纳申请费，但无须再一次缴纳上市费用。这些规定是针对主动升板的企业而言的，那些被动升板的企业则无须向证券交易所缴纳申请费和上市费用。

深交所内的企业在场内进行升板不应该再走退市程序。而在场外交易市场未完成非公开发行挂牌的企业升板或者跨交易所升板则需要先行退市，然后再上市。发行人需要就股票代码、简称、数量等情况以及股票暂停、终止上市或者终止上市进入新三板市场等相关事项进行协商，签订新的上市协议。通过以上操作进而完成升板程序。

4. 降板过程中的相关规定

（1）加强公司由主板市场降板至新三板市场的制度建设

目前，我国许多垃圾股已经不能满足在主板市场上市交易的规定，但其仍可以在 ST、*ST 或者暂停上市等状态之间不断转换而不是退市。出现这种情况，完全是由对应的转板机制不健全导致的，给了这些企业以空子可钻。完善我国从主板市场降级至新三板市场的机制，需要注意以下几点。首先，应该赋予证券交易所更多的监管权限。当前，我国企业从主板市场降级至新三板市场的过程完全取决于政府证券监管部门，使得证券交易所仍然缺乏相关的监管职能。企业在证券交易所上市后，证券交易所与企业之间的交流更多，其可以掌握更多的信息，得出更准确的判断，所以政府的证券监管部门应该赋予证券交易所更多的决定权和监管权。其次，应该规定严格的退市时间。通过相关的法律法规文件，约束企业的股票在 ST、*ST 或者暂停上市状态的时间限制，在规定时间内无法达到相关的指标规定，就应该采取强制的降级措施，以保证主板市场的稳定运转。最后，应该规定股票的价格和成交量。股价以及成交量是衡量股票价值和流动性的最重要指标，我国可以借鉴美国纳斯达克市场中"一美元"退市制度，要求股价在规定时间内上升到一个最低的价格，否则将强制其退出该市场。同时，为了避免出现人为的虚抬股价现象，应该对股票的交易量做出具体的规定，从这两个方面衡量一只股票是否具有在主板市场上市的条件。

（2）加强公司由创业板市场降板至场外交易市场的制度建设

针对公司由创业板市场降板至场外交易市场的过程，应该做出以下几点制度规定。首先，严格制定退市标准，以确保企业进入创业板市场前后阶段的经营业绩和成长潜力等保持一贯性，使资源可以得到优化配置。其次，完善预警机制。通过建立预警机制，保护创业板市场中大量个人投资者的知情权，降低信息不对称性。

（3）加强公司由主板市场降板至创业板市场的制度建设

创业板市场不仅是为主板市场培养储备企业的后方，也应该成为主板市场退市后的公司的后备市场。在上市企业达不到在主板市场进行股票交易时，应该被降板至创业板市场进行交易活动。同时，在主板市场上市的企业也可以在达不到一定条件后，主动申请转板到创业板市场，转板申请应由证券交易所经过相关的审核做出批准。

参考文献

［1］李燊：《注册制改革下保荐制度的完善》，《经济与法》2015 年 2 月上期。

［2］邢会强：《我国多层次资本市场条件下转板机制的构建》，《人文社会科学学报》2013 年第 6 期。

［3］刘惠好：《建立健全多层次资本市场转板机制》，《经济界》2014 年第 3 期。

［4］赵彦昌：《论我国多层次资本市场面临的问题及对策》，《商场现代化》2014 年

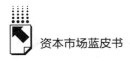

第 17 期。

[5] 鲁桐、党印：《发挥多层次资本市场对经济转型的推动作用》，《金融市场研究》2014 年第 4 期。

[6] 周小川：《资本市场的多层次特性》，《时代金融》2013 年第 28 期。

[7] 侯东德、李俏丽：《多层次资本市场间转板对接机制探析》，《上海金融》2013 年第 12 期。

[8] 穆曼怡：《多层次资本市场中的创业板问题研究》，中国人民大学硕士学位论文，2008。

[9] 焦翊：《深圳证券交易所场内市场升板机制研究》，《经济视角（下）》2012 年第 1 期。

[10] 柴颖：《我国新三板市场引入转板制度研究》，华东政法大学硕士学位论文，2012。

[11] 潘玉军：《我国新三板转板机制及对国际经验的借鉴研究》，《商品与质量》2011 年第 7 期。

[12] 贺川：《循序渐进推出新三板转板制度》，《中国金融》2011 年第 12 期。

[13] 吴奇峰：《中国股票市场转板机制的研究》，武汉理工大学硕士学位论文，2010。

[14] 刘国胜：《我国资本市场结构下"转板"机制的探寻》，《改革与战略》2011 年第 9 期。

[15] 焦翊：《我国证券市场升板制度研究》，华东政法大学硕士学位论文，2012。

B.9

中国场外交易市场功能评价探析[*]

惠建军　吴玉新[**]

摘　要：　本文主要借鉴系统决策理论中的网络层次分析法（ANP），根据对专家学者的调研以及相关学者文献观点的梳理，筛选影响场外交易市场发展的因素指标，并尝试运用网络分析法计算分析评价指标的权重，进而构建评价场外交易市场发展的指标体系，以期能够更科学、合理地对场外交易市场进行纵横向的评价与比较，为场外交易市场制度的完善与创新提供有益的理论指导。

关键词：　场外交易市场　网络层次分析法　新三板　中小企业

与场内交易市场相比，中国场外交易市场起步较早，发展较慢。虽然2013年以来，场外交易市场的发展进度加快，但是相应的市场发展评价指标和体系尚未建立，学者对此问题的探究还很少。随着场外交易市场建设步伐的加快，探究评价场外交易市场整体发展水平的指标，对场外交易市场的制度建设和完善创新具有重要的价值。

---

[*]　国家社科基金项目（项目编号：13BJY172）：《城镇化进程中县域经济与县域金融服务协同发展研究》。
天津市教委高等学校创新团队（项目编号：TD12－5055）：《小微企业的创新发展机制及国际比较研究》。
[**]　惠建军，经济学博士，天津产权交易中心；吴玉新，一德期货研究发展部。

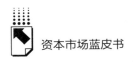

一 ANP 基础指标的选取及依据

资本市场是一个非常复杂的系统，影响其功能绩效的因素非常多，而且这些因素之间可能具有相互依存、相互影响的关系。比如，备受各界关注的场外交易市场的流动性，就是一个非常复杂的问题。市场流动性受市场规模、挂牌企业数量、投资者队伍、交易制度、市场的估值能力、退出机制等多方面因素的综合影响，很多学者主张引入做市商制度，以提高市场的流动性。但是随之而来的是做市商的筛选标准、做市商的监管问题，尤其是对做市商可能操纵股价的风险识别与防范监管。另外，若采取做市商制度，需要有与之相适应的投资人队伍，对投资者的准入和退出都需要谨慎研究，等等。因此可以讲，研究在探索中发展的场外交易市场的功能绩效，不断完善场外交易市场的制度建设，在指标选择上更具有困难，也更具有价值。

本文在 ANP 基础指标的选取上主要考虑以下几个方面：第一，以资本市场理论为基础，综合国内外现有文献对资本市场、场外交易市场发展和制度建设方面的研究进行指标选择；第二，通过对场外交易市场实践探索中的专家、中介服务机构、挂牌企业进行访问调研，以调研数据作为筛选决策准则和对超矩阵赋值的重要依据；第三，参考境外典型场外交易市场以及中国场外交易市场的规章制度。综上，本文拟选择准入制度、市场效率、监管机制、市场结构和风险因素等 5 个方面作为决策准则，然后筛选支配这 5 个决策准则的元素，建立评价指标体系，对场外交易市场的功能绩效进行综合评价。[①] 本文对 5 个方面的影响元素细分指标选择及依据见表 1。

---

① 李雪峰、常培武：《基于 ANP 方法的场外交易市场运行绩效综合评价——以美国、印度、英国和台湾地区为例的比较研究》，《国际金融研究》2009 年第 12 期，第 88~93 页。

表 1　场外交易市场指标选取

	准入制度	市场效率	市场结构	风险因素	监管机制
细分指标	存续期 核准时间 信息披露要求 做市商制度 发行股数	流动性 市场化程度 市盈率 挂牌公司数 市场交易集中度	OTC 市值/GDP 场外交易市场层次结构 产品结构 参与主体的多样性 转板机制	市场风险 操作风险 信用风险 流动性风险 法律风险	司法监管 规则监管 自律组织 市场透明度 监管国际化

资料来源：笔者整理。

1. 准入制度

准入制度细分指标的确定主要借鉴《全国中小企业股份转让系统业务规则（试行）》（以下简称《业务规则》），《业务规则》规定"依法设立且存续满两年，有限责任公司按原账面净资产值折股整体变更为股份有限公司的，存续时间可以从有限责任公司成立之日起计算"。各国股票上市也有类似的规定，可见存续期是一项较为重要的指标。《业务规则》规定"全国股份转让系统公司对挂牌申请文件审查后，出具是否同意挂牌的审查意见"，以及主板市场持续推进的注册制改革都能体现出核准上市时间的重要性，所以核准时间也将作为重要指标。《业务规则》还规定"申请挂牌公司应当在其股票挂牌前依照全国股份转让系统公司的规定披露公开转让说明书等文件"。[①] 另外，场外交易市场与交易所市场相比，信息的不对称性更强，市场发生逆向选择和道德风险的可能性更大，而解决信息不对称的一个重要方法是信息显示（Spence，1973），加强信息披露显得尤为重要。因此，信息披露要求入选。做市商制度与投资者准入标准、挂牌企业准入标准密切相关，境外大多数场外交易市场采取了该制度，2014 年 8 月新三板市场也引入了做市商制度。做市商制度的引入不仅能吸引更多投资者介入，也有利于市场分层管理、建立转板机制，也会倒逼市场降低投资者门槛、对挂牌企业门槛进行分类调整。因此，把做市商制度作为重

---

① 《全国中小企业股份转让系统业务规则（试行）》，2013 年 2 月 8 日起实施。

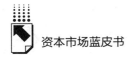

要指标之一。此外，发行股数的要求对投资者额度都具有一定的影响，通过对发行股数的限制，可以间接设定投资者门槛，因此将发行股数作为辅助指标加入。

2. 市场效率

市场效率的衡量非常复杂，目前金融经济理论中关于资本市场的效率问题最权威、最有影响力的理论是 Fama（1965）提出的"有效市场假说"（Efficiency Market Hypothesis，EMH）。[①] 之后，有些学者将证券市场上所有可能获得或利用的信息分为历史信息、公开信息和内部信息三类，以此将市场分为了强势有效、半强势有效和弱势有效三个类型，其对资本市场效率的研究产生了重要的影响。多年来，国内外学者对以证券交易所为代表的资本市场效率进行了大量的研究。因此，关于市场效率指标选取方面主要借鉴股票市场。施东晖是国内研究资本市场效率较早的学者，他提出了评价股票市场的 5 个指标，包括运作效率、信息效率、定价效率、保险效率以及功能效率等。笔者认为这些指标也能够较充分地反映场外交易市场运行情况。运作效率主要指股票的发行转让融资效率和交易执行效率，以流动性作为替代性指标来描述。信息效率主要用来描述市场是否有效，有效市场理论认为，资本市场有效性取决于其信息有效性，如果所有股票价格都充分反映了所有有关信息则市场是有效的，因此用市场化程度来代替。定价效率是指价格是否基于未来现金流的"理性预期"，反映市场的定价估值水平，以市盈率指标来代表。[②] 保险效率是指如果有效证券的种类能够大于未来的各种状态，那么证券市场可以为经济主体在未来的各种状态下交付商品和服务提供保险，也表示这个市场是有效率的，由挂牌公司数来描述。最后是功能效率，我们以市场交易集中度指标来代替，[③] 用场外交易市场市值最大的前 10 位的市

---

① Fama. Eugene, 1965, "The Behavior of Stock Market Prices", *Journal of Business*, Vol. 38, pp. 34 – 105.

② 场外交易市场的估值不同于 A 股估值，现金流折现和股利贴现方法，对企业长期稳定经营的要求较高。而市场波动较大，用 PE、PB、PS 估值也存在很大的缺陷，笔者认为更合理的估值方法是专家估值，但是考虑数据的可得性，本文选 PE 作为替代性指标。

③ 苏立勇：《中国股票市场效率研究》，青岛大学博士学位论文，2005，第 4 ~ 5 页。

值之和，除以整个场外交易市场上市公司的市值，二者比值越高，说明市场的集中度越高，市场的功能效率越低。另外，融资功能是资本市场的重要功能，可以用融资效率衡量场外交易市场的功能效率，以千万元融资耗时来衡量，耗时越短，效率越高。

3. 监管机制

监管是一种弥补市场化信息机制不足的信息增进机制，同时，监管模式也必须基于不同市场的信息结构特点。[①] 在新古典经济学理性人与完全竞争市场的假设下，学者出现了两种观点：有学者尊崇市场化的机制，认为无须监管机构提供额外的信息增进。针对这一观点，约翰·科菲（John C. Coffee, Jr., 1984）[②] 认为，Easterbrook 和 Fischel 所推崇的"自愿披露"，其作用是有限的。从学者对信息披露问题的研究中，可以得出场外交易市场的监管不能仅靠市场化的自律监管，其还离不开政府法律监管和有关规则的约束。实践中，在监管机制方面，我们可以参考最为成熟的美国场外交易市场监管体系。美国对场外交易市场以自律监管为主，司法监管为辅，严把信息披露关，提高市场透明度，多主体共同参与监管。监管制度主要来自美国证券交易委员会（SEC）相关制度规则。美国证券交易委员会主要通过对自律组织的把控来达到监管目的，自律组织具体负责对市场参与主体的监管。由此，我们重点关注司法监管、规则监管、自律组织、市场透明度。此外，随着经济全球化和中国自贸区的发展，监管国际化指标也被纳入，作为衡量监管机制的重要因素。[③]

4. 市场结构

在市场结构方面，其指标选取相对简单。首先，从整体上要考虑场外交易市场规模占国民生产总值的比重（OTC 市值/GDP），其反映场外交易市场

---

① 董瑞华：《场外交易市场信息结构与监管模式研究》，载高峦、钟冠华主编《中国场外交易市场发展报告（2013～2014）》，社会科学文献出版社，2014，第96～101页。

② Coffee John C. Jr. "Market Failure and the Economic Case for a Mandatory Disclosure System", *Virginia Law Review*（70），1984, pp. 717–722.

③ 孟勤国、刘俊红：《美国场外交易市场监管模式及对中国的启示》，《社会科学家》2014年第9期，第103～105页。

对一国经济发展的影响程度，也是衡量资本市场结构的重要指标。其次，需要关注场外交易市场内部结构，包括场外交易市场层次结构、本身产品的结构以及参与主体的多样性、合理性等。场外交易市场层次结构指场外交易市场是否进行了层次的划分以及层次划分的合理性；产品结构包括产品的丰富性、灵活性，以及对投资者的投资需求的适应性；参与主体的多样性包括场外交易市场自身股东的多样性及其对资源的整合、中介服务机构的多样性、投资人的多样性等方面，另外，需要关注场外交易市场与其他交易所市场的关联性指标，以及影响场外交易市场内部层次之间畅通度的指标——转板机制。

5. 风险因素

在风险因素方面，风险因素在各个行业中都是较为一致的，仅是侧重不同，风险因素主要包括市场风险、操作风险、信用风险、流动性风险以及法律风险等。在金融领域，一般将风险分为三大类：市场风险、操作风险、信用风险。严格来讲法律风险属于操作风险，此处把法律风险作为单独的元素加以考察。

二 矩阵的建立、运算与分析

（一）ANP 的理论与算法

1. ANP 的理论

网络层次分析法（Analytic Network Process，ANP）源于层次分析法（Analytic Hierarchy Process，AHP），20 世纪 80 年代中期由 T. L. Saaty 教授在 AHP 的基础上提出了反馈 AHP，1996 年，T. L. Saaty 教授系统地提出了 ANP 的完整理论与应用方法。与 AHP 只考虑上层元素对下层元素的支配作用，而同一层次中的元素相互独立相比，ANP 是决策方法的进步。ANP 方法能够适用于存在内部依存和反馈效应的更加复杂的系统决策。[①] 利用此方

---

① 王莲芬：《网络分析法（ANP）的理论与算法》，《系统工程理论与实践》2001 年第 3 期，第 43~50 页。

法构造出的网络结构，其内部元素间具有正、负反馈机制，每个元素集都可能相互影响、相互支配。[①]

网络层次分析法将系统元素划分为两大部分，即控制层和网络层。控制层包括决策目标和决策准则，控制层中可以没有决策准则，但必须有决策目标。决策准则被认为是相互独立的，并只受目标元素的支配。网络层是由众多元素组成的，这些元素都受控制层的支配。元素和控制层、决策层间不独立。控制层、网络层结构中，单个准则对元素的支配并不是单方向的，两者之间是一个相互依存、反馈的网络结构，如图1所示，控制层和网络层组成了典型的 ANP 网络结构。[②]

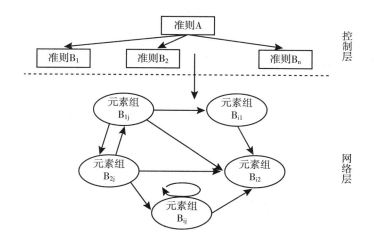

图1　ANP 网络结构

资料来源：根据 ANP 相关理论文献整理。*

* 王莲芬：《网络分析法（ANP）的理论与算法》，《系统工程理论与实践》2001年第3期，第43~50页。

---

① 赵国杰、邢小强：《ANP 法评价区域科技实力的理论与实证分析》，《系统工程理论与实践》2004年第5期，第42~45页。

② 郭德、梁娟红：《基于 ANP 的企业软实力评价体系研究》，《科学学与科学技术管理》2008年第7期，第185~186页。

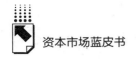

2. ANP 的算法

假设 ANP 的控制层中有目标 A，代表场外交易市场功能绩效，准则层为 B_s（$s = 1, 2, \cdots, m$），网络层元素组有 $C_1, C_2, \cdots, C_N$。其中，C_i 中有元素 $e_{i1}, \cdots, e_{in}$，$i = 1, \cdots, N$。

首先，构建未加权超矩阵。以选取的某一准则为主准则，然后选取网络层中的某一元素组为子准则，按照本元素集与其他元素集间的相互影响程度来构建一个判断矩阵，并求得归一化特征向量。对不同元素集多次操作后，将各自构造出的判断矩阵的归一化特征向量汇总到一个矩阵 W_{ij} 中，若判断矩阵通过一致性检验，表示该矩阵可以合理表示准则层中各元素对准则层 B_n（$n = 1, 2, \cdots, m$）的影响作用。称 W_{ij} 为超矩阵中的块，如（1）式所示。在准则 B_n 下，W_{ij} 的列向量就是 C_i 中元素 $e_{i1}, \cdots, e_{in_i}$ 对 C_j 中元素 $e_{ji}, \cdots, e_{jn_j}$ 的影响程度的排序向量，如果 C_j 中的元素不受 C_i 中元素的影响，则 $W_{ij} = 0$。

$$W_{ij} = \begin{bmatrix} W_{i1j1} & W_{i1j2} & \cdots & W_{i1jn} \\ W_{i2j1} & W_{i2j2} & \cdots & W_{i2jn} \\ & & \vdots & \\ W_{inj1} & W_{inj2} & \cdots & W_{injn} \end{bmatrix} \quad i = 1, \cdots, n; j = 1, \cdots, n \quad (1)$$

再以其他准则为主准则，重复上文操作，可以得到一汇总矩阵，组合到一起即得到未加权超矩阵 W。

$$W = \begin{matrix} C_1 \\ C_2 \\ \vdots \\ C_N \end{matrix} \begin{bmatrix} W_{11} & W_{12} & \cdots & W_{1N} \\ W_{21} & W_{22} & \cdots & W_{2N} \\ & & \vdots & \\ W_{N1} & W_{N2} & \cdots & W_{NN} \end{bmatrix} \quad (2)$$

其次，构建加权超矩阵。上文构建的未加权超矩阵中，汇总矩阵中的单一矩阵每一列都是归一化特征向量，但是并没有考虑其他单一矩阵对此矩阵的影响，但是要更加合理地反映权重，就必须要考虑单一矩阵间的影响程度。可采取以下做法：将每个层次作为一个元素，针对某一层进行两两比较，并计算相应排序权值。若用 a_{ij} 表示第 i 个层次对第 j 个层次的影响权值，则：

$$\overline{W_{ij}} = a_{ij} \times W_{ij} \qquad i = 1, \cdots, n; j = 1, \cdots, n \qquad (3)$$

将各个 $\overline{W_{ij}}$ 组合到一起，则 $\overline{W}$ 即为加权超矩阵。在加权超矩阵中，每一列元素的和均为1。

最后，计算极限超矩阵。对加权超矩阵进行归一化处理，得到极限超矩阵 $\overline{W}^{\infty}$。

$$\overline{W}^{\infty} = \lim_{k \to \infty} \overline{W}^{k} \qquad (4)$$

当 $\overline{W}^{\infty} = \lim\limits_{k \to \infty} \overline{W}^{k}$ 存在时，在极限超矩阵中，每一列数值是在某一准则下，各元素对该列所对应元素的极限具有相对优先权。[①]

（二）矩阵的建立与运算

假设 ANP 的控制层中有目标 A，代表场外交易市场功能绩效，控制层的准则为 B_s $(s=1, 2, \cdots, m)$，B_1，B_2，$\cdots$，B_5 分别代表准入制度、市场效率、监管机制、市场结构和风险因素。在控制层 B 下，网络层元素组有 $C_1, C_2, \cdots, C_N$，其中，C_i 中有元素 e_{i1}，$\cdots$，e_{in_i}，$i = 1$，$\cdots$，n。以 C_j 中元素 $e_{jl}(l = 1, \cdots, n_j)$ 为细分准则，元素组 C_i 中元素按其对 e_{jl} 的影响力大小进行间接优势度比较赋值。本文根据市场数据资料、文献资料、调研专家的意见和笔者自身的分析认识，进行综合平衡后给予赋值，构造如下形式的判断矩阵（见表2）。

表2 判断矩阵

e_{jl} $e_{i1}, \cdots, e_{in_i}$	归一化特征向量
e_{i1}	$w_{i1}^{(jl)}$
e_{i2}	$w_{i2}^{(jl)}$
$\vdots$	$\vdots$
e_{in_i}	$w_{in_i}^{(jl)}$

---

① 郭静林、姜卫：《基于 ANP 方法的医疗质量评价指标体系研究》，《医疗装备》2009 年第 9 期，第 15~16 页。

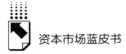

对判断矩阵赋予数值，数值的选取基于判断矩阵标度（见表3）。然后将构造出的判断矩阵的归一化特征向量汇总到一个矩阵 W_{ij} 中，得到未加权超矩阵。在此基础上，赋予分值计算出相对权重后，然后通过 Super Decisions 软件算出未加权超矩阵、加权超矩阵以及极限超矩阵。表4、表5分别列出加权超矩阵得出的指标权重与极限超矩阵得出的指标权重。

表3　判断矩阵标度及其定义

重要程度	定义
1	表示两个因素相比,两者具有相同重要性
3	表示两个因素相比,前者比后者稍重要
5	表示两个因素相比,前者比后者明显重要
7	表示两个因素相比,前者比后者很重要
9	表示两个因素相比,前者比后者极端重要
2、4、6、8	表示上述相邻判断的中间值
倒数值	若因素 i 与 j 的重要程度比为 a_{ij} ,那么因素 j 与 i 的重要程度比为 $a_{ji}=1/a_{ij}$

资料来源：根据相关文献和 ANP 方法整理。

运用 ANP 对场外交易市场指标进行评价时，因求解过程计算量大，一般采用 Super Decisions 软件进行计算。采用 Super Decisions 软件计算，首先要分析问题，建立网络关联。其次根据评价目标，对评价体系进行系统的分析，确定控制层和网络层，设计各个层次中的元素组（Cluster）和节点（Node）。最后各元素组之间和元素组内各节点、元素组与控制层之间都要进行关联操作（见图2）。[①]

---

① 郭德、梁娟红：《基于 ANP 的企业软实力评价体系研究》，《科学学与科学技术管理》2008年第7期，第184~188页。

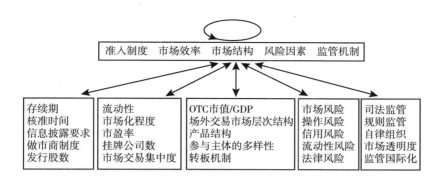

图2　网络关联

资料来源：Super Decisions。

表4　加权超矩阵得出的指标权重

存续期 0.04868	流动性 0.09219	OTC 市值/GDP 0.02476	市场风险 0.20774	司法监管 0.24275
核准时间 0.04868	市场化程度 0.22945	场外交易市场层次结构 0.22561	操作风险 0.13048	规则监管 0.11670
信息披露要求 0.25186	市盈率 0.03301	产品结构 0.05413	信用风险 0.07945	自律组织 0.07479
做市商制度 0.12116	挂牌公司数 0.05314	参与主体的多样性 0.15092	流动性风险 0.02872	市场透明度 0.04149
发行股数 0.02963	市场交易集中度 0.09219	转板机制 0.04458	法律风险 0.05362	监管国际化 0.02426

资料来源：根据 Super Decisions 结果编制。

表5　极限超矩阵得出的指标权重

存续期 0.00149	流动性 0.01222	OTC 市值/GDP 0.00562	市场风险 0.05294	司法监管 0.02227
核准时间 0.00149	市场化程度 0.03042	场外交易市场层次结构 0.05125	操作风险 0.03325	规则监管 0.01071
信息披露要求 0.00769	市盈率 0.00438	产品结构 0.01230	信用风险 0.02025	自律组织 0.00686
做市商制度 0.00370	挂牌公司数 0.00705	参与主体的多样性 0.03028	流动性风险 0.00732	市场透明度 0.00381
发行股数 0.00090	市场交易集中度 0.01220	转板机制 0.01013	法律风险 0.01367	监管国际化 0.00223

资料来源：根据 Super Decisions 结果编制。

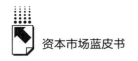

三　影响因子分析与指标评价体系的构建

从表4来看，对场外交易市场功能绩效影响程度较大的细分指标排序依次为：信息披露要求、司法监管、市场化程度、场外交易市场层次结构、市场风险、参与主体的多样性、操作风险、做市商制度、规则监管等。从表5可以看出，场外交易市场功能绩效的主要影响因子是市场风险，特别是市场风险中的价格波动风险，说明市场风险程度对场外交易市场的运行功能绩效影响程度较大。大多数投资者担心场外交易市场挂牌企业的经营业绩不稳定，管理不规范，对场外交易市场企业的投资缺乏信心，多数受访者认为场外交易市场更容易成为"圈钱"、投机性的市场。因此，如果其市场风险过大，一级市场的融资功能和二级市场的股份转让功能都将难以实现。场外交易市场层次结构、操作风险、市场化程度以及参与主体的多样性占第二到第五个席位，说明培育适宜的市场环境以及严控操作风险，在很大程度上有助于加快场外交易市场发展。建立多层次的场外交易市场是理论界和市场实践者一致的观点，由于中小微企业众多，挂牌企业的需求具有多样性，企业挂牌后其发展会出现明显的参差不齐现象，从有针对性地满足市场多样化需求和实现市场筛选孵化功能的角度讲，都需要场外交易市场实现分层。另外，分层的实现也是建立转板机制的基础性条件。法律风险、信用风险也是较为重要的影响元素，从场外交易市场的历史演进分析，场外交易市场始终面临政府清理整顿的风险，1993年以来，共经历了四次大规模清理整顿，前三次都是以"一刀切"的方式进行，存在矫枉过正问题。市场在制度探索创新过程中的政策风险一直较大。从目前的制度建设来看，2012年8月23日，中国证监会下发的《关于规范证券公司参与区域性股权交易市场的指导意见（试行）》第一次以官方文件的形式承认区域性股权交易市场是多层次资本市场的重要组成部分。场外交易市场相比场内交易市场信用风险会高很多，特别是中小企业私募债融资。因此，场外交易市场除了强调自律监管外，需要在司法监管上更严格一些，创造好的市场环境，这样才有利于场外交易市场的健康发展。此外，转板机制的构建以及做市商制度的引进，能够提高场外交易市场的流动性和稳定性，而转板机制的建立会真正提高企业以及投资人的积极性，这样也才能够完善市场的退出机制，有利于场外交易市场的长远发展。①

综合上述分析，笔者将场外交易市场发展指标评价体系构建如下（见表6），一方面为评价中国场外交易市场提供一个新的途径和指标体系，下文中尝试用该指标体系评价新三板市场近年来的发展情况；另一方面，该评价方法和指标体系也可以为今后学者们的深入研究提供一些线索。

表6　场外交易市场发展指标评价体系

重要程度次序	指标因子	评价等级设定	等级赋值参考（赋值区间：[0,100]）
1	市场风险	设定高、中、低三个等级	低：[80,100]；中：[60,80)；高：[0,60)
2	场外交易市场层次结构	设定非常合理、合理、不合理三个等级	非常合理：[80,100]；合理：[60,80)；不合理：[0,60)
3	操作风险	设定高、中、低三个等级	低：[80,100]；中：[60,80)；高：[0,60)
4	市场化程度	设定高、中、低三个等级	高：[80,100]；中：[60,80)；低：[0,60)
5	参与主体的多样性	设定强、中、弱三个等级	强：[80,100]；中：[60,80)；弱：[0,60)
6	司法监管	设定完善、一般、不完善三个等级	完善：[80,100]；一般：[60,80)；不完善：[0,60)
7	信用风险	设定高、中、低三个等级	低：[80,100]；中：[60,80)；高：[0,60)
8	法律风险	设定高、中、低三个等级	低：[80,100]；中：[60,80)；高：[0,60)
9	产品结构	设定非常合理、合理、不合理三个等级	非常合理：[80,100]；合理：[60,80)；不合理：[0,60)
10	流动性	设定高、中、低三个等级	高：[80,100]；中：[60,80)；低：[0,60)

资料来源：笔者编制。

---

① 李学峰、常培武：《基于 ANP 方法的场外交易市场运行绩效综合评价——以美国、印度、英国和台湾地区为例的比较研究》，《国际金融研究》2009 年第 12 期，第 88~93 页。

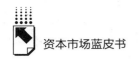

四 运用 ANP 方法对场外交易市场进行个案评价

上文通过网络层次分析法（ANP），借助 Super Decisions 软件，结合专家评议，计算出场外交易市场发展评价指标权重。下面根据 2010 年至 2015 年 5 月底新三板市场可得数据（如无特别注明，文中 2015 年数据均为截止到该年 5 月底的数据），运用综合评价数学模型将场外交易市场发展指标评价体系应用于场外交易市场发展状况评价。

综合评价的数学模型有线性加权综合模型和非线性加权综合模型，由于场外交易市场发展状况反映的是一种相互组合产生的效果，所以本文采用线性加权的综合评价数学模型：

$$y_i = \sum_j^n = w_j x_{ij} \tag{5}$$

其中，w_j 表示第 j 个指标的权重，y_i 表示第 i 个指标的综合评价值。

由于不同的指标比较的量度不同，因此在进行综合计算前必须对指标数据进行无量纲化处理：

$$x_{ij} = \frac{x_{ij} - \overline{x_j}}{s_j} \tag{6}$$

x_{ij} 是第 i 年第 j 个样本数据，$\overline{x_j}$ 是第 j 列的样本均值，s_j 是第 j 列的样本均方差。[1]

根据数据的可得性，本部分主要针对新三板市场进行评价。选取的指标有：挂牌公司数、发行股数、流动性、市盈率、OTC 市值/GDP 以及市场交易集中度（其他指标数据不可采集，所以暂未列入计算）（见表 7）。时间跨度为 2010 年至 2015 年 5 月底。其中，选取上海张江、北京中关村、天津滨海、武汉东湖以及非园区类等 5 类之和作为总的挂牌公司数的替代；发行

---

[1] 魏末梅：《企业技术创新能力评价体系与 ANP 法的研究》，重庆大学硕士学位论文，2006，第 30~37 页。

股数以截至目前挂牌公司股份总量代替；流动性以换手率均值代替，2014年之前，做市商制度还没有推出，流动性很差，只能通过协议交易，所以2014年之前取值为0；市场交易集中度指代前5%企业市值占全部企业市值的比重。①

表7　无量纲化处理后的指标数据

年份	挂牌公司数	发行股数	流动性	市盈率	OTC市值/GDP	市场交易集中度
2010	-0.50	-0.68	-0.60	-1.06	-0.53	-1.05
2011	-0.50	-0.68	-0.60	-0.33	-0.53	-0.62
2012	-0.50	-0.61	-0.60	-0.53	-0.53	-0.14
2013	-0.50	-0.54	-0.60	1.82	-0.48	-0.58
2014	-0.02	1.63	0.61	-0.23	0.10	1.58
2015	2.00	0.87	1.79	0.33	1.98	0.82

资料来源：笔者根据 Wind 资讯数据整理编制。

　　根据线性加权综合模型，我们计算出 2010～2015 年的综合评价数据（对指标权重扩大了 100 倍），如图 3 所示。

　　虽然数据不全面，但是也可以看出，2010～2015 年，新三板市场综合评价指标持续向好。从实证分析结果的表象看，2014 年之后，新三板市场在全国扩容，做市商制度实施后的短期炒作效应，以及对通过新三板市场向场内交易市场转板的预期，导致新三板市场挂牌企业呈现几何式增长趋势，市值规模快速增加，综合评价结果由负转正。根据上文的实证分析，可以预期，随着场外交易市场挂牌企业数量的不断增加，以及分层制度、转板机制的逐步建立，投资者准入门槛的降低，其综合评价结果还将会进一步的改善。特别值得指出的是，虽然新三板市场综合评价结果由负转正，但是，该部分仅采用可得的数据评价了新三板市场的发展趋势，且对权重放大了 100 倍；只有流动性指标是评价体系中权重列前 10 位的指标，市场风险、操作风险、司法监管、信用风险、法律风险、场外交易市场层

——————

　　①　数据来自 Wind 资讯，截止时间为 2015 年 5 月底。

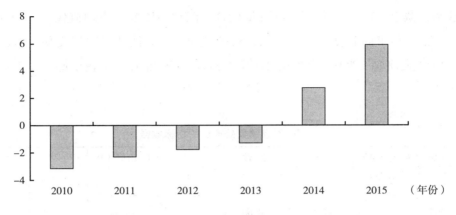

图3　2010～2015年新三板市场综合评价数据

资料来源：笔者整理。

次结构等重要制度指标元素由于近几年未发生实质变化未列入计算。制约场外交易市场功能的制度还需不断完善。

五　对完善中国场外交易市场功能的政策建议

（一）建立健全司法与自律监管规则

首先，建立和完善信息披露机制，将严格的信息披露规则上升至法律法规层面。准入制度的完备是信息披露关键点，能在源头上降低投资者风险，准入指标的设置则可从资产规模、盈利能力、成长性、所处行业、所处地域、所适用的法规、核心团队、核心技术等多个方面考虑。

其次，监管权根据重要程度逐层下放，形成法律、行政法规、地方法规相互补充的法律层级，以及综合法规和专门法规相互配套的严密多层次资本市场法律体系。场外交易市场监管体系设置不同于场内交易市场，国家监管以间接监管为主。国家主要通过对自律组织的把控来达到监管目的，赋予自律组织更多的监管自主权，自律组织具体负责对市场参与主体的监管，这样监管会更有实效性。

（二）完善场外交易市场制度

首先，完善交易制度。场外交易市场中的新三板市场于 2014 年推出做市商制度。做市商制度其有利的一面，就是能有效地提高新三板市场的流动性运作效率。具体操作上，做市商以自己拥有的资金和证券为基础，向交易双方分别报价，以防止交易一方没有交易对手导致的流动性风险。但做市商制度也有不足之处。第一，一般情况下，做市商对买方与卖方分别报价，以两者的差价作为利润，因场外交易市场参与度低，做市商报出的买卖差价高于场内交易市场的竞价方式。第二，做市商行为有隐蔽性特点，监管难度较大，导致的后果可能是做市商合谋，这样会损害投资者的利益。所以竞价交易的推出势在必行。竞价交易方式有以下两方面优势：（1）竞价交易将促进挂牌企业特别是创新、创业、成长型企业估值定价体系的形成。（2）竞价交易有利于完善场外交易市场市场化运行体系，理顺市场层次。此外，还能够提升市场的深度和广度，增强市场运行的稳定性。

其次，适时推出分层管理制度。随着场外交易市场的快速发展，挂牌企业的规模将日益扩大，预计新三板市场 2015 年底挂牌企业将突破 4000 家，场外股权交易市场挂牌企业将突破 30000 家。挂牌企业处于不同的发展时期，有的挂牌企业规模较大、营收以及利润较为可观，但更多的企业处于成长期，风险较大。如果贸然地放开场外交易市场，大量的中小投资者入场，而我国中小投资者风险意识普遍不强，这样或会导致风险事件频发，不利于场外交易市场的健康稳定发展。比较可行的做法是引入分层管理制度，针对不同风险承受能力的投资者设定差异化门槛。

最后，建立顺畅的转板机制。目前我国多层次资本市场体系内部构成已经齐备。主板市场、中小板市场、创业板市场和场外交易市场层次分明。待场外交易市场达到一定规模，各层次之间的流通难以避免。只有畅通转板机制，疏通我国资本市场各个层级之间的关系，资本的流动性带来的市场化的价值评估，才会对企业价值发现起到重要作用。

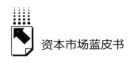
（三）进一步完善场外交易市场结构

2013 年 8 月 12 日下发的《国务院办公厅关于金融支持小微企业发展的实施意见》明确指出："在清理整顿各类交易场所基础上，将区域性股权市场纳入多层次资本市场体系，支持证券公司通过区域性股权市场为小微企业提供挂牌公司推荐、股权代理买卖等服务。"我国应对场外交易市场有效分工，建立更加合理的场外交易市场结构。我国的场外交易市场可以分为 3 个层次并行发展，以新三板市场为基础的全国性场外交易市场，以天津股权交易所为代表的场外股权交易市场以及分散在各地的产权交易市场。新三板市场主要服务全国范围内非上市公众公司。对于现有的一些场外股权交易市场，可以分为两种情况，天津等地起步较早、发展较快、具有较大影响力的市场应逐步突破场外交易市场的区域性限制，服务全国性非上市非公众公司；其他小型的场外股权交易市场主要服务本省区范围内的非上市非公众小微型企业。各地的产权市场主要服务非上市国有企业。通过上述层次设计和分工，场外交易市场既可以满足不同发展阶段的企业投融资需求，又可以平衡和保护地方利益，地方政府可以在区域性场外交易市场发挥自己的作用，培育、孵化地方优质企业，并向高层次资本市场输送，以此促进地方资本市场和全国性资本市场共同发展。

参考文献

[1] 张楠、王晓丹：《对我国场外交易市场发展现状的分析》，《企业改革与管理》2014 年第 11 期。
[2] 刘东兴：《我国场外交易市场发展模式研究》，首都经贸大学硕士学位论文，2013。
[3] 张玉红：《我国场外股权交易市场现状及立法建议》，山东大学硕士学位论文，2014。
[4] 孟勤国、刘俊红：《美国场外交易市场监管模式及对中国的启示》，《社会科学

家》2014 年第 9 期。

［5］赵国杰、邢小强：《ANP 法评价区域科技实力的理论与实证分析》，《系统工程理论与实践》2004 年第 5 期。

［6］郭德、梁娟红：《基于 ANP 的企业软实力评价体系研究》，《科学学与科学技术管理》2008 年第 7 期。

［7］李雪峰、常培武：《基于 ANP 方法的场外交易市场运行绩效综合评价——以美国、印度、英国和台湾地区为例的比较研究》，《国际金融研究》2009 年第 12 期。

［8］惠建军、吴玉新：《资本市场对科技型中小企业发展的贡献度分析》，载《中国场外交易市场发展报告（2013 ~ 2014)》，社会科学文献出版社，2014。

监管服务篇

Supervision Service Papers

B.10

区域性股权交易市场监管现状
思考与监管框架研究

董瑞华*

摘　要：　监管是区域性股权交易市场健康发展的保障，为区域性股权
交易市场的发展提供了合法性基础，有利于树立区域性股权
交易市场的形象与建立信用，为业务创新提供了合法依据，
也是真正纳入多层次资本市场体系的需要。目前区域性股权
交易市场主要由地方政府进行监管，由于缺乏监管经验与监
管能力，监管流于形式化。本文认为，应将区域性股权交易
市场纳入中国证监会的统一监管，在中国证监会指导下由中
国证券业协会对区域性股权交易市场实施自律管理。本文探
讨了区域性股权交易市场的监管框架，包括监管主体、监管

---

　*　董瑞华，经济学博士，渤海证券股份有限公司场外市场业务总部。

原则、监管方式、监管职责、监管分工、监管内容、监管措施，以及区域性股权交易市场的自我管理。

关键词： 区域性股权交易市场　监管现状　监管框架

一　监管必要性：为创新提供合法性基础

长期以来，我国只有公开市场没有私募市场，私募融资是企业的自组织行为，而私募投资则是投资机构的自组织行为，股权私募业务以个体行为的形式存在于每个企业和每个投资机构，而其他债权形式的私募融资则是直接被禁止的，企业之间拆借资金的合法性得不到保证。原有的与金融市场相关的法律法规也未对私募融资活动做出规定。

区域性股权交易市场发端于地方省市，由于其私募性、非公开性与区域性的特点，监管部门未对其进行直接监管，地方政府的管理也仅限于市场建设过程中的支持和引导，并未对其业务进行管理。区域性股权交易市场从一开始就是一个自我管理的市场，凭着市场管理者自身的理解来对市场活动进行组织和管理。对于区域性股权交易市场，针对其私募性、非公开性与区域性的特点，要不要监管以及如何监管都是一个需要思考和探索的问题。

通过对区域性股权交易市场发展经验的总结和反思，以及考察借鉴国外经验，对区域性股权交易市场进行监管，纳入证券行业的统一监管之中已经成为必然的发展趋势，而监管不仅是维持市场秩序、保护投资者合法权益的需要，也是区域性股权交易市场自身创新发展的需要。

1. 统一监管是保障合法地位和树立市场形象的需要

国家政策已经明确将区域性股权交易市场纳入多层次资本市场体系，而区域性股权交易市场的资本市场属性仍未得到社会的普遍认同，其发挥的功能同资本市场也相距甚远。社会认同的缺乏是区域性股权交易市场发展的重要障碍。

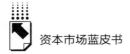

长期以来，我国对金融市场采取了严格的金融管制，通过行政审批方式对金融机构和金融业务进行严格控制，并严厉打击未经批准的金融业务活动及金融机构，形成了独特的金融市场文化和市场氛围，即只有经过行政审批和许可的金融机构和金融业务才是合法的，除此之外的金融机构和金融业务都存在较高的非合法性和政策风险，导致市场不敢接纳和参与此类业务。即使不违法，甚至是合法的，只要未经主管部门正式批准，都难以取得市场的信任。

目前我国正在加快推进金融市场开放，取消了一系列行政审批事项，一方面放松了设立金融机构的管制，将部分金融业务权限下放给市场中的机构，如民营银行、小贷公司等取得了放贷等部分银行业务资格，私募基金取得了资产管理业务牌照，投资咨询机构也即将取得新三板市场挂牌推荐业务资格；另一方面取消了私募类业务的行政许可事项，采取事后备案和监管制度。此外，如银行业对网络贷款采取了宽容和认可态度，证券行业对所有私募业务采取了事后备案制。

基于金融管制的放松，区域性股权交易市场的合法性已毋庸置疑，但传统的以行政审批和行政许可为主要手段的严格管制所带来的金融市场氛围仍然未能完全改观，在国家政策文件和部门规章中通过只字片语确定的区域性股权交易市场的合法性，以及其作为多层次资本市场组成部分的地位，都对树立区域性股权交易市场的资本市场形象助益无多，这也是区域性股权交易市场的社会认可和重视程度不够的重要原因。

因此，一方面应将区域性股权交易市场纳入证券行业的监管体系，另一方面，中国证监会应当制定和发布专门的"区域性股权交易市场管理办法"，对区域性股权交易市场的定位、市场的基本制度要求、市场的业务规范、监管主体与监管要求、禁止性事项进行界定。

2. 统一监管为市场和业务创新提供合法性依据

区域性股权交易市场作为私募类的场外交易市场，仅仅搭建一个股权挂牌和转让的中立性平台已不足以支撑其未来发展，区域性股权交易市场必须提供灵活、多样的差异化服务，与新三板市场错位发展。无论是股权挂牌转让业务还是私募债券等其他私募业务，都需要进行创新。此外，即使采取了传统的债券发行流程与架构，多数区域性股权交易市场也引入了新的机构参与业务，如担任承销机构的不再是证券公司，而是银行、信托、投资公司等其他金融或准金融机构。

目前区域性股权交易市场的业务创新面临着合法性的困境，在《公司法》《证券法》层面上基本遵循了主要规定，坚守了私募的底线，但除此之外，其业务开展模式与传统金融机构非常不同，与监管部门的规章、制度和业务指引不完全符合。由此给区域性股权交易市场的业务创新带来了合规性和政策性风险，而在谨慎从业的惯性思维下，证券公司等传统金融机构很难参与其中，从而阻碍了区域性股权交易市场的业务创新与创新业务的规模化发展。

将区域性股权交易市场纳入中国证监会的统一监管，安排自律组织作为主要监管主体，制定和发布相关的自律规则，能更好地引导区域性股权交易市场合法合规、有理有据地进行业务创新，也有利于创新业务实现规模化发展，更好地提供金融服务和为实体经济提供金融支持。

3. 统一监管是业务接入多层次资本市场体系的需要

目前我国资本市场的管制在放松，但国家资本市场发展战略仍然要靠行业主管部门推进、指导，并做出安排和加以落实，这种政策资源，只有纳入行业主管部门的统一监管中才能享受到。

区域性股权交易市场由于其地方发起和地方管理特点，导致在政策上与监管部门主导的多层次资本市场体系建设相互脱节，在政策制定和资源分配过程中，区域性股权交易市场很容易被排除在外，形成合法却游离于正规资本市场体系之外的尴尬局面。

因此，只有将区域性股权交易市场纳入中国证监会的统一监管，其才能受到重视和公平对待，才能在监管部门主导的资本市场改革发展中成为重要一部分，才能争取到更多的监管资源和政策资源，才能与股转系统、沪深交易所建立协同发展机制，跟上多层次资本市场发展的步伐，踏上金融改革创新的列车。

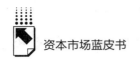

二 区域性股权交易市场监管现状与思考

1. 区域性股权交易市场的现有监管安排

关于区域性股权交易市场的监管，目前可供参照的主要有三个文件，即《国务院关于清理整顿各类交易场所 切实防范金融风险的决定》（国发〔2011〕38 号文，以下简称国发 38 号文）、《国务院办公厅关于清理整顿各类交易场所的实施意见》（国办发〔2012〕37 号文，以下简称国办 37 号文）和《关于规范证券公司参与区域性股权交易市场的指导意见（试行）》（证监发〔2012〕20 号文，以下简称证监会 20 号文）。其中，国发 38 号文明确提出，"对经国务院或国务院金融管理部门批准设立从事金融产品交易的交易场所，由国务院金融管理部门负责日常监管。其他交易场所均由省级人民政府按照属地管理原则负责监管，并切实做好统计监测、违规处理和风险处置工作"；国办 37 号文和证监会 20 号文延续并重申了这一要求。

根据国发 38 号文、国办 37 号文和证监会 20 号文精神，区域性股权交易市场由省级政府批准设立，当前在管理机制上分为以下四个层次。

一是区域性股权交易市场由各地省级政府批准设立并负责监管，对于确有必要设立分支机构的，应当分别经该交易所所在地省级人民政府及拟设分支机构所在地省级人民政府批准，并按照属地监管原则，由相应省级人民政府负责监管。

二是区域性股权交易市场经营管理机构负责市场管理，需建立健全管理制度和业务规则并规范日常管理。

三是中国证监会及其派出机构依据国发 38 号文、国办 37 号文及相关配套政策为区域性股权交易市场提供业务指导和服务。

四是中国证券业协会对参与区域性股权交易市场的证券公司进行自律管理。

2. 监管现状反思：监管主体不明确，监管流于形式化

对区域性股权交易市场的监管缺失表现在中央、地方与交易所三个层

面：国家政策未对区域性股权交易市场的监管机制做出具体安排，国家有关部门也未对区域性股权交易市场进行监管；地方监管主体不明确，监管制度缺乏，监管流于形式化；交易所风险意识不强，自律机制缺乏。

（1）监管主体不明确

在国家相关政策中，并未明确区域性股权交易市场的监管主体。中央监管机构与地方政府在监管责任归属上存在认知冲突。监管责任归属的认知冲突一定程度上导致了监管相对缺位：地方政府缺乏监管资源、监管能力与监管经验，而行业主管部门理所当然地认为区域性股权交易市场的监管主体是地方政府，地方政府难以取得监管部门支持、指导与配合。

（2）监管规则未出台，监管无法可依、无章可循

有效监管活动必须基于科学的制度规则，监管制度规则是监管活动的依据，一方面监管制度赋予监管主体的监管活动以合理性与有效性，只有经过授权的监管行为才能得到有效实施，才能得到区域性股权交易市场的配合与执行；另一方面，监管规则使监管活动具有针对性，可以提高监管的效率与效果。

各省市虽然赋予金融管理部门对区域性股权交易市场进行监管的责任，但却未以正式文件形式明确其监管职能与权力，且无论是政府还是金融管理部门，皆没有研究并出台相关监管制度规则。监管制度规则的缺位，其原因除了监管意识与监管思路的模糊化之外，还在于区域性股权交易市场的监管缺乏相应的参照体系。

（3）监管流于形式化

监管资源匮乏，监管流于形式化。金融管理部门作为地方政府确定的监管部门，在对区域性股权交易市场进行监管过程中，表现出若干不足之处：第一，由于缺乏监管经验、监管能力与监管资源，金融管理部门缺乏积极参与区域性股权交易市场监管的积极性；第二，金融管理部门监管人员配备不足，缺乏监管经验与监管能力，导致金融管理部门对区域性股权交易市场的监管流于形式化。

监管资源约束导致监管工作很难深入，无法做到对各个区域性股权交易市场发展动态、业务活动的实时监控，无法系统开展对区域性股权交易市场

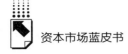

的专项检查、监督，监管机构在区域性股权交易市场业务活动的各个关键环节参与程度较低。

（4）市场自我管理能力不足

在发展初期，区域性股权交易市场面临许多不确定因素以及由此带来的高创新风险，同时受到资金、人才以及软硬件设施的约束，市场运作管理存在不足。与此同时，区域性股权交易市场存在重业务发展、轻风险防范的问题。原因有二：第一，在发展初期，区域性股权交易市场面临的首要问题是生存问题，市场认知度低，业务模式、市场能力不确定，建设者集中关注解决的问题是如何挖掘市场需求，调动参与者积极性，使其成功立足于资本市场；第二，对风险估计、认识不足，由于初期业务量较小，因而对潜在市场风险估计、认知不足。

三　区域性股权交易市场监管框架

1. 纳入中国证监会统一监管，明确监管主体

区域性股权交易市场是多层次资本市场的重要组成部分，作为场外交易市场的重要形态，理应由中国证监会进行统一监管。由地方政府进行监管是清理整顿过程中的过渡性安排，在地方性交易场所清理整顿过程中，由于各地情况千差万别，而清理对象又分属不同领域，行业主管部门归属不清，而且多数由地方政府批准设立，所以，在清理整顿过程中采取了按区域清理，并由地方政府负责清理整顿，多部委联合验收的方式。

实际上，将金融市场交由地方政府管理与我国金融监管体系架构不符。地方政府缺乏监管的经验与能力，而由中国证监会对其进行指导理论上具有可行性，但实际操作过程中困难重重，相互关系无法理顺。地方政府由于其行政地位与地方利益，不可能听从中国证监会的安排，按中国证监会的要求实施监管活动，中国证监会对地方政府也无监管领导权限。此种安排必然导致监管上的混乱，各地由于地方利益原因和监管能力的不足，只能凭自己的理解去管理市场，不同区域无法实现监管上的统一。

因此，规范区域性股权交易市场的监管，首要任务便是将其纳入中国证监会的统一监管，明确监管主体，由中国证监会指导中国证券业协会，对区域性股权交易市场进行自律管理。

2. 明确监管原则与监管方式

作为私募类市场，区域性股权交易市场采取备案制监管符合国家相关政策的要求。2014年5月8日，国务院发布的《关于进一步促进资本市场健康发展的若干意见》，其中专门章节明确提出"培育私募市场"，建立健全私募发行制度，在监管方面着重强调了几点：第一是对私募发行不设行政审批；第二是规范募集行为，实施合格投资者制度，重视信息披露；第三是发挥中介机构和市场组织作用，强化事中事后监管；第四是注重风险控制与自律管理，对私募市场进行统一监测。

据此精神，在监管方式上，区域性股权交易市场作为私募类市场，应遵循以下基本原则。

第一，采取备案制管理。监管部门明确备案要求与备案方式，区域性股权交易市场发行的产品在发行完毕或挂牌后按照监管要求到监管部门办理备案手续即可。

第二，私募市场监管的核心要求，是不得突破法定人数，实施合格投资者制度与适当的信息披露制度。人数限制和合格投资者制度是私募发行的核心要求与关键要素，私募首先和必须是面向不超过法定人数的特定投资者的发行。信息披露制度是证券市场的基本制度，虽然私募发行不需要建立像公开发行一样的信息披露制度，但面向特定合格投资者的发行也必须保证投资者充分了解所投资产品的特性和风险收益特征。

第三，中介机构和市场组织者是私募活动的直接监管者，在监管部门的指导下，根据法律、法规和行业规范要求监督、管理私募活动。对于区域性股权交易市场来说，其本身便是市场活动的直接组织者，在监管方面有其天然的优势，但是，这种自组织监管必须在统一的指导和监督下进行，不能随意制定规则和任意发挥地进行自我管理。

第四，监管部门应建立统一的监测系统，对区域性股权交易市场进行数

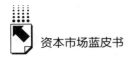

据监测，以便进行风险控制和自律管理。

通过以上分析，总结出区域性股权交易市场监管的基本原则是：监管主体上，以自律监管为主，在中国证监会指导下，行业自律组织是主要的监管主体，并更多地通过对中介机构、市场组织者的监管进行间接监管；在监管方式上，自律组织采取备案制监管和信息监测，中介机构和市场组织者负责事中事后监管。

3. 厘清监管职责与监管分工

由于采取自律为主的间接监管方式，对区域性股权交易市场而言，中国证监会监管的对象是自律组织，对其进行指导和再监管，是最终的监管者；自律组织监管的对象是区域性股权交易市场，这也符合其会员组成的协会的身份，通过对会员的监管来监管证券活动；区域性股权交易市场作为直接监管者，其监管对象是融资者、投资者和其他市场参与者及其业务活动。不同监管参与主体的分工如表 1 所示。

表 1   不同监管主体监管责任分工

监管主体	监管形式	监管分工
中国证监会	最终监管	监管立法：明确区域性股权交易市场的监管原则与监管要求； 再监管：监督行业协会对区域性股权交易市场的监管； 制定发展政策：明确区域性股权交易市场发展的政策、法律界限； 指导自律监管：指导行业协会建立合理的监管体系和制定规则
行业协会	自律监管	自律规则制定：制定区域性股权交易市场的自律监管制度，明确监管主体、监管内容、监管形式、监管措施； 备案管理：对区域性股权交易市场、相关业务活动与重要事项进行备案监管； 信息监测：对区域性股权交易市场的业务活动进行实时的监测统计
区域性股权交易市场	直接监管	完善业务模式与制度规则以控制业务风险； 制定市场规则，对参与市场的各类主体进行监管； 设立独立的市场管理部门，对业务活动与市场交易进行实时监控、分析

4. 廓清监管内容与监管措施

为完善监管制度，中国证券业协会应研究对区域性股权交易市场的监管模式、监管内容与监管措施，在此基础上，制定对区域性股权交易市场的监管规则，明确监管内容、监管方式与监管措施。

对区域性股权交易市场监管至少应包含以下内容：

市场设立与持续管理。对区域性股权交易市场的基本信息、资本实力、治理结构、人员团队、业务类型、运作模式、业务制度、技术系统等进行初次备案和变更备案管理。

产品创设管理。对区域性股权交易市场的产品创设进行备案管理，包括产品基本信息、产品说明书、产品合同、投资者情况等信息的备案。

业务开展管理。要求区域性股权交易市场按月报送业务开展情况报告，内容包括挂牌、融资、交易等业务数据，中介机构、投资者数量等市场参与者信息。

交易所市场管理。通过定期报告和临时报告形式，要求区域性股权交易市场定期报送市场发展报告，及时报告重大事项，对交易所的管理活动与业务活动进行监督，维护公开、公平、公正的市场环境。

统一登记清算。逐步建立统一的产品登记与交易清算系统，为区域性股权交易市场提供统一的登记、清算服务。

统一信息披露平台。建立行业统一的信息披露平台，统一信息披露的格式与内容要求。

建立信用记录系统。对区域性股权交易市场、挂牌企业、投资者以及其他市场参与主体建立信用档案，进行信用信息的公示。

5. 区域性股权交易市场加强自我管理

区域性股权交易市场是交易平台的直接管理者，应在强化其风险防范意识基础上，完善治理结构、业务模式、制度规则以及软件硬件设施，强化市场监管、规范信息披露、健全风险应对机制，以有效控制、及时应对市场发展过程中的突发风险。

完善交易所治理结构，健全交易所内控制度，规范交易所决策程序，维护市场规范经营，防止私人利益、局部利益干扰市场发展方向，造成经营行为短期化，过度追求经济利益。

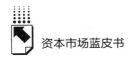

完善业务模式，严格市场准入，严守私募发行与非公开交易的底线，严格遵守和实施合格投资者制度。

完善交易所监管制度，增强监管力量，提升监管功能，强化业务监管、交易监管，规范市场参与主体业务活动；实行严格信息披露制度，维护市场公开、透明秩序。

完善交易系统软硬件设施，定期对交易系统进行安全性测试，保证客户财产与资金安全，防止网络黑客利用网络技术扰乱市场秩序，侵害投资者利益；做好托管数据、交易数据备份保存，防止系统意外损坏造成数据丢失或混乱，给客户造成损失。

建立投诉制度与纠纷处理机制，及时处理投资者投诉事件，妥善解决投资者提出的问题，化解投资者纠纷，防止投资者不满意见从程度上扩展，由小事件演变为大事件，给交易所带来负面影响。

四　结语

区域性股权交易市场的发展离不开监管的规范，监管不是为区域性股权交易市场建立条条框框和僵硬的规矩，而是为了保障区域性股权交易市场发展的健康方向。监管不会成为区域性股权交易市场发展的障碍和阻力，反而有利于保障其合法地位，有利于树立其真正的资本市场形象，有利于为市场的创新和探索提供合法依据，也有利于区域性股权交易市场真正纳入多层次资本市场体系，使股权交易市场真正进入资本市场建设的国家战略。

区域性股权交易市场由地方政府进行监管，由于地方政府及相关部门缺少资本市场的监管思路、监管资源、监管能力与监管经验，区域性股权交易市场的监管基本上处于缺位状态，监管流于形式化，无法为区域性股权交易市场的发展提供足够的监管和政策支持。

区域性股权交易市场是多层次资本市场的重要组成部分，作为场外交易市场的重要形态，理应由中国证监会进行统一监管。由地方政府进行监管是清理整顿过程中的过渡性安排，实际上与我国金融监管体系架构不符。地方政府缺乏监管的经验与能力，而由中国证监会对其进行指导在实际操作过程中又无法理顺相互关系。

本文认为，应将区域性股权交易市场纳入中国证监会的统一监管，在中国证监会指导下由中国证券业协会对区域性股权交易市场实施自律管理。本文探讨了区域性股权交易市场的监管框架，包括监管主体、监管原则、监管方式、监管职责、监管分工、监管内容、监管措施，以及区域性股权交易市场的自我管理。

参考文献

［1］《关于规范证券公司参与区域性股权交易市场的指导意见（试行）》，http：//www. csrc. gov. cn，2012 年 8 月 23 日。

［2］《国务院关于清理整顿各类交易场所，切实防范金融风险的决定》（国发〔2011〕38 号文），http：//www. gov. cn，2011 年 11 月 24 日。

［3］《国务院办公厅关于清理整顿各类交易场所的实施意见》，http：//www. gov. cn，2012 年 7 月 20 日。

［4］《国务院关于进一步促进资本市场健康发展的若干意见》，http：//www. gov. cn，2014 年 5 月 9 日。

［5］赵光明：《私募股权二级市场相关问题探讨》，《财经视线》2010 年第 27 期。

B.11

境外场外交易市场信息披露制度比较及对中国的启示[*]

高晓燕 刘 川 王二娇[**]

摘 要: 目前,我国场外交易市场发展较快,新三板市场和各地股权交易市场的挂牌企业迅速增加。虽然进展趋势可喜,但是目前我国场外交易市场发展仍处于初级阶段,在各种规则的制定和规范上还存在诸多问题,其中信息披露制度的完善一直是规则构建中的重要问题。境外美国、中国台湾场外交易市场起步较早,发展较为成熟,为我国大陆场外交易市场信息披露制度建设提供了值得借鉴的宝贵经验。为进一步完善我国场外交易市场信息披露制度,需要结合我国的情况在监管体系构建、信息披露方式和信息披露标准等方面加以改进。

关键词: 场外交易市场 信息披露制度 信息披露监管体系

信息披露制度在整个资本市场中是极为重要的一项信息公开制度。按照信息熵理论与现代博弈论理论的解释,信息的充分性关系到市场参与者能否

---

[*] 国家社科基金项目(项目编号:13BJY172):《城镇化进程中县域经济与县域金融服务协同发展研究》。
天津市教委高等学校创新团队(项目编号:TD12-5055):《小微企业的创新发展机制及国际比较研究》。

[**] 高晓燕,经济学博士,天津财经大学经济学院金融系教授,硕士生导师;刘川,天津财经大学商学院硕士研究生;王二娇,天津财经大学金融系硕士研究生。

正确认识现状并做出正确决策，预防逆向选择和道德风险。从信息的角度来讲，资本市场的运行过程是一个循环的信息处理过程，信息披露制度在整个资本市场的正常运行过程中对信息的正确传播异常重要，因而国内外资本市场为了完善信息披露制度做了诸多工作。场外交易市场本身具有其特殊性，与主板市场相比，场外交易市场主要是为不能达到主板市场和创业板市场上市要求的公司提供融资服务，促进中小企业甚至是微型企业的发展。而信息披露会产生一系列成本，因此在信息披露制度的设立上就会出现一个度的问题，即信息披露成本在公司的可接受范围之内。另外，场外交易市场中的公司发展水平差距很大，横跨中小微三种公司。如何建立一个能适应场外交易市场挂牌上市公司水平要求的信息披露制度是场外交易市场监管必须解决的问题。

一　研究现状评述

境外对信息披露制度的研究由来已久，在这方面从理论到实践有相对完备的体系。早在1964年斯蒂格勒通过投机分析，认为强制性信息披露不能很好地提高资本市场的运作效率。1970年，美国经济学家法玛提出了有效市场假说，法玛在《有效资本市场：对理论和实证工作的评价》中提出证券价格对于市场上的各种信息进行反映的几种形式，指出了信息披露和证券价格之间的相关关系。有效市场假说的出现极大地冲击了强制性信息披露制度。在这之后的十余年中信息披露中自愿性信息披露逐渐成为美国乃至世界资本市场中信息披露的新潮流。

国内也从多角度对信息披露制度进行了研究，但是相对境外来讲起步较晚。从研究资本市场运行过程中的信息结构角度，包建祥[①]（1999）分析了股票市场最基本的组成因素——信息和信息结构。通过分析股票市场的运行机制和经济功能，他认为股票市场的内核是信息，并论述了股票市场的信息

[①]　包建祥：《股票市场信息与信息结构初探》，《经济科学》1999年第4期，第59~63页。

结构——披露信息和反映信息。他进一步认为发展股票市场这一信息市场，只能从信息披露入手，以达到有效地反映信息，实现股票市场的信息功能。马广奇①（2008）认为，现代资本市场中市场参与者既是信息需求者，同时又是信息供给者。资本市场信息运行系统是由信息供给、信息需求、信息传播与交流等组成的有机系统。而信息需求和信息供给主体行为存在大量不规范现象，从而对我国资本市场发展造成不利影响。李兆军②（2008）将中国资本市场与成熟资本市场进行对比，认为中国资本市场中小投资者占比明显高于其他市场，信息披露制度不健全使中小投资者只能跟从大型机构投资者从而增加了资本市场的不确定性。王亚平、刘慧龙和吴联生③（2009）运用中国股票市场的数据，研究了股价同步性与信息透明度之间的关系，以及机构投资者持股比例对这种关系的影响，说明信息披露的充分性对于资本市场股票价值的影响程度。他们重点研究信息在资本市场的运行过程中起什么作用，从信息对于股价的影响等方面间接地论证了信息披露制度完善对于资本市场的重要性。

在场外交易市场信息披露制度的研究方面，李国运④（2007）认为美国资本市场信息披露监管体系由严密完善的法律制度、严谨详尽的披露规则以及严厉明确的处罚措施所构建，这是美国资本市场发展的重要保障。徐求⑤（2008）采取点对点的方式通过研究美国 OTCBB 的信息披露制度，提出了我国三板市场信息制度的构建设想。祝丽娟⑥（2011）通过比较全面地介绍美国、日本等国的场外交易市场信息披露制度，为我国构建全国统一的场外

---

① 马广奇：《现代资本市场信息系统分析——兼论我国资本市场信息系统存在的问题》，《深圳大学学报》2008 年第 9 期，第 79～83 页。

② 李兆军：《资本市场信息空间的路径选择》，天津财经大学博士学位论文，2008 年。

③ 王亚平、刘慧龙、吴联生：《信息透明度、机构投资者与股价同步性》，《金融研究》2009 年第 12 期，第 162～174 页。

④ 李国运：《美国资本市场信息披露制度监管体系研究》，《财会通讯》2007 年第 6 期，第 22～27 页。

⑤ 徐求：《OTCBB 信息披露制度研究及对我国三板市场之启示》，上海交通大学硕士学位论文，2008 年。

⑥ 祝丽娟：《证券场外交易市场信息披露制度研究》，华东师范大学硕士学位论文，2011 年。

交易市场提出了信息披露制度方面的建议。宁超[①]（2013）从产权交易所的角度详细介绍和论述了我国场外交易市场信息披露制度现状，并提出了优化我国场外交易市场信息披露制度的建议。

从自愿性信息披露的角度，陆钦和檀叙[②]（2008）阐述了通过设定一系列的约束条件，可以改善在自愿披露中公司不愿披露"坏消息"只愿披露"好消息"的情况。加强自愿性信息披露有利于提高监督效率，降低监督成本，扩展监督覆盖面。李卓松[③]（2014）对公司网站与上市公司自愿性信息披露的相关性进行了研究，选取相应指标进行了定量分析。孟勤国和刘俊红[④]（2014）研究了在美国证券交易委员会统一管理下以自律为主、多主体共同参与的监管模式，认为我国应该借鉴此模式用以完善我国的场外交易市场监督体系。

以上研究成果发现了我国场外交易市场信息披露制度建设中存在的不足，并且认为我国应该借鉴典型的场外交易市场信息披露制度发展经验，用以完善我国的信息披露制度，构建一个符合我国实际情况的场外交易市场，完善与之相配套的信息披露制度。但是国内相对于主板市场与创业板市场的研究，对于场外交易市场的研究并非很完善，诸多领域还有待深入。首先，我国在研究场外交易市场之前必须要对其有明确的功能定位，即场外交易市场在我国资本市场中的作用是什么，只有在确定了功能定位后才能完成对于监管的顶层设计，在这方面我国鲜有成果。其次，对于场外交易市场的信息披露制度缺少挖掘其特殊性的研究。场外交易市场明显有别于场内交易市场，因此在研究其信息披露制度时必须在尊重其特点的基础上展开。最后，

---

① 宁超：《产权交易市场中股权交易信息披露问题研究》，太原理工大学硕士学位论文，2013年。

② 陆钦、檀叙：《上市公司主动信息披露行为的博弈分析》，《金融论坛》2008年第9期，第51~55页。

③ 李卓松：《公司网站自愿性信息披露评价量表的构建与应用》，首都经济贸易大学硕士学位论文，2014年。

④ 孟勤国、刘俊红：《美国场外交易市场监管模式对中国的启示》，《社会科学家》2014年第9期、第101~105页。

我国对于其他典型场外交易市场的研究也比较少，而且缺少对最新制度的分析研究，因此本文研究境外典型场外交易市场信息披露制度，以期为我国场外交易市场信息披露制度提供有益的政策建议。

二 场外交易市场信息披露制度建设的理论分析

（一）信息披露制度建设的理论依据

信息披露制度建立在有效市场理论的基础上，有效市场假说是关于资本市场价格在何种程度，以何种速度反映信息的假说。资本市场有效性与两个因素有关，第一是信息获取量，第二是信息传播的迅速程度与有效信息的获取速度。有效信息的获取速度会反映在证券的价格上。根据证券价格对有效信息的反应速度可以将资本市场分为三类：弱势有效市场、半强势有效市场和强势有效市场。

另外，根据信息经济学中的委托代理理论，投资者是委托人，公司经营者为代理人。代理人处于信息优势地位而委托人处于信息劣势地位。在这种情况下，由于信息不对称容易出现逆向选择，因此会影响投资人对于公司的投资意愿。为了预防这种情况，监管机构会根据投资者所必需的信息来规定强制信息披露内容，上市公司也可根据自身情况自愿披露信息。这样可以大幅减少信息不对称的发生，加强监管，以此吸引投资者的投资。

（二）场外交易市场的信息披露类型

从信息披露的阶段来分类，信息披露制度分为初次信息披露和持续性的信息披露。从信息租金理论来讲，信息披露分为强制性信息披露和自愿性信息披露。信息租金理论将信息的租金分为直接信息租金和间接信息租金两类。直接信息租金指投资者利用信息能够直接获得的利益，间接信息租金指经营者利用信息披露能够提升的自身价值，或是由于信息披露可以为公司减少的被低估的价值。对直接信息租金的追求导致投资者对于信息的需求，因而，为了投资者的利益乃至社会总体的福利，政府（或是资本市场监督机构）需要介入信息披露，形成强制性信息披露。而对于间接信息租金的追求诱导经营者主动披露自身信息，形成自愿性信息披露。

三 境外场外交易市场信息披露制度建设的经验

（一）美国 OTCBB 市场信息披露制度

目前，在美国资本市场 OTCBB 与全国性交易所上市的公司都属于公众公司，因此都会受《证券法》的规制，所需要披露的内容要求基本一致。

1. OTCBB 的发行信息披露

依据美国《证券法》（1993 年版），发行公司需要向美国证券交易委员会注册并披露信息。美国证券交易委员会以表格的方式将需披露信息格式化（Form S–1），即强制性要求公众公司公开首次发行的信息。强制披露的信息分为两部分：一部分是招股说明书，主要包括：招股说明书摘要；固定费用的收益率；公司经营的风险因素；本次发行收益、定价、具体计划、证券的客观描述；股份稀释度、中介机构利害关系声明、发行人的行业客观描述、股价和分红情况；公司财产状况；涉诉事项；股东情况；财务报告；简单财务数据；管理层讨论与分析；补充性财务信息；市场风险分析；董事和高管个人信息；管理层薪酬；公司治理情况；大股东持股状况；会计师变更说明；管理层持股状况；关联交易；发起人和实际控制人。另一部分是技术信息，主要包括发行费用、对管理层和董事的赔偿、非注册证券的发售情况、财务报表、承诺及签名等。

2. OTCBB 的持续性信息披露

①特殊公司的处理方法

根据《证券法》和《证券交易法》的相关规定，有两类特殊公司需要履行持续性信息披露义务。一类是适用于 1936 年《证券法》的 15d 公司，即公开发行并向美国证券交易委员注册的公众公司，另一类是适用于1964年《证券法》修正案的12g公司，即公开发行证券但能够向美国证券交易委员会获取豁免注册机会，或者没有公开发行证券，但其规模达到资产总额超过1000万美元且股东人数超过500名的非上市公众公司。

15d与12g公司的持续信息披露内容，首先是公司需定期向美国证券交易委员会提交公司相关信息，需要正确而及时地反映公司的经营状况。这一部分也符合美国资本市场监管的惯例，即使用标准化表格进行披露。如年度报表10-K、季度报表10-Q和上市公开发行信息披露内容（Form S-1）基本一致，这些规范化表格也都是不断调整完善的。

比较有代表性的例子就是重大事件报告表8-K。表8-K披露内容包括9个部分：上市公司的业务和经营活动；财务信息；证券和交易市场；与会计和财务报表相关事宜；公司管治和管理；资产证券化；FD规则（公平信息披露规则）；其他事项；财务报表和摘要。2004年，美国证券交易委员对表8-K进行了修改，增加了9项披露条款，包括最近达成的重要协议，终止的重要协议；发生重大的直接金融负债或通过资产负债表外安排的重大负债；促进或减少重大的直接金融负债或通过资产负债表外安排的重大负债的诱导事项（第二部分新加）；资产处置重大成本；发生重大减值；上市公告或者不能满足继续上市的规则或准则的公告，转板；不依赖之前出具的财务报表或相应的审计报告或完整的审核，之后又对其进行了增加，关闭或违法行为报告；提交关系到证券持有者的投票表决；股东董事提名。

②其他公司持续性信息披露

1999年之前，大多数普通的OTCBB挂牌公司无须向美国证券交易委员会履行信息披露义务，只需向证券公司提供最近的财务状况即可。1999年之后，由于几件欺诈案的发生，所有在OTCBB挂牌的公司须定期向美国证券交易委员会等机构提交最新财务信息，定期报告的频率以一季度为单位，这对于OTCBB信息披露的时效性有很大的提高，负责审计的会计师事务所也是由美国证券交易委员会指定的，当然结果也是显而易见的，信息披露的成本有了很大提升，这也成为OTCBB公司大量转入OTC Markets的一个重要原因。

在具体相关操作方面，若 OTCBB 内公司没有依照规定按时提交相关信息，那么公司的股票代码前会添加前缀 E，这是非常明显的标记。如果提交的信息有违规行为，则需要在报告提交之日起的 60 天内进行修正，否则挂牌公司会被停止报价。为了提高信息披露的时效性，美国金融业监管局（FINRA）还制定了相关惩治办法——挂牌公司在 2 年内存在 3 次未在规定的时间提交完整的信息披露报告，或在 2 年内因 2 次未提交报告被除名的，将丧失在 OTCBB 市场报价的资格。

在 OTCBB 挂牌需要接受的是强制性信息披露制度，披露相关信息是义务。这也说明信息披露制度在场外交易市场中的重要性。信息披露制度是事关场外交易市场公平有效的一个重要制度。

（二）美国 OTC Markets 信息披露制度

在 OTC Markets 这一级场外市场中，并未实行强制性信息披露制度，既无须向美国证券交易委员会注册，也无须定期向美国证券交易委员会注册提交材料说明财务状况，或是重大临时事件。

在 OTC Markets 中主要依靠做市商制度来披露信息，即券商有义务保证发行人提供合理适时的披露信息。OTC Markets 为了更好地完善信息自愿披露制度，专门制定了《充分信息披露指引》，以格式化标准规范公司的信息披露。对于并未向美国证券交易委员会进行申报的公司，需要其以 XBRL 格式向 EDGAR Online 在线申报自愿披露的信息，对于向美国证券交易委员会进行申报的公司需要其依照表 8 - K 和表 6 - K 格式进行申报。

OTC Markets 还设立了信息披露平台，根据发行人自愿提供的公司信息内容的充分程度，将自愿信息披露划分为不同的层次，且有相对应的市场层次，以方便投资者进行甄别，从而做出证券投资决定。在 OTC Markets 中，信息披露分为三个级别：第一级别，采用美国标准，即须向美国证券交易委员会注册并定期向其报告公司重大事件和财务报告。可以在 OTC Markets 的"OTC Disclosure&News"中查看相关内容。第二级别，国际化的信息报告标准。主要是针对外国公司，可以适用《对美国存托凭证和部分外国证券的

豁免》，它们并不需要向美国证券交易委员会注册，但是这些公司有定期向其提供持续信息披露的义务。第三级别，替代性报告标准。发行人无须向美国证券交易委员会注册，只须在券商的监督下披露实时信息即可。这三个级别只是分类标准而已，并没有实际上的高低之分。

根据发行人所公布信息的充分程度，OTC Markets 将市场分为三个层次，分别是 OTCQX、OTCQB 和 OTC Pink。最高级的是 OTCQX，在这个级别市场的公司须向证券公司进行最高级别的信息披露以及实行最高级的财务标准。当然不论是采取美国标准、国际化的信息报告标准还是替代性报告标准，只要其披露信息达到一定标准就可以进入 OTCQX。在 OTCQX 中的公司一般并不愿意向美国证券交易委员会定期提供报告。次一级的是 OTCQB，这一级别市场主要倾向于向美国证券交易委员会披露信息。再次级的是 OTC Pink，在此市场的公司更愿意执行国际化的信息报告标准或是替代性报告标准。

综上，美国场外交易市场信息披露制度具有以下特点。

第一，美国的场外交易市场实行以美国证券交易委员会为核心，多主体共同参与的自律监管。美国证券交易委员会负责制定基础性的规则，具体细则并非其制定。美国的资本市场基本上在美国证券交易委员会的统一监管之下，但是其并没有将大部分直接监管的权力握在自己手中，而是将直接执行权交给 NASD 或是 FINRA，由其制定具体的规则，负责信息披露的直接监管。而美国证券交易委员会负责对自律性机构的监督，在其监管出现纰漏时负责纠正。

场外交易市场是一个极为复杂的松散上市报价系统，因此由美国证券交易委员会直接监管是不现实的。而采取自律性监管可以大大提高效率，降低成本，也为上市公司提供了方便。

第二，美国的场外交易市场鼓励自愿性信息披露。在这一点上最为显著的是 OTC Markets，其内部的子市场最重要的分级指标就是信息披露的充分程度，而这都是自愿性质的，因为 OTC Markets 中很少有公司采用 SEC 标准。当然，抛开场外交易市场，美国资本市场的自愿性信息披露是非常普遍的。从资产定价和"逆向选择"理论来讲，投资者和上市公司之间的信息不对称对于公司的资产定价没有益处，非常有可能使公司资产的价值受到低估。因此美国资本市场乃至普通公司都愿意通过各种渠道自愿披露自己的信息。另外，美国公司普遍重视声誉，在这种观念的约束下，美国很多公司将自愿披露视为必选项。自愿披露中不会出现有选择性的披露，对于"好消息"和"坏消息"都是一样的，因为一旦"报喜不报忧"被发现会使公司的声誉受到重大影响，这对于公司是致命性的。自愿性信息披露对于信息披露有很强的补充作用，可以充分消除信息不对称，使监管部门的监管难度和监管成本降低很多，对于规范公司起到了很好的作用，也更加便利公司从低级向高级转板。

第三，美国场外交易市场有信息披露的完善格式要求和专门性披露平台。从上市申请信息披露到公开发行信息披露再到持续性信息披露和重大事项信息披露都有严格的格式要求，监管部门做好详细的表格，如何填写简单易明，并且还留有很高的自由度，为自愿披露留下了空间。而且美国场外交易市场有专门性的信息披露平台 EDGAR，公司所披露的信息都可以在这里简单地找到。当然，信息披露不只会在这个平台公布，例如公司官网、OTCBB 官网、OTC Markets 的官网等很多平台都可以看到这些信息。

信息的传播需要一个信息传导机制，如何将信息进行传播是非常重要的问题，美国场外交易市场在这个方面做出很多努力，在信息的一整套传导机制的建设上美国充分利用多平台和现代互联网技术，使信息的受众面大幅增加，加快了信息的传导，极大地减少了信息不对称。

美国 OTCBB 和 OTC Markets 的信息披露制度对比见表 1。

表1　美国 OTCBB 和 OTC Markets 的信息披露制度对比

	OTCBB	OTC Markets
监管机构	美国证券交易委员会	OTC Markets 公司、美国证券交易委员会、美国金融业监管局
进入标准	需要在美国证券交易委员会登记	几乎没有
披露形式	强制披露	自愿披露

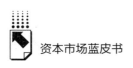
	OTCBB	OTC Markets
适用法规	《证券法》《证券交易法》	《证券法》《证券交易法》
披露制度	严格遵照美国证券交易委员会关于非上市公众公司的各项制度	由于可采取不同的披露制度,其披露制度非常多样化,其中包括:①美国证券交易委员会的披露制度(与OTCBB相近);②针对境外入市公司的豁免制度;③向OTC Markets进行披露
披露内容	发行信息披露(招股说明书和一些技术性信息)、持续性信息披露(年报、半年报、季报、重大事件说明等)	信息披露除了一部分接受美国证券交易委员会的监管,其他均为自愿披露,不过披露信息的充分程度会与进入哪一级子市场有关
披露格式	按照美国证券交易委员会的要求格式,例如,表S－1、表10－Q、表8－K、表10－K等	披露格式也是多样化的,①OTCBB格式;②XBRL格式;③OTC Markets要求格式

资料来源:根据 http://www.otcmarkets.com(OTC Markets)和 http://www.sec.gov(美国证券交易委员会)网站内容整理。

(三)台湾场外交易市场的信息披露

台湾场外交易市场有将近60年的发展历史,但是受限于苛刻的上市条件,其发展一直较为缓慢,直到20世纪90年代中期独立公益财团法人台湾柜台买卖中心成立后,伴随台湾当局的相关扶持政策出台,属于场外市场的台湾上柜交易市场才进入发展的快车道。进入21世纪之后,为了进一步帮助更多中小企业融资,台湾进一步降低入市门槛,成立了兴柜市场。兴柜市场的重要特征就是几乎没有上市门槛。在公司规模、设立年限、获利能力和股权分配等项目上没有要求。

1. 兴柜市场的发行信息披露制度

在我国台湾地区,股份有限公司可分为公开发行公司和非公开发行公司。成为公开发行公司是进入证券市场的前提,证券交易必须是公开发行的公司,因此它们的公开发行信息披露标准是相同的。兴柜市场挂牌公司的公开发行信息披露标准也不例外。

在我国台湾地区，公司主要依据《证券法》《公开发行公司应公告或向本会申报事项一览表》等相关法律法规申请注册成为公开发行公司。公开发行公司的信息披露内容主要体现在其申报材料当中。公司申请成为公开发行公司的申报材料主要有：第一，股票公开发行说明书，其中先要公布公司的各种基本信息，当然更重要的是公司的财务信息，其披露的财务信息主要包括最近两年的由会计师审计的财务信息报告表。第二，律师对于该公司内部控制制度的设计，以及对该公司部门之间工作协调性、有效性进行审查的报告，本报告的意义在于让公开发行公司进一步完善公司的内部控制制度，尤其是希望加强公司内部执行的有效性，能够更好地规范公司经营，比如关联交易的合法合规，提高公司各部门的办事效率，提高公司的经营效益。第三，会计师提供的重要科目明细内容。这些明细内容可以使监管部门和投资者更清楚地把握该公司的各项能力，加深对于公司的了解程度，包括近期表现、盈利能力和未来前景。第四，临时报告的说明。其旨在说明该公司存在的系统性或非系统性风险。这样可以使投资者更加明确地了解该公司所面临的各项风险，并且在明确的前提下，对于投资做出决策。第五，公司工商资料核准变更的登记，这是对于公司合法性的证明。第六，公司的合法合规经营证明，主要指的是能够按时履行缴税义务，只要出示最近 1 个月内税务机关出具的无违章欠税证明即可。第七，若申请公开发行，公司还需要提供相关的发行有价证券的基本材料及认购者的基本信息等。

2. 兴柜市场的信息持续披露制度

在兴柜市场的信息持续披露制度中也同样分为定期的信息披露事项和不定期的信息披露事项。

（1）定期信息披露事项

依照《公开发行公司应公告或向本会申报事项一览表》所要求的内容，定期信息披露事项包含：每月营业额；每月背书保证金额；每月资金发放金额；衍生性商品交易资料；第一季度财务报告和第三季度财务报告；半年度财务报告；年度财务报告；股权、质权变动；股东会开会资料；委托书征求事项；年报；内部稽核作业执行情形；从事衍生性商品交易内部稽核作业执

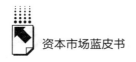

业情形；内部控制说明书；股东提案权；股东提名制度。

（2）不定期信息披露事项

依照《公开发行公司应公告或向本会申报事项一览表》所要求的内容，不定期信息披露事项包含：发生足以影响股价及股东权益的事项；准予募集与发行有价证券；私募有价证券；取得或处分资产；资金贷与；背书保证；财务准则；会计准则变更；会计估计变更；公司内部持股转让事前申报；公开发行公司进行收购时或为竞争公开收购行为者；公开发行公司以公开收购方式买回本公司股份时；公开发行公司变更公开收购条件者；公开发行公司停止公开收购者；公开发行公司公开收购行为期间届满时。

台湾地区的定期信息披露内容相对于美国来说更细致，比如定期报告中每个月都要所属公司披露营业额、背书保证金额和资金发放金额；财务报告也是精确到季度。对于不定期信息披露内容，中国台湾地区与美国同样都要求披露临时性重大事件的内容。兴柜市场的公司有两种信息披露方式，一是公司向指定的信息披露平台，即柜台买卖中心的"公开信息观测站"披露；二是通过券商对外披露。

综上，台湾地区场外交易市场信息披露制度具有以下特点。

第一，台湾兴柜市场有明确的功能定位。台湾兴柜市场最重要的功能定位是规范上市企业，对于其信息披露、财务管理、公司治理等方面进行规范，使其适应资本市场的各种约束，为进一步转板升级提供一个良好的规制。

第二，信息披露以持续性信息披露为重点。兴柜市场的定位有两点，一是帮助广大非上市股份公司熟悉证券市场的相关法规和运作机制，为上市做准备，这其实是低级板市场在资本市场上的一个重要作用，即预备上市；二是帮助投资者了解在兴柜市场内的公司。因此，对于这样的企业兴柜市场的准入条件非常低，但是在持续性信息披露方面却做出了极为细致的规定。这样做一方面是为了降低监管的门槛；另一方面是强化持续性信息披露，在一定程度上淡化其他指标的监管，这样也会降低公司的负担。

第三，信息披露的内容直接由证券交易所和柜台买卖中心在专门网站公示。台湾兴柜市场为了节省企业的信息披露成本，同时也为了使信息更加充分地为公众所知晓，专门在柜台买卖中心官网设立了一个子网站"公开信息观测站"，通过这个观测站投资者可以快捷方便地查询到所有披露信息。

台湾兴柜市场信息披露相关内容见表2。

表2　台湾兴柜市场信息披露相关内容

	台湾兴柜市场
监管机构	金融监督管理委员会证券期货局
进入标准	两家以上推荐证券商，需指定一家为主办；股东应转让持股3%（其不低于50万股）给推荐证券商认购
适用法规	《证券法》《公开发行公司应公告或向本会申报事项一览表》
信息披露内容	发行信息披露（股票说明书等七项内容）和持续性信息披露（定期和不定期的经营内容）
披露形式	专门网站上披露与书面递交监管机构相结合

资料来源：根据http://www.tpex.org.tw（证券柜台买卖中心）内容整理。

四　境外经验对我国场外交易市场信息披露制度建设的启示

我国场外交易市场经过30余年的摸索与发展逐步形成了符合我国制度的多层次场外交易市场体系，但是在很多方面的发展上还是与境外相对成熟的场外市场体系存在一定差距。因此，在信息结构及其传导机制上也有很大差距，导致我国场外交易市场的信息传递有效性大大降低。通过与境外市场对比，找出差距、弥补不足，有利于我国场外交易市场的不断完善。

（一）明确场外交易市场的功能定位

场外交易市场作为资本市场中相对于主板市场处于更基础层级的市场，其在定位过程中拥有多种选择。首先，从向高级市场转板角度来讲，场外交易市场可以作为对公司进行一系列标准化规制的"孵化场所"。通过相对比

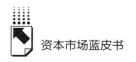

较正式的信息披露制度、财务制度、管理制度等一系列制度的规制，使公司在进入更加严格的高级市场前能适应作为公众公司的要求。其次，从融资角度来讲，场外交易市场可以为无法进入场内市场的中小企业提供合法、正规的融资平台，为打破中小型甚至微型企业的融资瓶颈提供新的突破口。最后，二者皆重，既是转板的孵化器也是融资的重要手段。

我国的场外交易市场在功能定位上没有一个明确统一的说法，在很大程度上影响之后的决策。只有在明确场外交易市场功能定位的基础上才能为其提供一个与之相适应的信息披露制度乃至监管制度。

（二）发挥核心监管机构的统领性作用

作为全球金融业最为发达的国家，美国在金融创新中向来不落人后，一直是引领潮流的旗手，而其监管制度也是极其有效、科学的。这也是美国金融业发展相对有序，各种资本融通方式蓬勃发展的原因之一。

美国证券交易委员会作为资本市场中最为重要的机构，其对美国资本市场的监督从未放松。虽然美国场外交易市场中的公司并非必须向美国证券交易委员会注册和报告，但是无论发行人是否直接与其接触，美国证券交易委员会所制定的规则和制度都会直接或间接地对发行人有制约和监督作用。美国证券交易委员会是美国场外交易市场这一松散的交易联盟乃至整个美国资本市场的监管核心。在监管过程中不会出现多头监管中交叉管理甚至相关规定相互冲突的问题，保证了监管的高效性。

作为最为核心的监管机构必须做到统领全局，但这并不意味着所有权利一把抓，应该将具体的信息披露内容和规则制定交由行业自主监管机构来决定，但是大方向性质的基础性规则，即"边界"的界定必须由美国证券交易委员会来完成。

我国场外交易市场中出于各种原因只有新三板市场是属于中国证监会监管，而股权交易所属于各地政府金融部门监管，产权交易所由于性质特殊更是归于各地国资委监管。这样的多头管理并不能为多层次场外交易市场提供稳定的发展环境。尤其归于地方管理后其所制定的规则并不一定完全匹配，容易造成规则混乱，所以监管体系必须要有统领性的领导机构。

证券市场是一个整体，并不是割裂的，在我国多层次资本市场体系建立进行时，正是监管体系进行整合和统一的大好时机。中国证监会至少要将各地的股权交易所与全国性质的新三板市场纳入自身的监管体系之内。在新三板市场和创业板市场可以进行由低到高的转板之后，地方股权交易所与新三板市场的关系如何定位是亟须解决的问题。这对于未来构建多层次的场外资本市场也是具有重要意义的。因此，监管体系的统一势在必行。

（三）构建多层次的信息披露体系

无论是中国台湾地区还是美国在构建场外交易市场的信息披露制度时都是采取多种披露标准、多种披露方式，如监管机构和行业自律组织相结合，自愿披露和强制披露相结合，高标准披露和低标准披露相结合。

场外交易市场作为相对于主板市场更基础层级的市场，其目的就是为需要融资的发展中公司提供一个合法、正规的平台，是众多公司成长的孵化器。因此，在信息披露制度的构建上必须要站在公司的角度上来思考问题，要多为公司寻求便利，构建不同层次适合不同级别公司的信息披露方式和规则。

美国在构建不同层次信息披露规则上尤其高明。首先，有各种类型豁免公司的信息披露规则；其次，美国证券交易委员会制定的信息披露规则；最后，OTC Markets 自身制定的信息披露规则。美国的各种信息披露方式满足不同需求的公司，把不同方式细化为不同格式标准，方便投资者对公司财务等重大信息进行全面了解，可以正确区分公司所披露信息的程度以及级别。在信息披露的过程中采用哪种信息披露方式这一点并不重要，重要的是按照一定标准格式信息披露量的多寡。公司可以根据自身特点选择相应格式披露尽量多的信息，用以接受监管和为投资者提供信息。

一般而言，信息披露的多层次性意味着场外交易市场的多层次性。场外交易市场的多层次性才能满足不同等级的非上市公众公司的投资融资需求，也能使投资者充分了解相关投资信息，便于做出相应的投资决策。

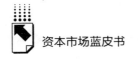

（四）加强自律性监管

在尊重核心监管机构制定的基础性指导规则和制度的前提下，需要设立与场外交易市场相适应的自律性监管机构。

美国和中国台湾地区的场外交易市场建设中都对这一点很注重，例如美国金融业监管局等在自律监管的应用上具有很长的历史。美国将大量具体规则制定权力和直接监督执行权下放给场外交易市场的经营者，使其制定出适合其市场公司需求的规则。而台湾兴柜市场不论是在公司上市的首次信息披露的内容方面，还是在持续性信息披露方面都是按照兴柜市场中公司的承受能力设定的。

我国场外交易市场还处于起步阶段，很多信息披露制度还没有摆脱场内市场的强力影响，因而监管的多数内容还具有强制性，这并不利于监管效率的提高和监管成本的下降，不利于场外交易市场的扩大和普惠。另外，也不利于监管面的扩大，容易滋生很多由于监管不到位带来的问题，长期来看并不利于场外资本市场的成长。

对于信息披露的相关审核与监管，中国证监会可以设立新的下辖机构或是新的分管部门专门负责场外交易市场。场外交易市场不同于场内市场，要充分了解本层级市场中发行公司的承受能力，使其能够承担信息披露成本，同时也要使投资者能够获取做出决策所需的信息。

（五）充分考虑场外交易市场中发行公司的特殊性

设立场外交易市场的最大目的就是使不能进入主板市场的公司能够以规范的方式从资本市场进行融资。在场外交易市场发行的公司最大的特殊性是规模较小，抗风险能力较差。因此，发行公司对于包括发行成本、信息披露成本在内的一系列成本较为敏感，过高的成本并不利于场外交易市场的发展。降低相关成本也是场外交易市场经营者和监督者必须考虑的一个重要问题。

美国在这方面很早就推出了信息披露豁免制度。中国台湾对于非上市公众公司的信息披露要求明显低于上市公司，如没有季度财务信息、财务预测等强制要求，临时报告的范围较小等。但是对于其经营风险、关联交易和经营情况的披露要求相对较为严格。例如台湾兴柜市场在持续性信息披露方面要求公司对每月经营金额、每月保证金背书额进行披露。

我国对场外交易市场信息披露规则的要求相比于主板市场确实有所降低，但是还不完善，只能称为初步探索。在信息披露豁免方面更是一片空白。当然，这也与我国资本市场本身发展并不完善有关，但是信息披露的一些豁免制度是未来场外交易市场发展的一个方向，这将会降低发行公司的成本，有利于提升场外交易市场对企业的包容性和吸引力。

（六）充分发挥自愿性信息披露制度的作用

强制性信息披露指的是场外交易市场内公司必须承担的信息披露义务，制度层面体现为强制性。用一个比喻来讲强制性信息披露制度是场内公司所尽义务的"及格线"，既然是及格线当然不可能是相对总体非常严格的。因此，在如何证明自身"优秀"这方面，自愿性信息披露发挥着重要作用。

美国这方面的研究起步于 20 世纪 60 年代，90 年代给出的正式定义是"自愿性信息披露是指公认会计准则和证券监管部门明确要求披露的基本财务信息之外的由上市公司主动披露的信息"。[1] 我国也在 2003 年给出了正式定义"在国家相关规定之外自愿披露的公司相关信息，以满足上市公司的自身经营战略发展"。[2]

自愿性信息披露是美国公司一种消除信息不对称、减少投资者对其价值低估的常用手段。从另外一方面讲，其也有利于公司自身声誉的提升，美国的公司非常注重声誉的提高。国内外已经有很多研究证明，自愿性信息披露对于上市公司有一定的利好作用，有利于增加投资者的投资意愿。同时对于监管来讲，自愿性信息披露有利于降低监督成本，提高监督效率。可以使场

---

① FASB, 2001, *Improving Business Reporting: Insights into Enhancing Voluntary Disclosure.*
② 深证证券交易所：《上市公司投资者关系管理指引》，2003。

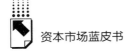

外交易市场内的公司提升竞争性，主动披露信息，减少信息不对称。

我国在场外交易市场信息披露制度的构建上缺少对于自愿性信息披露优势的宣传。在我国，以新三板市场为例，新三板市场对于定期报告的要求是必须披露年报，鼓励披露半年报、季报。但是，没有一家公司主动披露除了年报之外的定期报告。在美国自愿性信息披露代表的是公司声誉，因此美国公司普遍愿意自主披露公司信息，而且不只是"好消息"，甚至"坏消息"也会及时披露。因为被发现进行选择性披露会给公司声誉带来很大影响。另外，自愿披露也是提高公司价值、减少被低估损失的重要手段。国内企业往往对于声誉的重视程度不够，也没有充分意识到自主披露所带来的激励效应。因此，监管机构要加强宣传，企业也需要更新信息披露的理念。

强制性信息披露是一种必需的信息披露方式，但是自愿性信息披露也越来越重要。例如美国的 OTC Markets 大部分披露信息都属于非强制性披露信息，但是 OTC Markets 会根据发行公司披露内容的充分程度将市场分为 OTCQX、OTCQB 和 OTC Pink 三个子市场。换句话说，OTC Markets 鼓励发行公司尽量多地依照自身承受能力披露更多信息。依靠自律监管和自愿性信息披露降低监管成本，在发行公司间形成一种良性竞争机制，又使发行公司根据自身情况量力而行，从这个角度来讲是一种有益的金融创新。

（七）创建新的信息披露专用平台

信息披露制度作为信息结构中信息传播最重要的一环，在资本市场中占据越来越重要的位置。因此，对于发行公司、券商所披露的信息，有必要创建一个专门平台作为其发布和传播的媒介。美国和中国台湾地区资本市场对于信息披露都有专门平台。在美国 OTCBB 市场向美国证券交易委员会提交披露信息和 OTC Markets 多种格式披露信息都可以在 EADGER Online 市场的网站上在线申报并且可以在这个平台上进行查阅。台湾在证券柜台买卖中心的官方网站上有一个专门的子网站叫作"公开信息观测站"，在其中可以看到所有在兴柜市场中的公司所公开披露的信息。设立专门的信息披露平台可以使投资者更加便捷、高效、及时地了解相关披露信息，可以使信息传播更加充分，减少因为信息不对称发生的各种问题。

五　完善我国场外交易市场信息披露制度的建议

（一）建立以证监会为核心，多主体共同参与的自律性监管为主的监管体系

在目前我国场外交易市场中存在着多头的监管主体，新三板市场中国证监会是监管主体，股权交易所各地政府是监管主体，产权交易所各级国资委是监管主体。这样的多头监管现状固然有其特殊性和历史性，比如股权交易所本身就是各地自发成立的，因此由地方监管也算理所当然；产权交易所由于交易的股权和产权大多是国有资产，并且除了股权以外的产权并不在中国证监会监管范围之内，因此由各级国资委监管也是可以理解的。但是随着场外交易市场的不断扩容，一定会带来各种复杂的新情况，这种多头监管一定会影响监管政策的制定和发布，可能也会使同样的情况出现不同的监管规则，这样并不利于场外交易市场的健康发展。

我国在这方面应效仿美国的监管体系，构建类似的场外交易市场监管体系，场外交易市场一定要在中国证监会的总体监管下运行，各地方金融业管理监督部门在中国证监会制定的规则下制定适合本地区特点的规则，行业协会和券商等自律性机构负责制定所在市场的监管规则。这样既可以为监管划定一个基础性的范围，又可以有一定的灵活度，适应各种市场的实际需求。

（二）建立多样化信息披露方式，鼓励倡导自愿披露

我国的信息披露方式还是依照中国证监会不断下发的各种规则和指引来进行披露，即强制性披露占主流。但是这种规则下的披露方式，对中小企业

来说不但会使其承担一笔不低的信息披露成本，而且也没有区分度。在美国场外交易市场并不一定只遵从美国证券交易委员会的标准来进行信息披露。上文提到在 OTC Markets 存在着三种不同的信息披露方式，而且三种方式并无级别上的高低，只有以绝对性的信息披露多少作为衡量信息披露充分程度的标准。

通过自愿性信息披露可以有效解决投资人对于公司不了解的问题，减少信息不对称性。另外，自愿性信息披露可以极大地提高公司声誉，使公司在有形与无形方面均可以获得好处。自愿性信息披露对于监管机构来讲可以极大地降低监管成本，提高监管效率，扩大监管覆盖面。如果自愿性信息披露成为资本市场中公司的习惯，监管的效果很大程度上就可以自动取得了。我国在信息披露方式方面存在不够多样化、渠道单一的问题，这对于繁荣场外交易市场并没有益处。除了中国证监会规定的信息披露方式，我国应该探索由券商进行信息披露的创新性方式。另外加大对于自愿性信息披露的鼓励力度。让公司对于信息披露不充分心中担忧，促使其重视信息披露的充分性，从而形成良性的信息披露风气和习惯。

（三）提高信息披露程度完善场外交易市场分层制度

信息披露是外界了解公司当前运营情况和未来发展前景的直观途径，也是区分公司当前时点所处水平的重要标准。我国场外交易市场现在没有区分子市场，只是笼统地将所有符合入市标准的申请公司拉入一个市场。由于其中公司的发展水平和成长情况并不一样，这样没有区分并不利于投资者选择投资对象，也不利于市场内公司健康、快速成长。信息披露机制应该作为区分市场内不同质量、级别公司的一个重要指标。

我国应该根据信息披露量的多少来划分信息披露的级别，并以此为标准来为场外交易市场进行子市场划分。在场外交易市场内部建立一个升级机制，以此促进公司发展，提高信息披露水平，进而增强信息结构有效性。场外交易市场向来是中小企业成长的助推器，高成长企业的孵化器，其涵盖范围广、进入条件相对较低，因此可能会是一个拥有超过主板市场市值总量的巨大板块。随着我国场外交易市场的不断发展，应该为市场内建立子市场做准备，以信息披露程度作为区分子市场的重要标准。

有关信息披露制度之外的问题。

第一，我国场外交易市场应该明确自身的功能定位。我国场外交易市场，从目前级别层次划分方式来看分为两级，第一级是作为全国资本市场中第三级的新三板市场，第二级是未被纳入全国资本市场的各地股权交易所和产权交易所。现在二者的功能定位已经站在了区分的十字路口上，新三板市场由于这轮发展大潮的影响已经与后者在发展上拉开了很大的差距。新三板市场的功能定位不论是从理论上还是实际情况来看都接近于沪深两个交易所的定位，因此，可以将其功能定位偏向于融资平台。而各地的场外交易市场尤其是股权交易所在融资方面并没有起到与新三板市场同等的作用，因此就需要相关部门去考虑其功能定位是否应该倾向于起到一个预备上市的作用，作为公司上市的适应阶段，使希望入市的公司能够通过相关规制达到进场标准。

第二，要树立社会信誉。信誉与法律是维护市场秩序的两大机制，二者相互补充、相互依托，形成监管制度的基础。信誉在实际生活中往往比法律的效果更突出，同时信誉也比法律维持市场秩序的成本更低。我国的场外交易市场在目前对于信誉机制重视不够，没有发挥信誉在监管中的作用，这与全社会信誉意识不强有很大关系。在信息披露过程中往往会存在"报喜不报忧"，造成公司与投资者和监管部门信息不对称的情况。在我国，这种问题现在很难得到法律上的惩处，依靠监管部门很难让公司得到应有的惩罚。但是，声誉机制可以在一定程度上解决这个问题。一旦公司出现违背诚信的情况，声誉机制会使公司受到投资者乃至社会的抛弃，其给"背信"公司带来的损失是难以估量的，这样才会在真正意义上"惩治"违规公司。也就是说，在一个倡导诚信的社会中，信息披露制度才能更好地发挥作用，信息披露质量才能在真正意义上获得提高，唯有如此，场外交易市场乃至资本市场才能变得更加公开和有效。

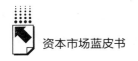

参考文献

［1］包建祥：《股票市场信息与信息结构初探》，《经济科学》1999 年第 4 期。

［2］马广奇：《现代资本市场信息系统分析——兼论我国资本市场信息系统存在的问题》，《深圳大学学报》2008 年第 9 期。

［3］李兆军：《资本市场信息空间的路径选择》，天津财经大学博士学位论文，2008年。

［4］王亚平、刘慧龙、吴联生：《信息透明度、机构投资者与股价同步性》，《金融研究》2009 年第 12 期。

［5］李国运：《美国资本市场信息披露制度监管体系研究》，《财会通讯》2007 年第6 期。

［6］祝丽娟：《证券场外交易市场信息披露制度研究》，华东师范大学硕士学位论文，2011 年。

［7］陆钦、檀叙：《上市公司主动信息披露行为的博弈分析》，《金融论坛》2008 年第 9 期。

［8］李卓松：《公司网站自愿性信息披露评价量表的构建与应用》，首都经济贸易大学硕士学位论文，2014 年。

［9］孟勤国、刘俊红：《美国场外交易市场监管模式对中国的启示》，《社会科学家》2014 年第 9 期。

［10］徐求：《OTCBB 信息披露制度研究及对我国三板市场之启示》，上海交通大学硕士学位论文，2008 年。

［11］宁超：《产权交易市场中股权交易信息披露问题研究》，太原理工大学硕士学位论文，2013 年。

［12］惠建军：《我国多层次 OTC 市场发展模式研究》，天津财经大学硕士学位论文，2011 年。

［13］王哲：《两类信息定义评述》，《华中科技大学学报》（社会科学版）2007 年第1 期。

［14］赖茂生、王芳：《信息经济学》，北京大学出版社，2006。

［15］陈汉平：《美国 OTCCBB 信息披露制度及对我国新三板建设的启示》，《华北电力大学学报》（社会科学版）2013 年第 3 期。

［16］张维迎：《法律制度的信誉基础》，《经济研究》2002 年第 1 期。

我国多层次资本市场监管制度比较研究

李 政　祝艺宁*

摘　要：我国资本市场发展至今已形成场内市场和场外市场两部分组成的多层次资本市场体系。场内市场包括主板市场、中小板市场、创业板市场，场外市场包括新三板市场、天交所等股权交易市场和证券公司主导的柜台市场。本文从监管制度比较的角度切入对我国多层次资本市场进行研究，首先对各级市场的概念和构成分别做了阐述，并给出各自功能定位上的区别与联系。其次从监管机构与监管内容两方面重点分析了新三板市场和天交所两家场外交易场所与场内市场监管的差异。最后，针对场外市场固有的制度缺陷给出政策性建议。

关键词：多层次资本市场　监管　新三板　天交所

一　我国多层次资本市场的构成与定位

我国资本市场自20世纪90年代初发展至今，经历了从无到有、从小到大的过程，并在探索中快速前进。目前已形成由场内市场和场外市场两部分组成的多层次资本市场体系。如图1所示，场内市场包括主板市场、中小板市场、创业板市场，场外市场包括全国中小企业股份转让系统（俗称新三

---

* 李政，南开大学经济学院金融学系博士研究生；祝艺宁，南开大学经济学院金融学系硕士研究生。

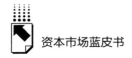

板）、各地股权交易市场（天津股权交易所及其他区域性股权交易市场）、券商柜台交易市场。

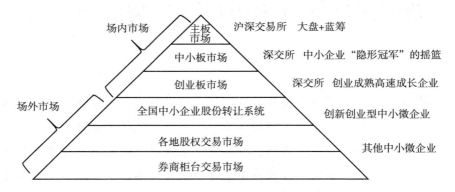

图1　我国多层次资本市场的构成与定位

　　资本市场的结构应该是多层次的。首先，在资本市场上，不同的投资者与融资者有着不同的规模与主体特征，存在着对资本市场金融服务的不同需求。投资者与融资者对投融资金融服务的多样化需求决定了资本市场应该是一个多层次的市场体系。其次，多层次的资本市场能够对不同风险特征的筹资者和不同风险偏好的投资者进行分层分类管理，以满足不同性质的投资者与融资者的金融需求，并最大限度地提高市场效率与风险控制能力。最后，从全世界的范围来看，资本市场对中小企业的服务问题，是一个全球性难题，而通过建设多层次资本市场进行解决是一个有效的方法。

　　从美国等国家成熟资本市场的经验看，场外市场是构成多层次资本市场的关键组成部分，是创业板市场及主板市场的基础，其挂牌企业数量庞大。与成熟资本市场相比，中国目前资本市场结构呈现头重脚轻的"倒三角"态势：主板市场上市公司的市值较大，而在中小板市场、创业板市场及场外市场上市的中小公司市值占比仍有待提高。2012年11月，党的十八大报告明确提出要"加快发展多层次资本市场"，2013年11月，党的十八届三中全会提出"健全多层次资本市场体系，是完善现代市场体系的重要内容，也是促进我国经济转型升级的一项战略任务"，我国场外市场迎来了前所未有的历史发展机遇。

（1）主板市场

主板市场也称为一板市场，是传统意义上的证券市场，是一个国家或地区证券发行、上市及交易的主要场所，对发行人各方面的上市标准要求较高。主板市场是资本市场中最重要的组成部分，很大程度上能够反映经济发展状况，有"国民经济晴雨表"之称。我国主板市场包括上交所（市场代码以 600 或 60 开头，股票数量超过千家）和深交所（以 000 开头）两个市场，其中，上海证券交易所于 1990 年 11 月 26 日由中国人民银行批准成立，同年 12 月 19 日正式开业；深圳证券交易所于 1991 年 4 月 16 日获中国人民银行批准，并于同年 7 月 3 日正式开业。

（2）中小板市场

中小板市场的全称是中小企业板市场，这是相对于主板市场而言的。中小板市场是创业板市场的一种过渡，也是中国特有的产物。2004 年 5 月，经国务院批准，中国证监会批复同意深交所在主板市场内设立中小企业板块，2004 年 6 月 25 日中小板市场首批 8 家公司挂牌。中小板市场专为中小企业上市融资提供服务，是我国多层次资本市场的有机组成部分，也是创业板市场的前奏，其市场代码以 002 开头。目前，我国的中小板市场与主板市场的上市条件完全一致。中小板市场并未降低上市门槛，只是规模相对较小，而且从资本市场架构上中小板市场也从属于一板市场。

（3）创业板市场

创业板市场是地位次于主板市场的二板市场，在我国特指深圳创业板市场。创业板市场在上市门槛、监管制度、信息披露、交易者条件、投资风险等方面与主板市场有较大区别，它偏向成长性较高、自主创新能力和盈利能力较强的企业。在创业板市场上市的公司大多从事高科技业务，具有较高的成长性，这些公司往往成立时间短、规模较小，业绩也不突出，但有很大的成长空间。因而，创业板市场是一个门槛低、风险大、监管严格的股票市场，是一个孵化科技型、成长型企业的摇篮，其最大特点就是低门槛进入、严要求运作，有助于有潜力的中小企业获得融资机会，促进企业的发展壮大。

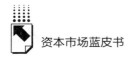

深圳创业板市场于 2009 年 10 月 30 日正式开业，首批挂牌企业 28 家，市场代码以 300 开头。目前，深圳创业板市场为自主创新及其他成长型创业企业发展提供融资服务，为风险投资和创投企业建立正常的退出机制提供了平台，是我国多层次资本市场的重要组成部分。

（4）全国中小企业股份转让系统

全国中小企业股份转让系统（以下简称全国股份转让系统）是我国的三板市场，是经国务院批准设立的全国性证券交易场所，全国中小企业股份转让系统有限责任公司（以下简称全国股份转让系统公司）为其运营管理机构。2012 年 9 月 20 日，全国股份转让系统公司在国家工商总局注册成立，注册资本 30 亿元。2013 年 1 月 16 日全国股份转让系统正式运行。

2001～2013 年 13 年间，我国三板市场经历了"老三板""新三板""全国股份转让系统"三个阶段。"老三板"全名为"代办股份转让系统"，其设立目的为解决两个流通问题：一是原 STAQ、NET 两网系统遗留的法人股流通；二是主板市场退市股票的流通交易。截止到 2013 年末，该系统交易流通的 A 股 52 只，B 股 6 只，"老三板"对完善我国股票退市制度起到了重要作用，一定程度上保护了该部分中小投资者的权益。"新三板"指中关村科技园区非上市股份有限公司进入代办股份系统进行转让试点，因为挂牌企业均为高科技企业而不同于原转让系统内的退市企业及原 STAQ、NET 系统挂牌公司，故形象地称为"新三板"。2006 年 1 月，国务院批准中关村科技园区非上市股份有限公司进行股份报价转让试点工作，中关村科技园区非上市股份有限公司进入代办股份系统进行转让试点。2006 年 1 月 23 日，世纪瑞尔和中科软登陆新三板市场，但当时交投并不活跃。2012 年 8 月，新三板市场扩容，试点企业除中关村科技园区外，扩大至上海张江高科技园区、天津滨海高新技术产业开发区、武汉东湖新技术开发区共四个高新技术园区。2013 年 1 月，全国股份转让系统正式揭牌运营，新三板市场的运营管理从证券业协会转变为全国股份转让系统公司，系统公司发布 5 个通知、4 个细则、4 个暂行办法及 4 个指引。2013 年 12 月，国务院发布《关于全国中小企业股份转让系统有关问题的决定》，明确"境内符合条件的股份公司均可通过主办券商申请在全国股份转让系统挂牌，公开转让股份，进行股权融资、债权融资、资产重组等"，随后，中国证监会发布 7 个配套规则，标志着试点扩大至全国范围，不再受高新园区的地域范围限制。

（5）以天交所为代表的场外股权交易市场

各地股权交易市场，俗称"四板市场"，主要为特定区域内的企业提供股权、债券的转让和融资服务，属于场外市场，是我国多层次资本市场的重要组成部分，亦是中国多层次资本市场建设中必不可少的部分。各地股权交易市场由地方政府主导或参与，带有明显的地方特色，一般以省级为单位，由省级人民政府监管。目前我国建成并粗具规模的各地股权交易市场有天津股权交易所、深圳前海股权交易中心、重庆股份转让中心、上海股权托管交易中心等 30 多家股权交易市场。

场外股权交易市场对促进企业，特别是中小微企业股权交易和融资，鼓励科技创新和激活民间资本，加强对实体经济薄弱环节的支持，具有积极作用。以成立和发展运营最早的天交所为例——截至 2015 年 11 月，天交所累计为企业实现直接融资 86.7 亿元，带动实现间接融资 198.71 亿元（其中股权质押融资 77.19 亿元）。在债权融资产品方面，天交所累计有 39 家企业备案发行私募债券 151 期，融资金额 58.78 亿元。同时，在市场发展中，天交所通过联合地方政府搭建区域性综合金融服务平台，与众多地方政府共同开创了富有区域特色的合作模式，天交所累计已与全国 26 省，80 市地方政府签订合作框架协议 159 份，已有全国 18 省 72 地市政府出台了支持本地企业到天交所挂牌的鼓励政策。

（6）券商柜台交易市场

券商柜台交易市场是指证券公司为与特定交易对手方在集中交易场所之外进行交易或为投资者在集中交易场所之外进行交易提供服务的场所或平台[1]。在我国多层次资本市场当中，券商柜台交易市场是位于"金字塔"最底端的"五板市场"，也是目前真正意义上的 OTC 市场。柜台交易市场是券

---

[1]　详见中国证券业协会《证券公司柜台市场管理办法（试行）》。

商以自有客户为参与主体，以自行创设产品为核心的场外交易场所。简单来说，证券交易所是集中的拍卖市场，进行的是标准化产品交易；而柜台交易市场是分散的谈判市场，围绕客户需求设计创造性产品，即非标准化产品进行交易，两者互为补充。

中国证券业协会于 2012 年 12 月 21 日发布《证券公司柜台交易业务规范》对证券公司柜台交易市场建设及业务开展进行规范，标志着证券公司柜台交易业务试点的正式启动。2012 年 12 月 21 日，中国证券业协会公布首批 7 家参与试点的券商，2013 年 2 月 5 日，中国证券业协会公布了第二批 8 家试点券商名单。这 15 家证券公司取得了"证券公司柜台交易业务"的试点资格，搭建了柜台交易市场业务系统。经过一年多的试点，这 15 家试点证券公司柜台交易市场制度建设进展顺利，内部管理构架基本成型，柜台交易市场系统上线运行，投资者适当性管理工作有效开展。2014 年 10 月，柜台交易业务审批开闸，第三批 13 家证券公司获准开展柜台交易业务试点。同年 12 月，第四批 14 家证券公司获准开展柜台交易业务试点。统计显示，截至 2014 年 12 月 16 日，共有 42 家证券公司获准开展柜台交易业务试点。

2014 年 8 月 15 日，经中国证监会同意，中国证券业协会发布了《证券公司柜台市场管理办法（试行）》，对柜台交易市场的交易范围、券商的义务以禁止性条款进行了界定。在柜台交易市场发行、销售与转让的产品主要包括三类，一是证券公司及其子公司以非公开募集方式设立或者承销的资产管理计划、公司债务融资工具等产品；二是银行、保险公司、信托公司等其他机构设立并通过证券公司发行、销售与转让的产品；三是金融衍生品及中国证监会、中国证券业协会认可的产品。在审批方面，除金融监管部门明确规定必须事前审批、备案的私募产品外，证券公司在柜台交易市场发行、销售与转让的私募产品，直接实行事后备案。总的来看，柜台交易市场目前在我国尚处于起步阶段，存在巨大的发展空间。

二　多层次资本市场的联系与区别

主板市场、中小板市场、创业板市场等场内市场与新三板市场、各地股权交易市场、券商柜台交易市场的功能定位是不同的。本节通过比较新三板市场与沪深交易所市场、新三板市场与天交所等股权交易市场的制度性差异来剖析我国多层次资本市场的联系与区别。

虽然沪深交易所与新三板市场都是全国性证券交易场所，但是它们在服务对象、准入门槛、融资制度、交易制度等方面存在显著性的差异，表1给出了新三板市场及天交所与沪深交易所的制度差异。比如，在公司准入门槛方面，与主板市场、中小板市场和创业板市场相比，新三板市场及天交所均属于无财务指标挂牌。

表1　新三板市场、天交所与沪深交易所的制度差异

	新三板市场	天交所	沪深交易所
公司群体	创新创业型中小企业为主	成长型中小微企业为主	成熟期、成长期企业为主
风险包容度	较高	较高	较低
投资者门槛	机构:500万元、个人:500万元	机构:100万元、个人:30万元	无
投资者构成	机构投资者为主、符合适当性的个人投资者	机构投资者和合格自然人投资者	机构、个人并重
公司准入门槛	无财务指标，但有5个基本条件+1个兜底条款	无财务指标要求，但对规范性要求和成长性要求较高	较高的财务指标
交易制度	协议转让、传统做市商、集合竞价灵活选择	报价商报价及协议成交	集中竞价
融资制度	定向发行股票、公司债、可转债或中小企业私募债等	定向发行股权	允许公开发行

与此同时，新三板市场、天交所等场外交易市场与沪深交易所虽同处于中国证监会的统一监管之下，但中国证监会对它们具有不同的监管、审核理念。场外交易市场弥补了场内证券交易所的不足，主要是为创新型、创业型、成长型的中小微企业提供服务，其功能定位与沪深交易所大为不同，因而，它们在审核理念上也存在较大差异。考虑到中小微企业的发展阶段特征，场外交易市场强调"放松管制、加强监管"，以信息披露为核心；在挂牌审核中坚持市场化原则，充分发挥中介机构作用，促进市场参与者各方归

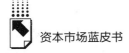

位尽责；以合规性审核为主，不作业绩背书和实质性判断，只要符合条件就可以挂牌。

新三板市场与天交所等股权交易市场同属场外市场，但它们也存在明显的制度性差异。首先，在集中交易方面，新三板市场可以采用集中竞价、连续竞价、做市商等集中交易方式，而股权交易市场不得采用集中交易。其次，在持续性挂牌交易方面，新三板市场可持续交易，最小交易单位1000股，实行T+1交易，而股权交易市场不得将权益按标准化交易单位持续挂牌交易，买卖或转让的频度不能低于T+5。再次，新三板市场挂牌公司股东可超过200人，股权交易市场在任何权益存续期间，无论是发行还是转让环节，其实际持有人累计不得超过200人（以信托、委托代理等代持的，按实际持有人数计）。最后，新三板市场和股权交易市场挂牌企业的法律地位是不同的，前者为非上市公众公司，后者为非上市非公众公司。

三　场外市场与场内市场的监管制度比较研究

通过前两部分的分析可知，不同层次的资本市场具有不同的功能定位，而且，全国股份转让系统、天交所等场外市场与沪深交易所市场存在明显的制度差异。在第三部分，笔者通过重点分析场外市场的典型代表：新三板市场、天交所的监管与场内市场监管的差异来研究我国多层次资本市场的监管制度。

（一）监管机构

（1）中国证监会

新三板市场是我国多层次资本市场的重要组成部分。与主板市场、中小板市场、创业板市场等场内市场一样，它处于中国证监会的统一监管之下。同时，在新三板市场挂牌的公司都是非上市公众公司，为创新型、创业型、成长型的中小微企业。有别于场内市场，新三板市场监管模式也与主板市场、中小板市场和创业板市场不同。中国证监会对新三板市场的行政监管由两部分构成。

第一部分是纳入中国证监会对全国性证券交易场所的监管体系。根据《公司法》和《证券法》，公开发行的证券必须在证券交易所转让，以及在国务院批准的证券交易场所转让。全国中小企业股份转让系统与沪、深交易所一样，是由国务院批准设立的全国性证券交易场所，纳入中国证监会对全国性证券交易场所的监管之中。

第二部分是区别于主板市场、中小板市场和创业板市场等场内市场的安排。2012年9月28日，中国证监会出台《非上市公众公司监督管理办法》（以下简称《办法》），本《办法》自2013年1月1日起施行。《办法》明确了非上市公众公司的范围①，提出了公司治理和信息披露的基本要求，明确了公开转让、定向转让、定向发行的申请程序。《办法》包括总则、公司治理、信息披露、股票转让、定向发行、监督管理、法律责任和附则，共八章六十三条。《办法》的出台标志着非上市公众公司的监管纳入法制轨道。在此之前，中国资本市场只有上市公众公司和非上市非公众公司两个概念，也就是说只要不上市，就不具有公众公司的法律地位。而自此以后，上市公司和非上市公众公司在法律上可以等同，都是经证监会核准的公众公司，纳入证监会统一监管的范围。在新三板市场挂牌的公司都是非上市公众公司，相应地，也都纳入中国证监会对非上市公司的监管体系。

表2是新三板市场的法律依据及规章制度概览。其中，法律法规包括《公司法》《证券法》《关于全国中小企业股份转让系统有关问题的决定》，部门规章主要由中国证监会出台的相关管理办法构成，具体的业务规则和服务指南则由系统公司发布。

2013年12月13日国务院发布《关于全国中小企业股份转让系统有关问题的决定》（国发〔2013〕49号文），其第五条要求"证监会应当比照证券法关于市场主体法律责任的相关规定，严格执法。对虚假披露、内幕交易、操纵市场等违法违规行为采取监管措施，实施行政处罚"。

---

① 非上市公众公司指有下列情形之一且其股票未在证券交易所上市交易的股份有限公司：股票向特定对象发行或者转让导致股东累计超过200人；股票公开转让。

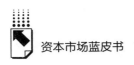

表2　新三板市场的法律依据及规章制度概览

法律法规
1.《中华人民共和国公司法》
2.《中华人民共和国证券法》
3.《关于全国中小企业股份转让系统有关问题的决定》
部门规章
1.《非上市公众公司监督管理办法》
2.《非上市公众公司配套监管指引(1~4号)》
3.《非上市公众公司信息披露内容与格式准则(1~8号)》
4.《全国中小企业股份转让系统有限公司管理暂行办法》
业务规则
涵盖综合类、挂牌业务类、公司业务类、交易监察类、机构业务类、投资者服务类、两网及退市公司类、登记结算类8个类别,35个文件
服务指南
涵盖综合类、挂牌业务类、公司业务类、交易监察类、机构业务类、投资者服务类、两网及退市公司类7个类别,35个文件

注：根据全国中小企业股份转让系统网站（http：//www.neeq.cc/index）资料整理，截止时间为2014年12月31日。

2013年12月26日修订后的《非上市公众公司监督管理办法》正式公布施行，其第四十九条、第五十条、第五十三条和第五十六条也明确了中国证监会对非上市公众公司的监管责任。具体规定如下：第四十九条"中国证监会会同国务院有关部门、地方人民政府，依照法律法规和国务院有关规定，各司其职，分工协作，对公众公司进行持续监管，防范风险，维护证券市场秩序"；第五十条"中国证监会依法履行对公司股票转让、定向发行、信息披露的监管职责，有权对公司、证券公司、证券服务机构采取《证券法》第一百八十条规定的措施"；第五十三条"中国证监会可以要求公司及其他信息披露义务人或者其董事、监事、高级管理人员对有关信息披露问题做出解释、说明或者提供相关资料，并要求公司提供证券公司或者证券服务机构的专业意见。中国证监会对证券公司和证券服务机构出具文件的真实性、准确性、完整性有疑义的，可以要求相关机构做出解释、补充，并调阅其工作底稿";第五十六条"中国证监会依法对公司进行监督检查或者调查,公司有义务提供相关文件资料。对于发现问题的公司,中国证监会可以采取责令改正、监管谈话、责令公开说明、出具警示函等监管措施,并记入诚信档案;涉嫌违法、犯罪的,应当立案调查或者移送司法机关"。

而包括天交所在内的场外股权交易市场,目前可供参照的主要有三个文件,即《国务院关于清理整顿各类交易场所 切实防范金融风险的决定》(国发〔2011〕38号文,下称国发38号文)、《国务院办公厅关于清理整顿各类交易场所的实施意见》(国办发〔2012〕37号文,下称国办37号文)和《关于规范证券公司参与区域性股权交易市场的指导意见(试行)》(证监发〔2012〕20号文,下称证监会20号文)。其中,国发38号文明确提出,"对经国务院或国务院金融管理部门批准设立从事金融产品交易的交易场所,由国务院金融管理部门负责日常监管。其他交易场所均由省级人民政府按照属地管理原则负责监管,并切实做好统计监测、违规处理和风险处置工作";国办37号文和证监会20号文延续并重申了这一要求。

根据国发38号文、国办37号文和证监会20号文,各地股权交易市场由省级人民政府批准设立,当前在管理机制上分为四个层次。

一是各地股权交易市场由各地省级人民政府批准设立并负责监管,对于确有必要设立分支机构的,应当分别经该交易所所在地省级人民政府及拟设分支机构所在地省级人民政府批准,并按照属地监管原则,由相应省级人民政府负责监管。

二是各地股权交易市场经营管理机构负责市场管理,需建立健全管理制度和业务规则并规范日常管理。

三是中国证监会及其派出机构依据国发38号文、国办37号文及相关配套政策为各地股权交易市场提供业务指导和服务。

四是中国证券业协会对参与各地股权交易市场的证券公司进行自律管理。

据了解,目前天津市对天交所等交易所统一出台了《天津市交易场所监督管理暂行办法》作为地方监管的主要依据。

（2）交易所

全国股份转让系统、天交所等场外市场的挂牌审核都遵循市场化原则，充分发挥主办券商和保荐机构、会计师事务所、律师事务所、资产评估机构等中介机构的作用，在整个挂牌过程中市场各方参与者各司其职、归位尽责（见表3）。

表3　市场各方参与者在场外市场挂牌中的责任

主要文件	券商/保荐机构	律师	会计师	评估师	公司
挂牌转让说明书	√	⊙	⊙		⊙
财务报表和审计报告			√		⊙
法律意见书		√			
主办券商/保荐机构推荐报告	√				
申请报告	√				⊙
董事会、股东大会决议		√			⊙
资产评估报告				√	⊙
尽职调查报告	√				⊙
推荐挂牌和持续督导协议	√				√
主办券商内部核查表和风险评估表（或有）	√				
内部核查意见	√				
尽职调查工作文件	√				⊙

注：√为主要责任方，⊙为支持方。

（二）监管内容

场外市场的监管内容从其运行过程看主要包括挂牌监管、融资监管、交易监管及转板、摘牌退出监管以及贯穿新三板市场、天交所的一条主线——信息披露监管。其主要内容涉及市场准入监管、信息披露监管和交易监管三个方面。本文从市场准入、信息披露和交易三个方面来比较新三板市场、天交所监管与主板市场、中小板市场、创业板市场监管的差异。

（1）市场准入监管

市场准入监管是监管机构依法对进入场外交易市场的各种客体（证券）

和主体进行注册或核准。虽然主板市场、中小板市场、创业板市场和新三板市场都受到中国证监会的统一监管,但是它们的审核部门和审核方式是不同的。主板市场和中小板市场的审核部门是中国证监会发行部,创业板市场是中国证监会创业板发行监管办公室,新三板市场是中国证券监会非上市公众公司监管部,而天交所等股权交易市场主要由交易所和地方金融主管部门审核;审核方式上,主板市场、中小板市场和创业板市场等场内市场是核准制,新三板市场,要求其股东人数低于 200 人的,由全国股份转让公司审核,简易核准(类似注册制),股东人数超过 200 人的,由中国证监会审核,审核流程简单便捷,周期 2 个月左右,天交所等股权交易市场则由交易所自主审核,金融主管部门备案。相对于主板市场、中小板市场、创业板市场等场内交易市场严格的准入门槛,新三板市场的准入标准要低。由表 4 可以看出,新三板市场、天交所等场外市场挂牌条件非常宽松,没有财务和规模条件限制,需要的仅是挂牌企业具有持续经营能力,但场外市场更加侧重挂牌后的持续监管,要求主办券商和保荐机构推荐和终身督导制。相比主板市场的两年和创业板市场的三年督导期,场外市场主办券商和保荐机构能够长期对挂牌企业进行监督,促进其持续提高公司治理能力和规范运营,天交所更是规定了一季度一次现场检查,半年一次培训的辅导要求。

表 4　新三板市场、天交所与主板市场、中小板市场、创业板市场挂牌条件对比

市场制度	天交所	新三板市场	创业板市场	主板市场和中小板市场
上市主体资格	非上市非公众公司	中国证监会核准的非上市公众公司	股票已公开发行	股票已公开发行
股东人数要求	不超过 200 人	可超过 200 人	不少于 200 人	不少于 200 人
存续时间	无要求	存续满两年	存续满三年	存续满三年
盈利指标要求	具有持续盈利能力	具有持续盈利能力	近两年连续盈利,净利润累计不少于 1000 万元;或近一年净利润不少于 500 万元,营收不少于 5000 万元,近两年营收增长率不低于 30%	近三个会计年度净利润为正,累计超 3000 万元,净利润以扣除非经常性损失前后较低者为计算依据

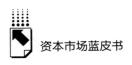

续表

市场制度	天交所	新三板市场	创业板市场	主板市场和中小板市场
现金流要求	无	无	无	近三个会计年度现金流累计超过 5000 万元；或近三个会计年度营收超过 3 亿元
净资产要求	无	无	最近一个期末净资产不少于 2000 万元，且不存在未弥补亏损	最近一个期末无形资产占净资产比例不高于 20%
股本总额	无	无	公司股本总额不少于 3000 万元	公司股本总额不少于 5000 万元
其他条件	保荐机构推荐并持续督导	主券商推荐并持续督导	持续督导期为上市当年剩余时间及其后三个会计年度	持续督导期为上市当年剩余时间及其后两个会计年度

（2）信息披露监管

信息披露监管是证券市场监管的有效手段，也是最经济的监管方式。中国证监会发布的《非上市公众公司监督管理办法》《非上市公众公司监管指引》《非上市公众公司信息披露内容与格式准则》等部门规章，全国股份转让系统公司制定的《全国中小企业股份转让系统业务规则（试行）》《全国中小企业股份转让系统挂牌公司信息披露细则（试行）》等业务细则明确了新三板市场信息披露的内容（包括强制性内容与自愿披露内容），制定了统一的格式规范，而天交所等场外交易市场在遵守地方政府监管要求的基础上，更多地参考了非上市公众公司信息披露的相关要求制定了自己的信息披露管理办法，并在此基础上进行了制度上的创新，比如天交所除了鼓励企业披露年度报告、中期报告等定期报告和三会决议以及重大事项等临时公告外，还鼓励企业披露业绩预告、季度重大事项声明、半年度公司治理情况声明、半年度公司管理情况报告、投资人权益保护年度报告，同时，还要求保荐机构每季度披露现场检查报告。

表 5 给出了新三板市场、天交所与主板市场、中小板市场、创业板市场的信息披露对比。相对于主板市场、中小板市场、创业板市场等场内市场较

低的风险包容度、强制性的充分信息披露，新三板市场、天交所等场外市场对于信息披露只要求企业必须充分披露对投资者决策有用的信息。比如，新三板市场、天交所的《公开转让说明书》和《挂牌交易说明书》与主板市场、创业板市场的《招股说明书》在章节要求上有较大区别。新三板市场、天交所要求主办券商和保荐机构披露推荐意见书、风险提示公告，而且对于挂牌公司的信息披露要求主办券商和保荐机构持续督导，由此可以看出，新三板市场、天交所的信息披露均注重市场化原则，注重发挥主办券商和保荐机构这一市场主体的作用。

表5　新三板市场、天交所与主板市场、中小板市场、创业板市场的信息披露对比

	天交所	新三板市场	创业板市场	主板市场和中小板市场
性质	适度信息披露	适度信息披露	强制信息披露	强制信息披露
年报/中报/季报	要求/要求/鼓励	要求/要求/鼓励	要求/要求/要求	要求/要求/要求
临时报告	要求	要求（14项基本披露，少于创业板市场）	要求	要求
财务报告审计	要求	要求	要求	要求
券商信息披露	保荐机构推荐意见书、季度现场检查报告	主办券商披露推荐报告、风险提示公告	不要求	不要求
披露场所	指定网站	指定网站	中国证监会指定网站、媒体	中国证监会指定网站、媒体
信息披露监管	保荐机构督导、交易所监管	主办券商督导	交易所自律监管、中国证监会行政监管	交易所自律监管、中国证监会行政监管

（3）交易监管

交易监管是指全国股份转让系统和天交所对证券交易运行过程进行监控，及时发现违法违规问题，并依照规定的程序进行处理。主板市场、中小板市场、创业板市场目前主要采用的是竞价交易方式，同时辅以协议大宗交易和盘后定价大宗交易方式。而新三板市场则采用协议方式、做市方式、竞价方式三种交易方式，天交所作为场外交易市场的先行者在国内也率先采用

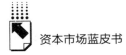
集合竞价、做市商报价和协议成交三种混合交易方式，后在监管部门的要求下将交易方式调整为点选成交和协议成交两种交易方式。目前，新三板市场挂牌公司股票采取做市转让方式的，必须有 2 家以上做市商为其提供报价服务，做市商应当持续发布买卖双向报价，并在报价范围内履行与投资者的成交义务。此外，新三板市场挂牌公司股票可实行标准化连续交易，实行 T +1 规则，对股票转让不设涨跌幅限制，而天交所则按照监管要求采取非标准化交易，实行 T + 5 规则，涨跌幅限制在 10% 以内，无价差要求。由表 6 可以看出，与主板市场、中小板市场、创业板市场相比，新三板市场、天交所在交易方式上有了很大的创新。

表6　新三板市场、天交所与主板市场、中小板市场、创业板市场交易方式对比

制度	天交所	新三板市场	主板市场、中小板市场与创业板市场
大股东交易限制	挂牌企业发起人所持有的本公司股份自挂牌之日起一年内不得转让	在挂牌前持有的股票分三批解禁，每批解禁数量为其挂牌前所持股票的三分之一，解禁的时间分别为挂牌之日、挂牌期满一年和两年。主办券商为开展做市业务取得的做市初始库存股票除外	发行人公开发行股票前已发行的股份，自发行人股票上市之日起一年内不得转让。控股股东和实际控制人应当承诺自发行人股票上市之日起三十六个月内不转让
交易方式	点选成交和协议成交	可以采取协议方式、做市方式、竞价方式或其他中国证监会批准的转让方式	证券采用竞价交易方式，大宗交易采用协议大宗交易方式和盘后定价大宗交易方式
交易时间	每周一至周五 9∶15 至 11∶30，13∶00 至 15∶00	每周一至周五 9∶15 至 11∶30，13∶00 至 15∶00	每周一至周五 9∶30 至 11∶30，13∶00 至 15∶00
涨跌幅限制	涨跌幅限制比例为 10%	股票转让不设涨跌幅限制	涨跌幅限制比例为 10%，ST 和＊ST 等被实施特别处理的股票价格涨跌幅限制比例为 5%
数量限制	申报数量 1000 股或其整数倍，企业股东不得超过 200 人	申报数量应当为 1000 股或其整数倍	通过竞价交易买入股票的，申报数量应当为 100 股或其整数倍

四 场外市场监管制度的缺陷与对策

通过第三部分的分析可知，新三板市场、天交所等场外市场在监管机构和市场准入、信息披露以及交易方式等方面，与主板市场、中小板市场、创业板市场等场内市场相比，存在很大的差异。场外市场的监管原则是以市场自律监管为主，监管框架是由中国证监会的行政监管、市场自律监管和地方政府监管共同构成，而且市场自律监管是其主要部分，强调交易所对市场的监管职能并且注重发挥市场服务机构的作用。坚持市场化原则是大势所趋，也是资本市场改革的方向。但是，目前场外市场监管存在以下缺陷。

除了新三板市场外，其他场外股权交易市场存在监管缺失的问题，表现在中央和地方两个层面：《证券法》等相关法律未对场外股权交易市场的法律地位和相关资本市场活动进行规定，未对场外股权交易市场的监管机制做出具体安排，国家有关部门也未对场外股权交易市场进行监管；地方监管主体不明确，监管制度缺乏，监管流于形式化。

（1）自律性监管本身也存在一定的制度缺陷

场外资本市场本身是一个社会性权利义务集合体，体现着各方主体交织相融的利益关系。在这样的市场上，仅仅依靠传统契约法的规范，社会公众特别是投资者难以建立对证券交易的稳定预期，而证券资产的"虚拟性"所招致的信息不完全，更会助长社会的不信任情绪，因此有必要确立具有国家强制力的监管制度来消除这种不利影响。而我国目前对场外市场的主要监管方式是市场自律性监管。这种自律性监管存在着天然的缺陷。早在1973年，美国国会就指出了证券业自律监管制度存在严重的缺陷："一个行业自律监管的内在缺陷众所周知：对被监管部分的天生的监管热情，试图利用正面的行业监管阻止或者消除更为有意义的监管，通过施加与监管需要相悖的反竞争手段，促进自身利益的商业倾向，由于潜在经济利益驱动而拒绝改变监管模式。"全国股份转让系统公司（下称系统公司）既是新三板市场的管理者又是自律者，当系统公司的利益与投资者的利益发生冲突时，其很有可

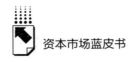

能会为了维护系统公司的利益而损害投资者的利益。

（2）监管力度不够

新三板市场、天交所等场外市场不是行政机关，不具有行政处罚的权力，因此，其对违法违规行为的惩处力度显然不足。其自律监管措施主要包括：要求申请挂牌公司、挂牌公司及其他信息披露义务人或者其董事（会）、监事（会）和高级管理人员、主办券商、证券服务机构及其相关人员对有关问题作出解释、说明和披露；要求申请挂牌公司、挂牌公司聘请的中介机构对公司存在的问题进行核查并发表意见；约见谈话；要求提交书面承诺；出具警示函；责令改正；暂不受理相关主办券商和推荐机构、证券服务机构或其相关人出具的文件；暂停解除挂牌公司控股股东、实际控制人的股票（权）限售；限制（证券）账户交易；通报批评；公开谴责；向中国证监会及其他权力机关报告有关违法违规行为等。市场自律监管的惩处力度明显不足，处罚手段缺乏，使其自律监管效果大打折扣。而且，对于主办券商和推荐机构的督导缺乏强制力，进一步降低了场外市场的监管力度。

场外市场是为创新型、创业型、成长型的中小微企业提供服务的场所，其功能定位有别于场内市场，如果其监管模式与场内市场相同，则其监管成本较高，将打消企业在场外市场的挂牌意愿，不利于发挥场外市场"蓄水池"和"孵化器"的功能。而且中国证监会对场外市场的行政监管不可能做到事无巨细、面面俱到，对场外市场的监管还应依赖于各市场的自律监管。但正如上文所述，场外市场监管面临自律性监管本身的制度缺陷和监管力度不够的问题，因此，笔者建议加大场外市场对申请挂牌公司、挂牌公司及其他信息披露义务人、主办券商等市场参与人违法违规行为的惩处力度。同时，如前文所述，自律性监管存在着天然的缺陷，场外市场既是管理者又是自律者，当系统公司利益与投资者的利益发生冲突时，其很有可能会为了维护公司的利益而损害投资者的利益。因此，应该加大中国证监会对场外市场及其相关人员违法违规行为的惩处力度。此外，应对市场进行分层管理，实行不同的财务指标和信息披露要求，并提供更多的交易方式进行选择，即分层监管。据了解，天交所已经率先在场外市场中实行了挂牌企业分层管理和分层监管的做法，并取得了良好的效果。

参考文献

［1］付珍珠：《"新三板"市场的形成、现状及作用》，《中国市场》2014年第12期。

［2］高峦、钟冠华：《中国场外交易市场发展报告（2012～2013）》，社会科学文献出版社，2013。

［3］高峦、韩家清：《中国场外交易市场发展报告（2013～2014）》，社会科学文献出版社，2014。

［4］侯睿：《场外市场监管制度研究》，西南财经大学硕士学位论文，2011。

［5］黄晓颖：《我国多层次资本市场的现状与发展》，《特区经济》2014年第6期。

［6］李金凤、王轶楠、雷禹：《基于多层次资本市场框架构建中国OTC市场》，《中央财经大学学报》2010年第2期。

［7］李响玲：《试论我国证券场外交易市场监管制度的完善》，《证券法苑》2012年第1期。

［8］吕新元：《新三板市场现状与机制完善研究》，《中国市场》2014年第28期。

［9］门义超、赵迎斌：《我国创业板市场的制度缺陷》，《合作经济与科技》2012年第2期。

［10］肖刚：《健全多层次资本市场》，《资本市场》2014年第5期。

［11］杨丽娜：《对我国创业板监管模式的思考》，《时代金融》2010年第1期。

［12］张鼎：《我国多层次资本市场体系完善路径》，《时代金融》2013年第26期。

［13］赵彦昌：《论我国多层次资本市场面临的问题及对策》，《商场现代化》2014年第12期。

［14］朱双嬉：《我国新三板市场与创业板市场的运行特征比较——基于市场综合指数的实证分析》，山东大学硕士学位论文，2014。

B.13

场外交易市场制度建设的
国际比较及启示[*]

杜金向 王振召 张俊强[**]

摘　要： 证券场外交易市场在整个资本市场体系中处于基础地位，是整个资本市场不可缺少的组成部分，它在培养优质企业，为处于不同发展阶段的市场主体拓宽投融资渠道、带动区域经济的发展以及对整个资本市场体系的完善等方面都起着不可忽视的作用。境外典型场外交易市场制度建设经验丰富的国家，比如英国、美国、德国、日本以及我国的台湾地区，大都建立了比较完善的场外交易市场，最大限度地满足了不同市场主体对资金的需求。为了使我国证券场外交易市场能够得到更好的发展，在充分对比境外典型场外交易市场制度建设吸取其先进经验的同时，应结合我国建立场外交易市场的实际情况，使其在市场运行和制度建立上逐步健全和完善。

关键词： 场外交易市场　制度建设　资本市场

---

* 国家社科基金项目（项目编号：13BJY172）：《城镇化进程中县域经济与县域金融服务协同发展研究》。
天津市教委高等学校创新团队（项目编号：TD12-5055）：《小微企业的创新发展机制及国际比较研究》。
** 杜金向，天津财经大学金融系副教授，硕士生导师；王振召，天津财经大学金融系硕士研究生；张俊强，天津财经大学金融系硕士研究生。

一　引言

完善的资本市场是经过长期发展而形成的一个多层次、金字塔形的机构体系，是为处于不同发展阶段的企业提供股权流通转让的渠道和融资平台。换而言之，一个完善的资本市场，除了具有能为符合条件的成熟企业服务的场内交易市场（证券交易所）之外，还需要具备能为中小企业提供融资渠道、为创业投资者提供退出机制、为场内市场培养上市企业的场外交易市场。世界上资本市场较发达的国家或者地区都很重视场外交易市场的发展完善，而我国的经济体制改革历史较短，资本市场的起步较晚，场外交易市场的发展道路很不平坦，导致我国的资本市场体系还不是很健全。

至今，我国加入 WTO 已有十余年，在这十余年的时间里，我国经济突飞猛进，如今已成为世界第二大经济体。同时，伴随着全球经济一体化的发展，我国经济与世界经济之间的联系越来越紧密。然而我国的资本市场却发展的不完善，与我国的经济实力极不相称，这严重影响了我国企业在资本市场上的融资规模，也不利于我国企业参与国际间的竞争。为了改善这一现状，发展我国的多层次资本市场是必经之路。值得一提的是，党的十八大报告中明确提出了要尽快建设和发展我国的多层次资本市场。

为了尽快将我国的资本市场建设成为一个结构合理、功能健全、全面有效的资本市场体系，我们需要借鉴境外已经发展成熟的场外交易市场的建设经验。本文主要通过对比境外典型的场外交易市场的制度建设，并且结合我国场外交易市场在制度建设方面的现状，引发对我国场外交易市场制度建设的思考。

二　境外典型场外交易市场的制度建设

今天，场外交易市场已经成为成熟的资本市场体系中的重要组成部分，其对一国经济发展有着重要的促进作用。我国的场外交易市场体系已具雏

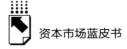

形，但相关的制度建设还不完善，需要尽快建立完善的制度体系，以保证场外交易市场的顺利运作以及场内交易市场和场外交易市场的联动，进而更好地为我国各种规模和各种类型的企业提供服务。为了又快又好地解决这一问题，需要借鉴国际上一些发达的资本市场体系的建设经验。因此，本文选取了美国、英国、德国、日本、我国台湾地区的场外交易市场体系作为研究对象，研究它们的场外交易市场体系以及相关制度建设。

（一）美国场外交易市场的制度建设

美国的资本市场自 1792 年正式形成以来，经过两百多年的发展，已经建立起相当完善的证券市场法律法规制度，并且形成了世界上最完整的、多层次化的资本市场体系（见图 1）。

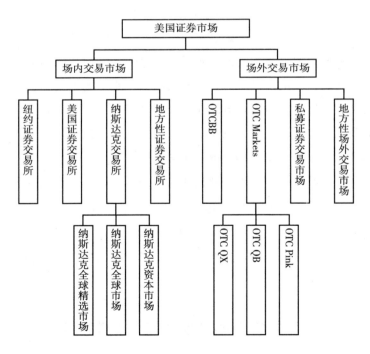

图 1　美国资本市场体系

资料来源：高峦主编《中国场外交易市场发展报告（2012～2013）》，社会科学文献出版社，2013，第 33 页。经过笔者整理。

美国的证券市场体系是金字塔式的。塔尖部分是全国性的证券交易所，这部分的交易所数量最少，只有美国证券交易所、纳斯达克交易所①和纽约证券交易所三家；中间部分是区域性的交易所，包括芝加哥期权交易所、中西部证券交易所、太平洋证券交易所、费城证券交易所等；塔底部分是场外交易市场，主要包括 OTCBB、OTC Markets（其前身为粉单市场）和私募证券交易市场。

美国的场外交易市场体系又由三个层次的场外交易市场组成，第一层次为全国性的公开报价系统，包括 OTCBB 和 OTC Markets；第二层次为地方性柜台交易市场；第三层次为私募证券交易市场，其为仅限于机构投资者参与的市场。其中，OTC Markets 根据所披露信息数量和质量将市场划分为三个层级：第一层为 OTCQX，在此报价的公司信息披露得最充分，其公司质量也最好；第二层为 OTCQB，在该市场上，挂牌企业需向 SEC 注册，并按要求履行信息披露义务。第三层为 OTC Pink，也就是最初的粉单市场，该市场按照公司信息披露的程度又可分为实时信息市场②、有限信息市场③、无信息市场④三个子市场。

美国的场外交易市场体系，结构完整，层次分明，能够满足各种类型企业的各种融资需求，并且在入市门槛、交易制度、监管模式、信息披露和转板机制等方面做出了完善的制度安排。分述如下。

1. 企业入市门槛

OTCBB 对挂牌企业的净资产和利润没有要求。在 1999 年前对于报价的证券只要求有做市商推荐；在 1999 年以后，上市条件只有两条：一是由具备资格的做市商推荐；二是已向 SEC 注册。

---

① 2006 年 1 月 13 日，NASDAQ 正式转型为全国性证券交易所。同年 2 月，将股票市场分为三个层次：纳斯达克全球精选市场、纳斯达克全球市场以及纳斯达克资本市场。
② 该市场的公司遵循国际化的信息报告标准或替代性报告标准，根据粉单市场基本信息披露指南，进行披露。
③ 该市场的公司只披露有限的信息，出于两种原因：一是公司面临财务报告问题，经济困境或破产；二是公司可能没问题，但是不愿意根据粉单市场基本信息披露指南提供信息披露。
④ 该市场的公司不提供信息披露。

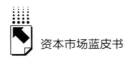

OTC Markets 的入市门槛则更低，只要拟挂牌企业有符合条件的做市商为其提供报价即可。

私募证券交易市场是一个相对封闭的市场，入市条件是只要其发行符合1990 年"144A 规则"的规定即可。

2. 交易制度

美国场外交易市场实行以做市商制度为主的交易制度。OTCBB 和 OTC Markets 都采用做市商交易，而私募证券交易市场则采用议价转让制度。

3. 监管模式

美国场外交易市场的监管，采用的是在政府的统一指导下，由行业协会自我监管的模式。

场外交易市场的监管机构原来只有全美证券商协会，2007 年后，新成立的美国金融业监管局成为证券业的自律监管机构。因此，美国的场外交易市场便形成了政府指导、行业自律的监管模式。

4. 信息披露

早期的场外交易市场没有对信息披露的要求，后来随着场外交易市场的不断发展壮大，其系统性风险也在不断加大，为了控制风险，稳定市场的发展，便开始要求相关挂牌企业也进行信息披露。

OTCBB 刚成立时，挂牌公司参照《1933 年证券法》和《1934 年证券交易法》自愿进行信息披露。从 1993 年 12 月起，按照 SEC 的要求，美国境内所有 OTC 证券交易要在交易后 90 秒内经 ACTSM 进行报告。从 1999 年起，根据 SEC 发布的《OTCBB 监管规则》，OTCBB 要定期向 SEC 披露经过审计的年报和季报。

OTC Markets 对信息披露没有强制要求。但是，如有下列情况发生，发行人需向 SEC 提供适量的适时信息：（1）初次挂牌；（2）公司内幕人士或关联人在柜台市场交易公司证券；（3）公司内幕人士或关联人直接或间接参与公司证券的营销活动；（4）私募证券首次在柜台市场挂牌交易。

5. 转板机制

美国的证券交易市场存在严格的转板机制，当低层次市场上挂牌的企业满足了一定条件后，则可申请转板到高层次的市场，当高层次市场上挂牌的企业达不到该市场的相关要求后，则会被摘牌降至低层次的市场，这种严格的优胜劣汰机制有利于各层次市场的健康发展。例如，OTCBB 市场与纳斯达克市场之间的转板制度，当 OTCBB 市场上的企业在净资产、税后利润、市值、流通股数、最低股价、股东人数、做市商数等方面满足了相关要求后，可以申请转板至纳斯达克市场；当纳斯达克市场上的企业股价达不到相关要求后，并在一定期限内没有改善时，则被摘牌降至 OTCBB 市场。

（二）英国场外交易市场的制度建设

英国的资本市场体系由伦敦证券交易所、AIM① 和 PLUS 市场（其前身为 off－exchange）组成，其中 AIM 和 PLUS 市场又组成了英国的场外交易市场体系。其场外交易市场体系见图 2。

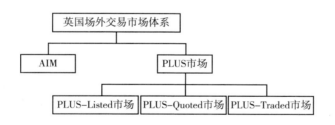

图 2　英国场外交易市场体系

资料来源：根据相关资料整理而成。

在英国的资本市场体系中，伦敦证券交易所是英国的主板市场；AIM 是由伦敦证券交易所主办，面向所有中小企业公开募股的场外交易市场。AIM 有自己独立的运作机制，《AIM 上市规则》规定了详细的企业准入门槛，且实行保荐人制度；PLUS 市场比 AIM 低一层次，服务对象是更为初级的中小企业，其准入门槛更低，为那些不能在主板市场或 AIM 挂牌交易的公司创

---

① Alternative Investment Market.

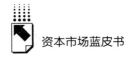

造了融资条件。目前 PLUS 市场又分为 PLUS – Listed 市场、PLUS – Quoted 市场和 PLUS – Traded 市场这三个市场。其中，PLUS – Listed 市场是较高层次的受规范约束的市场，由于该市场的产生 2007 年以后从 PLUS – Quoted 市场转至 AIM 的企业数量大大减少。

英国的场外交易市场主要由 AIM 和 PLUS 市场组成，其相关制度建设如下。

1. 准入制度

AIM 没有设置最低的上市标准，对拟挂牌企业的规模、设立年限以及公众持股数量等没有硬性要求。但拟挂牌企业须做到以下两点：（1）任命一名经许可的指定保荐人和一名指定经纪人。（2）编制上市文件。其中的上市文件需涵盖以下信息：财务信息、业务介绍、董事介绍等。

PLUS 市场，作为比 AIM 更低层次的市场，其上市更加没有门槛限制，拟挂牌企业只需保证自身的合法性、有足够的股份进行流通以及由一名公司咨询商为其提供申请服务即可。

2. 交易制度

AIM 股票交易机制由计算机撮合成交和做市商报价系统构成，并以计算机撮合成交为主。该市场上的企业可以根据其股票的流动性来选取不同的交易方式，具体来说，股票流动性高的企业可以选择计算机撮合成交，反之，则可选择做市商报价系统。

PLUS 市场主要采取的是做市商制度。

3. 监管模式

英国对资本市场的监管包括政府的监管、行业协会的自律监管以及交易所的监管。对于场外交易市场来说，主要是行业自律监管。政府通过制定法律法规和采取非直接手段进行宏观调控，很少直接干预市场。

AIM 接受伦敦证券交易所的监管，伦敦证券交易所实施的是以终身保荐人为主的监管模式，通过该模式，AIM 将对上市公司的监管转变为对其保荐人的监管，这样有利于发挥保荐人的监管作用，防止保荐人和企业合谋作假，提高监管的效率。

PLUS 市场，在 2002 年以前是由 Jenkins 公司负责监管；2002 年，英国财政部将该市场批准为法定市场，正式接受英国金融服务监管局的监管。

4. 信息披露制度

在英国 AIM 上市的企业，需按照相关要求进行信息披露。披露的信息包括财务信息、业务介绍、董事介绍等。

PLUS 市场要求其上市公司负有信息持续披露义务，包括公开财务报告和重大事件报告。公开财务报告包括年度报告和中期报告；重大事件报告包括重大股权变动、重大交易、管理层变动、发行新股、会计准则的变化等。

5. 转板制度

英国的资本市场体系也存在转板机制，转板机制的存在将各个层次的证券市场联系在一起，构成了一个有机的整体。其转板制度是：在 PLUS 市场上的中小企业达到一定条件后，可以按法律规定申请直接进入 AIM 甚至主板市场。

（三）德国场外交易市场制度建设

德国场外交易市场自诞生以来就附属于德意志交易所（德交所）体系。2003 年德国证券市场进行制度改革后，德国证券交易所市场形成了由高级市场、一般市场、初级市场和准入市场组成的市场。其场外交易市场体系如图 3 所示。

图 3　德国场外交易市场体系

资料来源：根据相关资料整理而成。

德国场外交易市场相关制度设计如下。

1. 企业入市门槛

初级市场要求最小权益资本 25 万欧元，对企业设立年限要求最少一年，

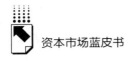
而对最小股本发行量、公众持股量等没有要求。

准入市场与初级市场的企业上市门槛基本相同，只是对企业最小设立年限没有要求。可以看出，准入市场的上市门槛比初级市场的要求更低。

2. 交易制度

准入市场和初级市场采取的是混合做市商制度，以德交所的 Xetra 为交易平台，该平台在开盘、收盘时采用集合竞价，盘中则逐笔交易，此外还采用了类似做市商制度的指定保证人制度，使得该平台兼具高流动性和低成本的优势。

3. 监管模式

德国场外交易市场的监管模式采用的也是复合监管模式：以交易所的自律监管为主，以政府的监管为辅。

德国场外交易市场比较特殊，不受严格的欧盟证券法的约束，而只受交易所的自律监管。德国场外交易市场监管体系的主要特点是高度集中。其监管机构包括：德国联邦金融监管局（Ba Fin）、各州的证券交易授权监督机构（ESA）和交易所监管部门（TSO）。其监管分工明确，相互统一。第一，德国联邦金融监管局根据《金融服务整合监管法》的规定来监管银行业、证券业和保险业。对于证券业，交易所内的交易和场外交易都要受其监管。第二，各州的证券交易授权监督机构的监管范围在州以内，它的监管重点是对证券交易所内的市场秩序和违规交易行为进行监督，对交易所监管部门报告的异常情况进行评估和直接监管，并且可对市场参与主体的违规操作进行惩罚。第三，交易所监管部门则主要负责实时监控证券交易，监督交易规则、制度的修订程序和监控投资者的持仓情况，当交易所监管部门遇到异常现象会及时提醒各州的证券交易授权监督机构和交易所的管理层做进一步调查。

4. 信息披露

初级市场要求入市企业按照本国标准提供年度报告与半年报告以及披露企业重大消息的报告。准入市场对上市企业没有信息披露的要求。

（四）日本场外交易市场制度建设

1963 年，日本场外交易市场 JASDAQ 出现，虽然出现比较晚，但通过 20 世纪 90 年代的迅速发展，日本已经建立了非常完善的多层次资本市场，2010 年 10 月 12 日，由大阪证交所与创业板合并后的"新 JASDAQ 市场"，超越韩国的 KOSDAQ 成为亚洲最大的创业板市场。

JASDAQ 是对证券交易所功能定位的补充，为中小企业的非上市企业提供融资平台，连接证券交易所，在证券交易所退市的企业可以在 JASDAQ 挂牌交易，并有明确的转板制度，JASDAQ 是标准的公司制交易市场。日本多层次资本市场体系如图 4 所示。

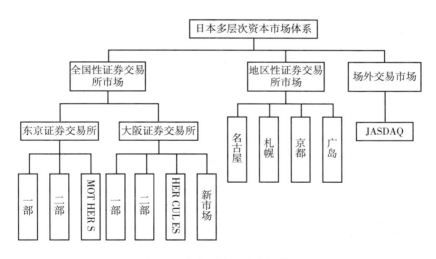

图 4 日本多层次资本市场体系

资料来源：根据相关资料整理。

1. 企业入市门槛

日本场外交易市场对市场准入门槛在最低市值方面做了如下规定：近期的一个营业年度最低 200 万日元的净资产。对于特殊股票，最低 2 亿日元以上。登记股票近期一个营业年度每股税前盈利最低 10 日元，对于特殊股票没有做过多要求。登记股票少于 2000 万股者，有最少 200 人

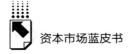

的股东人数限制。大于 2000 万股者，最低 400 人限制。特殊股票没有做过多限制。

2. 交易制度

日本场外交易市场采用混合交易方式，即竞价交易方式与做市商报价相结合。在 1976 年柜台交易市场设立之初，场外交易市场交易方式只是单纯的竞价交易方式，与东京证券交易所相同。到 1998 年 12 月由全美证券业协会和日本软银公司合作推出"日本纳斯达克"，随着竞争的加剧，为了实现活跃 JASDAQ 目的，日本证券业协会在原竞价交易方式基础上引入做市商交易系统。选出部分股票以做市商报价方式进行交易。自引入做市商制度以来，做市商交易的股票范围不断加大。

3. 监管模式

日本场外交易市场管理模式为政府监管和证券业协会行业自律两种。同美国一样，日本监管模式也是政府监管和行业自律相结合的监管模式。日本场外交易市场在政府监管方面由大藏省证券局统一负责管理，日本证券交易法规定，证券发行人在发行证券前必须向大藏省登记，交易争端由大藏省调解。证券局对证券经营监督管理方面负责，并且对证券公司活动和证券业协会的监督管理负责。日本 OTC 市场在受大藏省证券局监管的同时，也受证券业协会的监督管理。

证券业协会被《证券交易法》赋予了很大的自律权限，包括证券的登记、取消，监管每日柜台交易等职权。此外，证券业协会还可以自己制定相关自律规范并监督执行，以达到监管的目的。"株式店头市场监管专门委员会"就是由证券业协会设立，及时监视柜台交易市场交易情况，应对柜台交易市场发生的异常行情，调查其形成原因、查核有无涉及内幕交易等违法行为的监管机构。

4. 信息披露制度

日本场外交易市场实行的是以金融商品交易业协会管理为主，内阁总理大臣管理为辅的监管模式。店头行情交易中心是日本场外交易市场信息披露的场所，其成立于 1969 年，它的成立便利了场外交易市场上的信息披露。并且，日本在 1971 年对《证券交易法》的修订中，将信息披露纳入法律监管范围，2006 年，《证券交易法》更名为《金融商品交易法》，又规定了场外交易市场上有价证券信息披露的义务和具体内容，对信息披露制度进行了进一步的扩充和完善，赋予了证券业协会相当大的自律管理权限。

按照《金融商品交易法》规定，在场外交易市场上挂牌交易的企业，年中应发表半年报告，在年度会计期结束三个月内公布年度财务报表，并且对发表的财务报表必须进行审计。对于证券价格的公布，首先，证券卖方的证券商把各种证券的交易额和价格提交给证券业协会，其次证券业协会整理公告当日证券价格的最高价和最低价。

对于欲在场外交易市场上挂牌企业的首次信息披露的要求是：需将欲交易挂牌证券的牌名、种类、价格、数量以及证券业协会规定的其他事项制成报告书，并通过 PTS 系统进行披露。协会会员登记的撤销也通过 PTS 进行信息披露。证券业协会还必须将挂牌企业所进行的登记或者撤销事项及时报告给内阁总理大臣。

涉及以下事项的，必须经过内阁总理大臣的批准：规则变更或废止；登记以及取消登记的标准和方法；有关买卖价格的报告以及公开的事项；买卖其他交易合同的缔结方法；交割及其他结算办法。除以上各项所规定的事项以外，有关场外买卖有价证券的其他必要事项也必须得到内阁总理大臣的批准。

5. 转板机制

在转板方面，日本场外交易市场与东京证券交易所存在明确的转板机制，场外交易市场的企业达到东京证券交易所上市条件即可升板到东京证券交易所上市，同样，在东京证券交易所上市的企业，在不具备在东京证券交易所上市条件时，可转入二级板块市场或场外交易市场。东京证券交易所规定："终止上市的情形是在一级市场和二级市场中上市交易的公司若当年股票价格乘以发行股数的市值低于六亿日元，且在之后的九个月内不能恢复达到六亿日元。"

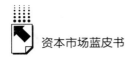

（五）台湾场外交易市场及其制度建设

我国台湾地区的证券市场由场内交易市场和场外交易市场组成，结构比较完整。场内交易市场为台湾证券交易所。目前台湾场外交易市场由柜台买卖中心所形成的高级形态和兴柜股票市场组成的低级形态两种形式或层次组成。台湾的资本市场划分为四个层次，除上市、上柜和兴柜三个市场外，还包括第四个层次盘商市场，即以盘商为中介的非公开的股权交易市场。台湾多层次的资本市场为不同类型投资者和不同规模企业提供了有效的融资平台。

台湾证券市场结构如图 5 所示。

图 5　台湾证券市场体系

资料来源：根据相关资料整理而成。

柜台买卖中心上柜公司数量如图 6 所示。

从图 6 可以看出，柜台买卖中心上柜公司的数量逐年增加，为柜台买卖中心保持稳定的增长和活跃度奠定了基础。场外交易市场在台湾资本市场中扮演着越来越重要的角色，不仅如此，柜台买卖中心作为场外交易市场第一形态已经坐上台湾证券市场的第二把交椅。

台湾场外交易市场相关制度设计如下。

1. 企业入市门槛

台湾柜台买卖中心对于登陆场外交易市场的企业做出了以下规定：第一，三年持续经营；第二，在持续经营期间，没有累计会计亏损；第三，实收资本在 5000 万新台币以上；第四，至少有两家推荐券商的

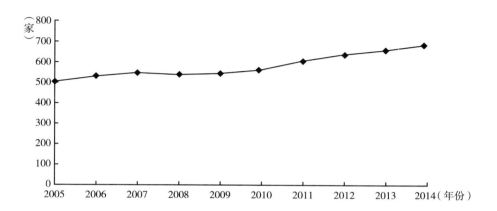

图6　柜台买卖中心上柜公司数量变化情况

资料来源：台湾证券柜台买卖中心。

推荐。

兴柜交易市场对企业没有任何要求，只要求有两家推荐券商推荐。准入审查采用书面审查的形式。

2. 交易制度

在台湾资本市场上存在多种交易制度，不同市场交易制度各不相同，做市商交易制度作为柜台交易市场最初的交易制度，由于这种交易制度容易操纵市场，投资者与做市商双方权利不对等等弊端，不利于活跃市场。后来引入了柜台交易电脑系统，形成做市商与竞价制度相结合的混合交易制度，而在兴柜交易市场上，还是纯粹地采用做市商制度，根据做市商在兴柜报价系统中所提供的报价，投资者委托推荐做市商以报价为基础进行议价交易。

3. 监管模式

台湾的监管制度是政府监管与行业自律管理相结合的模式。行政院金融监督管理委员会作为政府部门的代表是台湾地区证券交易的主管机关，证券柜台交易中心作为台湾证券场外交易市场的自律管理组织，对证券场外交易

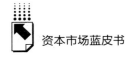

市场进行监管，是场外交易市场监管的主体。

台湾十分重视场外交易市场的自律管理，强调在政府监管的前提下，充分发挥自律组织的管理作用。场外交易市场的分散性，会加大政府监管的难度，增加监管的成本。自律组织管理作用的充分发挥能大大提高监管效率，减少成本。

1982年颁布的《证券商营业处所买卖有价证券管理办法》专门对店头市场管理做出规定，2000年以来，台湾当局逐步整合金融业务部门，2004年正式成立直属"行政院"的"金融监督管理委员会"，场外交易市场监管也被纳入其中。1994年成立的台湾证券买卖中心是台湾店头市场的主要管理者。

4. 信息披露制度

在信息披露方面，台湾场外交易市场不同层次遵循不同的制度。就披露内容来看，分为定期报告披露和临时报告披露。一级形态的柜台买卖中心比二级形态的兴柜交易市场更加严格，对于披露的信息方面要求更多。柜台买卖中心不仅对定期报告进行披露，还必须对定期报告进行审计，而兴柜交易市场不接受审计。对于临时报告披露，兴柜交易市场仅对诉讼重组等重大事项进行披露，柜台买卖中心仅规定临时披露事项。对于披露渠道，兴柜交易市场与柜台买卖中心共享柜台买卖中心观测站渠道进行披露外，还可以通过推荐券商网站等渠道进行披露。

5. 转板机制

台湾资本市场不同层次之间相互转板从1992年开始，之后不断有企业从柜台买卖中心升板到台湾证券交易所上市，对上柜公司转上市起到促进和便利作用的是2000年台湾证交所颁布的《上柜公司转申请上市审查准则》，其对上柜企业转上市的审查准则和作业程序做出了规定。盘商市场存在于资本市场最低形态，不能进行转板。另外，上柜公司转上市还必须达到一些其他条件要求，如在柜台交易中心挂牌交易超过一年，并且交易期间不存在交易形式的改变和停牌等事件。兴柜交易市场上的企业转上柜市场或台湾证券交易所上市，必须在兴柜交易市场交易满六个月。对于转上市的企业，台湾证券交易所对于已经在柜台买卖中心审核过的数据内容不再重复审查，缩减了审查程序的时间和过程。但对提交申请转上市的企业的财务、业务存在异常的，台湾证券交易所有必要按照一般上市审查作业程序进行审查。

三 境外场外交易市场制度建设的多维度比较

为了更直观地分析各种交易制度的优劣，本文选取五个具有代表性的场外交易市场，包括美国场外柜台交易系统 OTCBB、英国 PLUS 市场、德国准入市场、日本 JASDAQ 市场和台湾柜台买卖中心市场（GTSM），分别从以下几个方面对其进行多维度对比分析，以期对建立健全我国场外交易市场法律法规制度提供经验借鉴。

（一）境外场外交易市场上市公司准入门槛对比分析

对于准入门槛，本文主要从最低净资产、盈利要求、最小设立年限、股权分散限制四个方面的要求来进行对比，所选的五个场外交易市场的具体情况如表 1 所示。

表 1　境外场外交易市场公司上市门槛对比

入市相关要求 ＼ 市场名称	美国 OTCBB	英国 PLUS	德国准入市场	日本 JASDAQ	台湾 GTSM
最低净资产	无要求	无要求	最小权益资本 25 万欧元	登记股票，最近一营业年度年底净资产不少于 200 万日元；而特殊股票则不少于 2 亿日元	一般类公司 1 亿元新台币；创新成长型公司 5000 万元新台币

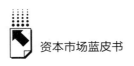

入市相关要求 / 市场名称	美国 OTCBB	英国 PLUS	德国准入市场	日本 JASDAQ	台湾 GTSM
盈利要求	无	无	无	登记股票最近一营业年度每股税前盈余不少于 10 日元；特殊股票无要求	不考虑少数股东纯收益在合并财务报表的影响下，营业利益及税前纯收益占实收资本额之比率最近一年度达 4% 以上，并且最近一个会计年度会计结算无累计亏损，最近两年达 2%，最近一个会计年度好于上个会计年度。最近一个会计年度决算营业利益及税前净利润最低 400 万元新台币
最小设立年限	无要求	无要求	无要求		两个完整会计年度
股权分散限制	无要求	无要求	无要求	对于登记股票来说，流通在外发行股数少于 2000 万股的，最低 200 人股东人数；大于 2000 万股的，最低 400 人股东人数。特殊股票无限制	1000 股到 50000 股的记名股东持有者不得少于 300 人，且其持有份额不得少于发行股份的 10% 或超过 500 万股

　　通过对比可以发现：美国的 OTCBB 和英国的 PLUS 对最低净资产、盈利要求、最小设立年限、股权分散限制四个方面的内容没有任何要求；而德国的准入市场仅对最低净资产有要求，但要求也不高；相对而言，日本的 JASDAQ 和台湾的 GTSM 则对这四个方面的内容有着严格的要求。

　　所选的五个场外交易市场对挂牌企业在这四个方面的要求并不统一，这是由各场外交易市场自身在整个资本市场中的层次和功能决定的。但有一个共同点，那就是对挂牌公司的要求都不同程度地低于其场内交易市场。

（二）境外场外交易市场运作模式对比分析

场外交易市场在运作模式上有制度化的管理和没有规范的制度化设计之分，在所选的五个市场中，美国的 OTCBB 和英国的 PLUS 在运作模式上没有规范的制度化设计，而德国的准入市场、日本的 JASDAQ 和台湾的 GTSM 则采取了制度化管理的运作模式。

通过对比我们可以发现，场外交易市场在建设和运营的过程中，应该在充分考虑自身所面临的政治、经济、文化等宏观环境的基础上，合理地安排适合自身发展的运作模式。

（三）境外场外交易市场交易制度对比分析

场外交易市场的主要交易制度有竞价交易制度、做市商交易制度以及混合型交易制度。

所选的五个场外交易市场采取的交易制度如表 2 所示。

表 2　场外交易市场采取的交易制度对比

场外交易市场名称	美国 OTCBB	英国 PLUS	德国准入市场	日本 JASDAQ	台湾 GTSM
交易制度	传统做市商制度	混合型做市商制度	混合型做市商制度	混合型做市商制度	混合型做市商制度

在这五个市场中，只有美国的 OTCBB 采取的是传统的做市商制度，其他四个场外交易市场都是采取做市商制度和竞价制度相结合的混合型做市商制度，没有一个采取的是竞价交易制度。

通过比较发现，场外交易市场在交易制度选择方面更倾向于混合型做市商制度，其次是做市商交易制度。这是因为做市商交易制度和竞价交易制度相比，前者高流动性的优势更适合场外交易市场。而混合型做市商制度则将做市商制度和竞价制度两者结合起来，汲取了两者的优势，进而弥补了竞价交易制度下导致的流动性不足，尤其是大宗交易的困难，克服了传统做市商

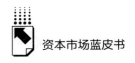

制度效率低下、成本较高等弊端。

此外，德国所采用的混合型做市商制度与其他市场的混合型做市商制度相比具有一定的特殊性，表现在：一是竞价交易以德交所的 Xetra 为交易平台；二是做市交易采用了类似做市商制度的指定保证人制度。可见，同样的交易制度也可以有不同的实现形式。

（四）境外场外交易市场监管模式对比分析

如今，复合监管模式已经成为各国对场外交易市场监管的主要模式。然而这种复合监管模式在各国的形成过程是不一样的：有自成立之初就采取复合监管模式的，如德国的准入市场；也有因场外交易市场的发展壮大对资本市场影响越来越大而纳入政府监管范围的，如美国的 OTCBB、英国的 PLUS 和日本的 JASDAQ。因此，各国当局应该视场外交易市场的具体情况，采取适当的监管模式。

所选的五个场外交易市场的复合监管模式如表 3 所示。

表3 境外场外交易市场监管模式

场外交易 市场名称	美国 OTCBB	英国 PLUS	德国准入市场	日本 JASDAQ	台湾 GTSM
监管机构	美国证券商协会和证券交易委员会	英国证监会和 JPJenkin 公司	德国联邦金融监管局、各州证券交易授权监督机构和交易所监察部门	JASDAQ 交易所、金融服务代理、证券交易监管委员会	证券监督管理委员会和柜台买卖中心

（五）境外典型场外交易市场的转板机制比较

所选的五个场外交易市场与它们所在的市场体系都存在确定的转板机制，其对比如表 4 所示。

表4 场外交易市场的转板机制对比

场外交易市场名称	美国 OTCBB	英国 PLUS	德国准入市场	日本 JASDAQ	台湾 GTSM
转板机制	OTCBB 与纳斯达克之间、纳斯达克内部各层次之间均有明确的转板制度	在 PLUS 挂牌交易的公司,当自身发展符合高一层级市场条件时,可通过自荐或私下募集两种方式转入 AIM 市场或伦敦证券交易所	—	场内交易所一部市场与二部市场存在明确的转板制度,低层次市场上的企业满足一定条件则可申请转板	层级分明、互相连通。在兴柜市场挂牌的企业满六个月后,可申请转板到高层次的市场,但仍需严格按照高层次市场的规定,根据程序进行挂牌活动

我们可以发现,境外典型场外交易市场无论是在升级转板还是降级转板方面都有十分灵活、非常明确的转板机制,除了台湾以外,其他几个场外交易市场均没有规定拟上市公司必须在低层次场外交易市场挂牌交易一段时间。转板制度是构建多层次资本市场的核心制度,明确的转板制度可以使各层次资本市场紧密构成一个有机的整体,进而使场外交易市场与场内市场进行优势互补,形成良性互动的新格局。

(六)场外交易市场的信息持续披露制度分析对比

除了德国的准入市场没有对信息披露作出规定外,美国的场外柜台交易系统 OTCBB、英国的 PLUS、日本的 JASDAQ 和台湾的 GTSM 这四个场外交易市场都对信息披露做出了规定,这些规定既有相同之处,也有不同之处,具体如表5所示。

通过对比我们发现,除了德国的准入市场对信息披露没有要求外,其他四个市场都要求进行信息披露。

对要求进行信息披露的四个市场的信息披露要求进行比较,可以发现:(1)对于年报,这四个市场都要求披露,而对于中报和季报,不同的市场有不同的安排,此外,无论是年报、中报还是季报,只要披露出来都需要通

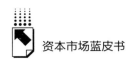

表5　典型场外交易市场信息持续披露制度比较

制度 \ 市场		美国 OTCBB	英国 PLUS	德国准入市场	日本 JASDAQ	台湾 GTSM
定期报告	年报	要求披露	要求披露	无披露要求	要求披露	要求披露
	中报	不要求	要求披露		要求披露	要求披露
	季报	要求披露	不要求		不要求	不要求
	是否需要审计	是	年报需要审计,中报不需要审计		是	是
临时报告		应在生效日前向美国证券交易委员会(SEC)报告公司的重大事项,包括合并、收购、改名以及其他重要事项	发生以下情况需发布临时报告:董事、企业主要股东和个人持股数量发生变化;董事变更;再融资活动;股利和其他收益分配情况;重大收购和出售资产情况;关联交易达到有关规定的5%以上等	无披露要求	与东京证券交易所类似	仅需披露存款不足之退票、诉讼、重组等对公司财务或业务有重大影响的情况
信息披露违规责任		中止交易等	无披露要求	无披露要求	无披露要求	柜台交易中心处罚
信息披露的监督机制		SEC	英国证监会	无披露要求	证券业协会	柜台买卖中心

过审计以保证信息的真实性;(2)对要求进行信息披露的市场都要求临时报告,以反映对公司有重大影响的情况;(3)OTCBB 和 GTSM 规定了对信息披露违规行为的惩罚方式,虽然惩罚的方式不同,但目的是一样的,都是为了避免和杜绝此类事情的再次发生。

(七)市场形成方式的比较

在这五个场外交易市场中,除了美国的 OTCBB 是由政府主导设立的,其他四个市场都是由市场自发形成的。

各个市场的成立方式对比如表6所示。

表6 场外交易市场的成立方式对比

场外交易市场名称	美国 OTCBB	英国 PLUS	德国准入市场	日本 JASDAQ	台湾 GTSM
形成方式	1990年6月,美国SEC根据1990年《低价股票改革法》,命令NASD为OTC证券交易市场设立的	由JP Jenkins公司于1995年10月2日设立,而JP Jenkins公司则是伦敦证券交易所登记在册的一家做市商	在2003年德国证券市场进行制度改革的情况下,德国证券交易所市场形成了由高级市场、一般市场、初级市场和场外交易市场(即准入市场)组成的市场	1992年,证券经纪人协会引入新的日本证券经纪人自动报价系统(JASDAQ)	1994年9月26日,台湾证券交易所、台湾证券商同业公会和台湾证券集中保管公司等共同出资成立了"台湾证券柜台买卖中心"

通过对比发现,场外交易市场大部分是由市场自发形成的,但也有政府为了某一目的而主导设立的,如美国的OTCBB就是为了便于交易并加强OTC市场的透明度而由政府主导设立的。无论哪种设立方式,只要市场找到了某一立足点,能够满足特定类型企业的上市融资要求,完善相关制度,就能够健康顺利地发展下去。

四 对我国场外交易市场制度建设的启示

综上所述,几个境外典型场外交易市场的建设经验,为起步较晚的我国场外交易市场提供了一些值得借鉴的地方。

(一)完善的法律法规是场外交易市场健康发展的前提

境外场外交易市场的发展历程告诉我们,场外交易市场要想健康、有效地发展,必须有相应的法律保障,确定场外交易市场的合法地位。在有法可依的前提下,才能快速健康地发展,境外典型场外交易市场的发展走向成熟,明确的法律必不可缺。

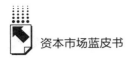

资本市场蓝皮书

从世界各国的做法来看，场内和场外交易市场都是证券市场必不可少的组成部分，《证券法》将场内、场外交易市场纳入其调整范围是顺理成章的事情。

（二）较低的准入门槛和完善的信息披露制度

场外交易市场的服务对象是中小企业，所以应该对企业的净资产、盈利能力、设立年限等方面的要求适当放宽，降低企业的入市门槛，只有这样才能为更多的有需求的中小企业提供相关服务，进而更好地发挥场外交易市场的功能。

在放低企业准入门槛的同时，还应完善相关的信息披露制度。完善的信息披露制度主要表现在两个方面：第一，制定统一的信息披露要求；第二，对违反信息披露行为的惩罚规定。完善的信息披露制度能够有效防止企业弄虚作假、欺骗投资者的行为的发生，有利于企业长远稳定地发展以及保护投资者的利益。

（三）集中监管为主，自律监管为辅

建立一个低风险、高效率的场外交易市场，充分发挥市场配置资源的作用是证券监管的总体目标。因此监管模式的选择要根据各国的实际情况，确保场外交易市场运行有序、信息透明、交易活跃、合理竞争。国外场外交易市场的监管模式不尽相同，各国都有自己的特点，我们虽不能照搬国外的监管模式，但可以从国外监管模式中学到一些经验，使我国的监管模式更加完善。

国外场外交易市场上的监督除了有政府监督外还有行业自律，主要是"集中监管为主，自律监管为辅"的监管模式。我国资本证券市场实行统一集中监管模式，这种模式下，容易使得监管不当，自律组织独立性不足，很难充分发挥其自律功能，造成监管的低效率。但场外交易市场监管对我国证券监管部门来说也是一个全新的领域。我们应该把对场外交易市场的监管纳入资本市场监管的范围，根据不同层次各市场的特点制定出相对灵活的监管

模式。采取"集中监管为主、自律监管为辅"的模式，减少政府直接干预，加强自律性组织对场外交易市场的监管。自律管理有特有的弹性和动机，减少政府干预监管的资源浪费，同时又不会影响市场对资源优化配置的功能。

英国的终身保荐人制度也值得借鉴，健全的保荐人制度对于场外交易市场监管规范的执行有很大作用，将公司与监管机构的博弈转变为保荐人与监管机构的重复博弈。适度放开管制，丰富市场产品，有助于活跃市场，增强市场影响力，改进对投融资双方的服务。

（四）交易组织形式向公司制方向发展

由于技术的发展和国际竞争的加剧，会员制已抵挡不住国际市场冲击的浪潮，而以营利为目的的公司制更能够提高交易所的竞争力，公司制具有分散所有权、分离所有权与交易权、挂牌上市等功能，适应当前环境的生存。目前国际上主要的证券交易机构都正在经历由会员制向公司制转变的浪潮，世界上主要的几个场外交易市场，大都已经从会员制转型为公司制，公司制内部之间严密的制衡制度，使之更加注重效率、成本和服务，而且公司制兼具了效率和公平，有利于激发市场制度和产品的创新，提高国际竞争力。

（五）做市商交易制度不断创新发展

从以上五个典型的场外交易市场交易制度的对比来看，美国市场不同于其他市场，只是传统的做市商制度，其他几个市场都是混合型做市商制度，交易制度的选择要根据各自的实际情况，然而更多的场外交易市场选择混合型做市商制度，意味着混合型做市商制度比单纯的做市商制度有着相对的优势。将做市商、集合竞价、连续竞价及协议转让结合起来是混合型做市商制度的特点，但这种结合不是简单地机械式地结合。首先，做市商制度在场外交易市场上具有重要的地位，其创造市场流动性、吸引投资者的特点，对低流动性的场外交易市场具有普遍的适应性。其次，混合型做市商制度继承了做市商和竞价交易共同的优点，能够阻止做市商利用自

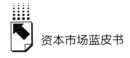

有资金操纵市场，竞价交易制度能够提高交易效率，降低交易成本，维护投资者利益。可以说采用混合型做市商制度已成为场外交易市场发展的一种趋势。

（六）建立和完善资本市场各层次之间顺畅的转板制度

一个成熟的多层次的资本市场必然能够适应和满足企业不同发展阶段、规模和投资者不同的风险收益偏好需要，资本市场内部有其内在的逻辑性，各个市场有其沟通的渠道，企业在不同阶段存在于相应的证券市场，建立主板市场、场外交易市场及各层次市场间的联系，使它们之间相互流通。各层次市场之间就要有有升有降的转板制度使之相互沟通。

场内市场与场外市场功能互补，场外市场需要与场内市场建立联系，实现合理分工，从最初的场外交易市场发展成为"场内＋场外"模式的纵向多层次资本市场。为不同发展阶段、有不同融资需求的企业提供相应的融资渠道。灵活的转板机制可以优化市场结构，劣质企业退出主板，优质企业晋级场内，减少企业上市成本。

参考文献

［1］邢会强：《多层次资本条市场件下转板机制的构建》，《南都学坛》2013 年第 10 期。

［2］赵静：《我国场外市场的自身定位与现实问题分析》，《时代金融》2014 年第 35 期。

［3］潘玉军：《我国新三板转板机制及对国际经验的借鉴研究》，《商品与质量》2011 年第 7 期。

［4］钱康宁、蒋健蓉：《多层次资本市场的转板机制》，《中国金融》2011 年第 7 期。

［5］杨星、范纯、郭璐：《场外市场交易制度的国际比较与借鉴》，《南方金融》2014 年第 11 期。

［6］刘燊：《多层次资本市场上市公司转板机制研究》，《证券法苑》2011 年第 2

期。

[7] 杨欢庆：《证券场外交易市场信息披露法律问题研究》，华侨大学硕士学位论文，2014。

[8] 马达：《美国境外市场发展的历程和启示》，《金融教学与研究》2008 年第 7 期。

[9] 柴颖：《新三板市场引入转板制度研究》，华东政法大学硕士学位论文，2012。

[10] 李响玲、周庆丰：《试论我国场外交易市场法律制度的完善》，《证券市场导报》2010 年第 9 期。

[11] 祝丽娟：《证券场外交易市场信息披露制度研究》，华东师范大学硕士学位论文，2011。

[12] 尹雯：《我国场外交易市场法律制度研究》，中国政法大学硕士学位论文，2011。

[13] 陈勇征：《台湾场外交易市场制度演进及风险管理》，南开大学博士学位论文，2014。

[14] 牟莉莉：《国际证券市场场外交易法律问题研究》，大连海事大学硕士学位论文，2003。

[15] 王小青：《论我国证券场外交易市场的法律规制》，河北经贸大学硕士学位论文，2014。

[16] 尹雯：《我国场外交易市场法律制度研究》，中国政法大学硕士学位论文，2011。

[17] 阮婷婷：《我国证券场外交易市场法律规制研究》，天津大学硕士学位论文，2010。

[18] 吴晔：《我国场外交易市场监管法律制度初探》，华东师范大学硕士学位论文，2011。

[19] 梁丹丹：《中国场外交易市场法律制度研究》，吉林大学硕士学位论文，2011。

[20] Kabir, *Security Market Regulation*：*An Empirical Investigation of Trading Suspension and Insider Trading Restriction Masstricht*：Datawyse Publishing House，1990.

[21] Grant, E. B., "Market Implication of Differential Amounts of Interim Information", *Journal of Accounting Research*（spring）1980.

[22] Niranjan Tripathy, Ramesh P. Rao, "Adverse Selection, Spread Behavior and Over – The – Counter Seasoned Equity Offerings", *The Journal of Financial Research*（1）1992.

案例探微篇

Case Study Papers

B.14
中小企业私募债券
担保问题研究[*]

——基于违约事件的委托代理分析

罗红梅**

摘　要：　通过对沪深证券交易所试点的中小企业私募债券违约事件分析，发现债券的担保作用受到抑制，担保公司的风险配置功能无从发挥。本文运用分布函数的参数化方法建立投资者和担保公司的委托—代理模型，得出破解中小企业私募债券担保问题的方法。本文得出的结论同样对解决场外股权交易市

＊　本文系山东省高校人文社科项目"中小企业新型融资模式比较（项目编号：J14WF58）""市场竞争与微型金融机构风险的关系研究（项目编号：J15WG15）"的阶段性成果；齐鲁工业大学人文社科校级规划项目"场外交易市场监管体系研究"成果。
＊＊　罗红梅，齐鲁工业大学金融学院讲师，天津财经大学经济学院金融学博士研究生。

场中小企业私募债券担保问题有借鉴意义。

关键词：　中小企业私募债券　担保　违约　分布函数的参数化方法

一　引言

2012 年 6 月中小企业私募债券在沪深交易所试点，债券发行采取备案制，进入门槛低，信息披露要求低，没有强制要求信用评级和担保增信，投资风险由市场参与者自行判断，是较为市场化的发行方式。相应地，中小企业私募债券的投资者会要求更高的风险溢价及合理的风险分担作补偿。担保公司作为直接融资中的中介，被寄予了降低债券违约风险的重任。由担保人[①]担保的中小企业私募债券发行占比为 91%[②]，担保人为专业担保公司（以下简称担保公司）的占比为 22%[③]。另外，宏观经济"三期叠加"及中小企业私募债券兑付期的集中到来，使债券的违约风险开始出现，担保公司"担而不保"等各种问题也加速暴露。正常经营的发债企业，如由问题担保公司担保，反而被市场认为违约风险加大，担保公司演变成了风险的扩散源。本文正是基于试点以来违约事件的梳理，分析并得出中小企业私募债券担保中的问题及破解方法。中小企业私募债券除了在沪深交易所试点外，也在全国各地的场外股权交易市场开展交易，本文得出的结论同样适用于场外股权交易市场。

二　文献综述

相比于一般的公司债券，中小企业私募债券的投融资双方存在更强的信

---

① 中小企业私募债券的担保人类型主要包括：担保公司、政府投融资平台、发债企业的关联公司。
② 文中数据如不特指，均来源于 Wind 资讯。
③ 文中只统计了担保人名称中含有"担保公司"字样的比例。

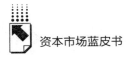

息不对称性，单纯的利率调整已不能使资金供求达到均衡，这是由于投资者的期望收益率和融资者逆向选择与道德风险相互牵制，只能达到低层次的彼此妥协，在信贷市场会有信贷配给，在债券市场就会出现发行不畅、流动性不强的现象。担保被认为是打破这种低层次均衡的途径之一，在经典的文献讨论中，担保的作用主要体现在减弱投融资双方的信息不对称及激励机制上。

大量文献讨论了担保减弱投融资双方信息不对称的途径和条件。阿克诺夫（1973）用二手车市场模型分析了"劣币驱逐良币"的现象，担保就是解决这种信息不对称的有效途径。尚和卡纳塔斯（1985）的经典文献讨论了信息不对称情况下担保的信号传递功能，主要结论是在贷款合约中，借款者的品质与担保数量呈正相关。我国学者根据不同金融市场的实践讨论了担保减弱信息不对称的前提条件。杨胜刚、胡海波（2006）认为，中小企业提供的反担保品的价值大于担保贷款本息时，才能减弱信息不对称，而中小企业往往提供不了足额的担保品，现实中的担保机构如果只获得部分担保品却承担过高的担保比例，反而会加剧信息不对称。

另外，担保能否产生正向的激励，来源于对投融资双方逆向选择风险和道德风险的控制。斯蒂格利茨（1981）和韦斯（1992）提出，担保虽然能减少借款者的冒险行为，但过高的担保要求，会撇下缺少担保品的贫穷者，促使富有的借款者借到款，而这些借到款的人相对更偏好风险，高额担保带来的负面效应将抵消正面的激励效应。李丽（2006）认为，在债券市场上，政府的强制担保要求产生了双重道德风险问题：发债企业的道德风险和投资者的道德风险。担保越多，发债企业选择的投资项目风险越大，企业违约概率增加；强制担保还模糊了机构投资者和个人投资者风险识别能力的差异，不利于债券收益率与公司债券的信用风险的匹配，不能对企业产生正向的激励。顾海峰、奚群羊（2009）认为，在信息不对称的情况下，信用担保行业的系统性风险越小，意味着信用担保实践的平均成功率越高，这将诱发经理人道德风险的发生。方红星等（2013）认为，上市公司的国有产权能发挥隐性担保的作用，而这种担保会使投资者忽视对公司信息质量的关注，存在诱发道德风险的可能。

具体到我国的债券市场，担保方式主要有第三方保证、抵押、质押、债转股特殊条款设计等。中小企业抵押物和质押物天然不足，以担保公司为代表的第三方保证成为重要增信方式。我国担保公司进入债券市场主要开始在2007年银监会发布《关于有效防范企业债担保风险的意见》后。该意见叫停了银行为企业债提供担保，担保业的债券履约功能开始体现。2010年3月，《融资性担保公司管理暂行办法》规范了融资性担保公司的监管要求，明确了融资性担保公司可以进行债券担保，促进了中小担保公司进入债券市场，地方再担保公司、民营担保公司日益增多，债券市场担保业类型逐渐多样化，担保公司日渐成为债券市场中最重要的角色。本文正是基于我国中小企业私募债券市场担保业的现实，通过违约事件，着重分析担保公司如何更好地促进债券履约功能的发挥。

三　中小企业私募债券违约事件分析

（一）数据分析

本文根据网络媒体公开的资料整理了试点以来的10例中小企业私募债券违约事件，并以2012年6月至2015年4月在沪深交易所上市的中小企业私募债为样本，来观察整个市场的运行情况。

表1　中小企业私募债券违约情况一览

发债企业	发行后多长时间违约	发行前存在的问题	担保人	担保方式	担保内容及问题	承销商	违约方式
13中森	1年	发行前企业财务异常增长	中海信达担保有限公司	第三方保证	中海信达分公司作担保，总公司不认可，担保发生在公司注销后	华龙证券	利息违约

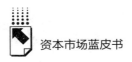

续表

发债企业	发行后多长时间违约	发行前存在的问题	担保人	担保方式	担保内容及问题	承销商	违约方式
13 华斯特	1 年 2 个月后公司申请破产	—	中海信达担保有限公司	第三方保证、抵押	第一,天龙控股集团有限公司为该期债券提供全额无条件不可撤销的连带责任保证担保;第二,公司以其拥有的国有土地使用权和房屋以及浙江天子湖实业投资有限公司以其拥有的国有土地使用权为本期债券的还本付息提供抵押担保;第三,公司实际控制人用全部合法财产为本期债券的还本付息提供全额无条件不可撤销的连带责任保证担保	东莞证券	破产重组
12 金泰(1)	2 年	发债之前,实际控制人潘建华就有诉讼	天津海泰担保有限公司	第三方保证、债转股条款	控股股东和实际控制人潘建华提供全额无条件不可撤销连带责任	浙商证券	本息违约
12 金泰(2)	2 年	发债之前,实际控制人潘建华就有诉讼	天津海泰担保有限公司	第三方保证、债转股条款	控股股东和实际控制人潘建华提供全额无条件不可撤销连带责任	浙商证券	本息违约
12 津天联	1 年	债券发行前,母公司已深陷财务危机,发债企业给母公司作担保	天津海泰担保有限公司	第三方保证、抵押	反担保未履行;房产抵押不存在;担保公司2012 年 7 月起不再评级	中信建投证券	本金违约
13 华珠	1 年	—	中海信达担保有限公司	第三方保证	担保公司未就是否代偿做出表态	信达证券	利息违约

续表

发债企业	发行后多长时间违约	发行前存在的问题	担保人	担保方式	担保内容及问题	承销商	违约方式
12 东飞 (01)	2 年	—	东台市交通投资建设集团有限公司	第三方保证	担保人称有关机构所持担保函并非真实文件，对东飞私募债无任何承担连带担保责任或一般保证责任的承诺，担保事项仅限于中小企业私募债券的信用评级，而非本期债券项下的本金和利息	长城证券	本息违约
12 蓝博 (01)	2 年	—	中海信达担保有限公司	第三方保证	—	首创证券	本息违约
12 致富	2 年	债券发行前反担保的房产就已涉诉	中海信达担保有限公司	第三方保证、抵押、承销商购买劣后债券	反担保的房产因涉讼不能由债券持有人及担保方处置；反担保物蓝矾皮存在保质期，不适合作 3 年期限的担保	中信证券	本息违约
12 蒙恒达	2 年	—	东胜城市建设开发投资集团公司	第三方保证	东胜城市建设开发投资集团公司和新大地集团提供全额无条件不可撤销的连带责任	信达证券	本息违约

注：担保方式包括第三方保证（大型企业、专业担保公司以及个人无限连带责任担保）、抵押（土地、房产抵押）、质押（上市公司股权、应收账款质押）、债转股特殊条款设计等。

（二）违约事件讨论

1. 担保是否缓解了信息不对称

债券担保本质上以财务或第三者的信用确保债券的清偿或其他义务的履行，通过外部增信缓解信息不对称。从表 1 内容上看，10 只中小企业私募债券都选择了不同形式的担保，意图通过第三方保证、抵押、质押及债转股特殊条款设计减弱投融资双方的交易成本，通过担保信号的传递缓解信息不

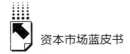

对称。这里面包含了两个要素，一个是担保品本身的价值问题，另一个是担保信号传递是否流畅的问题。

一是担保品的价值可信度不高。以不动产或动产作担保或反担保，脱离了单纯的信用保证，应属于"硬"担保，13 华珠债违约事件很快得以化解，原因是土地等很强的硬担保存在，但中小企业的抵押物和质押物天然不足，有限的担保物在具体实施时可信度也受到影响。12 致富债反担保房产因涉讼不能由债券持有人及担保方处置，同时，作为反担保物蓝矾皮存在保质期，不适合作 3 年期限的担保。第三方保证主要依靠第三者的信用缓解信息不对称，属于"软"担保。10 只中小企业私募债券的担保人或为中小担保公司，或为地方性政府融资平台，担保人的类型也与整个交易所私募债市场相近。中小担保公司资本规模小、地方性政府融资平台本身积聚了一定风险，第三者的信用质量不高。另外，担保公司的高执行成本也影响了担保品价值的实现。担保公司是依靠杠杆经营的企业，自有资金以保证金的形式存进银行，通过银行授信增加经营杠杆，担保倍率要求控制在 10 倍以下。由于担保公司担保的不仅是私募债券，还包括银行贷款等其他债务，法院不能因为一单担保责任没能履行就强制转移保证金，担保品的价值看上去很大，实际判决和执行都存在障碍，投资人很难通过法律迅速实现债权。所以，即使正常经营的担保公司，以保证金作为担保品的价值可信度也会受到影响。为 12 金泰、12 津天联担保的天津海泰担保有限公司，2013 年第一季度末的担保余额为 75.92 亿元，注册资本 5 亿元，担保倍率 13 倍以上，超过 10 倍的监管标准，对担保公司的监管缺失更是降低了担保品的价值可信度。

二是担保信息来源分散，信号传递受阻。担保信息分散在各相关部门，收集成本大，担保公司无法集中起来作出有效评价。12 金泰债的实际控制人潘建华对第 1、第 2 期私募债提供了全额无条件不可撤销连带责任，而他在债券发行前在法院就有诉讼，流动负债率超过 100%。12 致富债的实际控制人周立康也为本债提供了全额无条件不可撤销连带责任，2012 年 10 月中国人民银行出具的个人信用报告资信状况良好，而在全国法院失信被执行人名单中，他最早的失信记录立案时间为 2012 年 9 月，两个部门的信用结论正好相反。

从 10 例违约情况看，担保信号传递受阻与相关中介机构的失责也不无关系。12 致富债的发行人违规在债券存续期内对外担保，中信证券作为债券承销商对发行人对外担保细节都没有合规披露，客观上也促使了债券的违约。

中小企业的"硬"担保天生受到局限，第三方保证的"软"担保囿于制度设计及监管缺失可信度也大打折扣。所以，对现阶段的中小企业私募债券来说，担保在降低信息不对称的价值上主要体现在信息的传递效率上。担保信息分散，中介机构失责，监管部门处罚不力都损害了信息的传递效率，担保的环境亟须完善。

2. 担保是否产生了正向的激励机制

正向的激励机制可简单描述为提高担保能力就能降低事前的逆向选择风险和事后的道德风险。而我国的中小企业私募债券市场，自试点以来担保比例逐年增加[①]，但债券销售一直不畅，担保的激励机制一直处在抑制状态。

发债企业的逆向选择风险和道德风险失控。担保公司与中小企业的关系密切，其承担了很大一部分组织、筛选和推荐发债企业的功能。但从 10 例违约事件上看，多家企业在发行前就存在各种各样的问题。13 中森债在发行前财务出现异常增长；13 华斯特债的发行人在发行 1 年 2 个月后公司就申请破产；12 金泰债的实际控制人潘建华发债之前就有多起诉讼；12 津天联债发行前，母公司已深陷财务危机，津天联给母公司作担保；12 致富债发债之前反担保物也涉诉；凡此种种，可见这些违约企业在发债之前就不是为正常的生产经营而来。发债企业的事后道德风险也普遍存在。12 致富债实际控制人周立康在法院可查的失信记录，大部分是在发债后出现的，同时，发债企业违规在债券存续期内对外担保。这些债券发行前后的风险因素都是在违约后才得以暴露，担保公司在控制中小企业的逆向选择风险和道德风险上是失控的。

担保公司自身也存在逆向选择风险和道德风险。首先是劣质担保公司混

---

① 欧阳辉、孟茹静、曹辉宁：《健全高收益债市场，助力中小企业发展》，《上海证券报》2014 年 10 月 30 日。

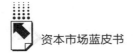

入中小企业私募债券市场。违约事件中的担保公司 8 例集中在天津海泰担保有限公司和中海信达担保有限公司，它们自身存在各种各样的问题。2013年 11 月联合资信评估有限公司评定中海信达主体信用级别为 AA，级别有效期为一年。不到半年，又将中海信达列入"评级观察"名单。更引人注目的是债券违约后担保公司的道德风险问题。13 中森债 2014 年 3 月 28 日利息不能兑付，中海信达担保有限公司最初拒绝为该只债券承担代偿责任，理由是该债由其江苏分公司私自担保，分公司无法人资格，没有总部委托授权担保无效。担保公司明显的道德风险也反向激励了其他担保人。12 东飞债的担保人东台市交通投资建设集团有限公司发布公告，有关机构所持担保函并非真实文件，对东飞私募债无任何承担连带担保责任或一般保证责任的承诺，担保事项只是中小企业私募债券的信用评级，而非本期债券项下的本金和利息。另一家以地方政府融资平台做担保的是 2015 年 4 月 17 日违约的 12蒙恒达债，担保人也明确表示不会为民营企业担保兑付本金，理由是做担保人时欠发债方的钱，现已还清，所以不会为其履行担保承诺。

从违约事件看，担保公司对发债企业缺乏事前筛选、事后跟踪。同时整个中小企业私募债券市场缺乏对担保公司的正向激励，劣质的担保公司混入市场，债券违约后又以各种理由拒绝代偿，担保公司的风险配置功能无从发挥。担保公司作为担保业的主体，理应承担控制中小企业的逆向选择风险和道德风险的职责，担保公司的逆向选择风险和道德风险也需要相关主体的制衡和激励。

（三）违约事件总结

通过对违约事件的分析，中小企业私募债券担保问题主要体现在担保作用受到抑制，担保公司的风险配置功能无从发挥方面。外在表现为中小企业私募债券即使通过层层担保也发行不畅，债券违约风险加大又进一步束缚了市场的发展。实践中，为使投融资双方的风险更加匹配，中外市场都作出了一系列的制度安排，如提高投资者门槛，规定合格投资者群体。但在不成熟的市场环境里，担保品价值可信度不高，信息来源分散、信号传递受阻，投资者需要激励代理人去破解这种信息不对称，只有在确认债券违约风险被有效分担后才会参与到市场中来。这样看来，中小企业私募债券的投资者和担保公司之间实质上构成了委托—代理关系。投资者委托担保公司去考察、筛选、监督企业，担保公司的代理行为有效，债券履约，担保公司获得担保费用，投资者获得本息；代理行为无效，债券违约，本息收不回的风险由投资者和担保公司分担，担保公司代偿部分保留追索权。由此可见，理顺投资者和担保公司的委托代理关系是破解中小企业私募债券担保问题的关键。

四 投资者和担保公司的委托代理分析

（一）模型假设

基于委托—代理问题的标准化处理方法是由莫里斯（Mirrlees，1974，1976）和霍姆斯特姆（Holmstrom，1979）提出的"分布函数的参数化方法"（Parameterized Distribution Formulation），根据该方法构造投资者和担保公司的委托代理模型的假设如下：

设担保公司的产出函数为 $\pi = ae + \eta$。π 为可观测到的产出，为一阶随机变量，最高取值为投资者获得的债券的本息和担保公司收取的担保费，$\pi \in [\underline{\pi}, \bar{\pi}]$。$e$ 为担保公司的努力水平的一维变量。a 为担保公司的能力水平变量，是模型中的外生变量，$a > 0$。η 为 e、a 两个变量以外的影响产出 π 的影响因素，满足期望为零，方差为 σ^2 的正态随机分布。π 为 e 的严格凹函数，即担保公司越努力，产出越高，同时，担保边际效用递减。担保公司为获得产出，需要付出努力，努力成本函数为：$c = \dfrac{be^2}{2}$，其中，b 为努力成本系数，也是模型中的外生变量，$b > 0$。$s(\pi)$ 为投资者给担保公司设计的激励合同，虽然担保费由发债企业承担，但担保费的最终实现是以债券的顺利发行为前提。同样的发债企业，投资者可通过买或不买选择担保公司，进而设计了担保公司的激励合同。$s(\pi) = \alpha + \beta\pi$，表示担保公司获得的产出，$\alpha$ 为固定部分，β 为支付给担保公司的部分占产出的比例。

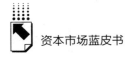

投资者的期望收入为：

$$Ev[\pi - s(\pi)] = (1 - \beta)ae - \alpha$$

担保公司的实际收入 w 为所获得报酬 $s(\pi)$ 减去付出的成本 c ，

$$w = \alpha + \beta ae - \frac{be^2}{2} + \beta\eta$$

w 为随机收入，为简化讨论，需把它转换成确定性等价收入，假定担保公司具有不变绝对风险规避特征，即它的风险特征不随收入的变化而变化，效用函数为 $u = -e^{-\rho w}$ ， $\rho \geq 0$ ，为常数，担保公司的绝对风险规避度量为：

$$\rho = -\frac{\frac{\partial^2 u}{\partial w^2}}{\frac{\partial u}{\partial w}}$$

ρ 反映了担保公司的风险偏好类型， $\rho > 0$ ，为风险厌恶型， ρ 越大越厌恶风险， $\rho = 0$ ，为风险中性。根据 Arrow 的研究成果，风险成本为 $\frac{\rho\beta^2\sigma^2}{2}$ ，担保公司的确定性等价收入 W 为随机收入的期望减去风险成本，则：

$$W = Ew - \frac{\rho\beta^2\sigma^2}{2} = \alpha + \beta ae - \frac{be^2}{2} - \frac{\rho\beta^2\sigma^2}{2}$$

根据以上假设，投资者的目标是最大化其期望收入 Ev ，担保公司的目标是最大化其确定性等价收入 W 。

（二）模型构建及求解

由于投资者和担保公司的信息不对称，委托人不能使用强制合同，只能通过激励合同 $s(\pi)$ 诱使代理人选择委托人期望的行动，即委托人在最大化自己期望效用的同时，满足代理人的参与约束和激励相容约束。[①]

————————————

① 张维迎：《博弈论与信息经济学》，上海三联书店、上海人民出版社，1996，第418页。

担保公司的参与约束为：$\alpha + \beta ae - \dfrac{be^2}{2} - \dfrac{\rho\beta^2\sigma^2}{2} \geqslant \bar{w}$，$\bar{w}$ 为担保公司的保留

效用。担保公司的激励相容约束为：$\alpha + \beta ae^* - \dfrac{be^{*2}}{2} - \dfrac{\rho\beta^2\sigma^2}{2} \geqslant \alpha + \beta ae - \dfrac{be^2}{2} -$

$\dfrac{\rho\beta^2\sigma^2}{2}$，$e^*$ 为投资者期望担保公司的最优努力水平，同时也要符合担保公司

的最大利益，即激励相容约束条件可转化为担保公司确定性等价收入的一阶

最优条件，由 $\dfrac{\partial W}{\partial e} = 0$，求得 $e = \dfrac{a\beta}{b}$。

投资者设计激励合同 $s(\pi)$，实际上就是选择具有不同 α、β 特征的担

保公司，最大化自己的期望效用 Ev。

$$\max_{\alpha,\beta,e} Ev[\pi - s(\pi)] = \max_{\alpha,\beta,e}[(1-\beta)ae - \alpha]$$

s. t.

$$\alpha + \beta ae - \frac{be^2}{2} - \frac{\rho\beta^2\sigma^2}{2} = \bar{w} \qquad\qquad (1)$$

$$e = \frac{a\beta}{b} \qquad\qquad (2)$$

将（1）式、（2）式带入投资者的期望效用函数，

$$Ev(\beta) = \frac{a^2\beta}{b} - \frac{a^2\beta^2}{2b} - \frac{\rho\beta^2\sigma^2}{2} - \bar{w}$$

由一阶最优条件 $\dfrac{\partial Ev}{\partial \beta} = 0$，求得：

$$\beta^* = \frac{a^2}{a^2 + \rho b\sigma^2} \qquad\qquad (3)$$

1. 担保公司的风险偏好类型与风险分担

由（3）式可得 ρ 和 β 之间的关系，就 ρ 的取值进行讨论。

（1）当 $\rho = 0$ 时，担保公司为风险中性人，$\beta^* = 1$，投资者的期望收入

$Ev = \dfrac{a^2}{2b} - \bar{w}$，由（1）式、（2）式可求得 $\alpha = \bar{w} - \dfrac{a^2}{2b}$，即投资者获得 $-\alpha$ 的

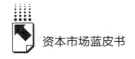

固定收入，由于投资者的收入不能为负，则 $\alpha<0$，担保公司获得 $\alpha+\pi$ 收入，此时投资者的收入与产出无关，不承担风险，经营风险全部由担保公司承担，α 为债券的本金加无风险利息，$s(\pi)$ 为担保费用，要能反映债券的所有风险溢价。

（2）当 $\rho>0$ 时，担保公司为风险厌恶者，此时 $0<\beta^*<1$，担保公司承担了部分风险，获得收入 $\alpha+\beta\pi$，小于承担全部风险的收入 $\alpha+\pi$，投资者的收入为 $(1-\beta)\pi-\alpha$，$(1-\beta)\pi$ 为投资者承担风险所获得的收入。$\dfrac{\partial\beta^*}{\partial\rho}<0$，担保公司越是厌恶风险（$\rho$ 越大），获得的风险份额越小（$\beta\pi$），投资者获得的风险份额越大，即 $(1-\beta)\pi$ 越大。

根据以上分析，担保公司的风险类型决定了风险分担的比例，风险中性者能更大比例地承担风险，并要求担保费反映债券的所有风险溢价。更接近现实的情况是担保公司和投资者都是风险厌恶者，双方的收入都与产出有关，双方都承担一定的风险，风险分担的份额与 β 相关。现实中，担保费由发债企业承担，实质上反映了承担违约风险的大小。在担保费率一定的情况下，投资者更愿意选择风险厌恶度小的担保公司。

2. 担保公司努力程度与风险分担

担保公司努力工作获得产出，同时付出成本。由简化后的确定性等价收入的一阶最优条件求得 $e=\dfrac{a\beta}{b}$，其代表了担保公司的最优努力水平。在其他条件不变的情况下，担保公司越努力分担的风险越大，同时，努力程度还受两个外生变量的影响，与自身的能力水平 a 呈正比，与自身的努力成本系数 b 呈反比，即担保公司的主观努力水平受到客观条件的制约。提高担保公司的担保能力，降低担保公司的运营成本都会促进担保公司提高努力程度，进而降低投资者的风险。

通过对投资者和担保公司的委托代理分析理顺了风险分担者及分担比例问题，并论述了怎样提高担保公司的风险分担能力。投资者希望通过购买和持有债券的行为选择到风险厌恶度更小的担保公司。担保公司越努力，风险分担比例越大，并得出担保公司的主观努力程度与客观担保能力呈正比，与努力成本呈反比的结论。

五　政策建议

中小企业私募债券采取了市场化的运作方式，隐藏在债券市场中的担保问题得以充分暴露。通过违约事件分析，理顺了投资者和担保公司的委托代理关系，相关政策建议应围绕培育风险厌恶度小的担保公司，并营造有利于提高担保公司努力程度的环境上。结合场外股权交易市场的实践，该政策建议同样具有适用性。

（一）培育风险厌恶度小的担保公司

根据滋维·博迪等的定义："风险中性的投资者只是根据期望收益率来判断风险预期。风险的高低与风险中性投资者无关，这意味着对他们而言风险不是障碍。"[①] 一般认为金融中介机构相对于投融资者是偏向风险的，风险厌恶度较小。一是中介机构本身能通过多样化的贷款、担保分散风险，因而对风险不敏感；二是中介机构本身就是靠承担风险获利的企业，因而具有更高的风险管理水平。

提高担保公司的资本规模是分散违约风险的前提。担保公司通过给不同类型、一定数量的企业提供担保达到分散风险的目的。担保公司是依靠杠杆经营的企业，在担保倍率一定的情况下，自有资本决定了担保金额，也决定了风险分散程度。违约事件中的天津海泰担保有限公司、中海信达担保有限公司自有资本分别为 5 亿元和 10 亿元，也反映了中小担保公司的普遍自有资本水平。它们给平均发行规模 1 亿元以上的中小企业私募债券做担保，很快就会耗尽自有资本，担保公司只能拉长杠杆，担保倍率甚至超过 10 倍的

---

① 滋维·博迪、亚历克斯·凯恩、艾伦·J. 马库斯：《投资学》，机械工业出版社，2012，第106 页。

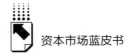

上限。降低担保公司的门槛促进竞争反而会产生不可控的风险，即使成立再多的担保公司，也得不到市场的承认是最好的明证。提高担保公司的自有资本门槛，特别是融资较大的债券市场门槛是解决问题最为直接有效的措施。

规范担保公司经营行为，保证其风险管理能力的发挥。首先避免不符合市场常规的经营行为。中小企业私募债券违约后担保公司以各种理由"担而不保"、担保公司以担保的名义放高利贷偏离主业等现象，都给市场传递了错误的信号，损害了整个行业的风险管理能力。中小企业私募债券市场在经历违约后才能逐渐清理这些劣质担保公司，政府的监管职责应避免并加速整理担保公司的违规经营行为。其次，对正常经营的担保公司而言，其风险管理能力体现在对风险的定价上，根据上文的委托—代理模型分析，担保费（担保价格）要与承担的风险 β 对应。中小企业私募债券普遍存在的全额无条件不可撤销的担保责任，对应的是投资者获得无风险报酬，而中小企业私募债券的利率在 9% 以上，远超无风险利率。长此以往要么担保违约，要么担保公司被不该承担的风险压垮，最终损失了整个债券市场的融资效率。

（二）降低担保公司的努力成本

委托—代理模型的结论是担保公司努力程度与承担的风险呈正比。激发担保公司的努力热情除了设计合理的激励合同，使担保公司的收益和风险匹配外，还应优化适合担保公司发展的外部变量，主要是降低担保公司努力成本。

降低担保公司的信息搜寻成本。债券的属性包含了担保公司与投资者、担保公司与发债企业之间的双重信息不对称，有价值的信息分散在各监管部门，双倍增加了担保公司的信息搜寻成本。鉴于中小企业经营的风险与企业控制人的能力、人品息息相关，建立统一的个人信用系统就显得尤为重要，这在成熟证券市场早已实现。不交水电费都会增加个人信用污点，统一的个人信用系统更能避免像 12 致富债违约事件中法院和人民银行出具矛盾结论的现象。

降低担保公司的运营成本。美国高收益债券市场的风险识别职责主要由证券的信用评级承担，融资性担保已非主流。而我国在信用环境不完善的情况下，担保公司的高风险经营实质上承担了部分公共物品的职责，降低担保公司的运营成本也是政府应尽的职责，不能因为担保公司的民营化就全部推给市场。常见的支持手段包括税收减免、建立财政出资的风险补偿基金等。

中小企业私募债券在场外股权交易市场的运作方式更为灵活，担保公司除了承担担保人的角色外，还有 20% 的承销机构为担保公司。① 多样的中介角色要求担保公司拥有更强的风险配置能力，而这个市场中的担保公司经营时间短、资本规模小，隐藏了与沪深交易所市场同样的问题，选择实力更强、风险厌恶度小的担保公司，营造低成本运营的外部环境对场外股权交易市场同样具有现实意义。

参考文献

［1］ G. Akerlof, The Market for "Lemons": Quality, Uncertainty and the Market Mechanism ［J］, *Quarterly Journal of Economics*, 1973, No. 3, pp. 488 – 500.

［2］ Yuk – Shee Chan, George Kanatas, Asymmetric Valuations and the Role of Collateral in Loan Agreements ［J］, *Journal of Money*, *Credit and Banking*, Vol. 117, No. 11, 1985, pp. 184 – 951.

［3］ 杨胜刚、胡海波：《不对称信息下的中小企业信用担保问题研究》，《金融研究》2006 年第 1 期。

［4］ J. E. Stiglitz, Andrew Weiss, Credit Rationing in Markets with Imperfect Information ［J］, *American Economic Review*, Vol. 171, 1981, pp. 1393 – 4101.

［5］ J. E. Stiglitz, Andrew Weiss, *Asymmetric Information in Credit Markets and Its Implications for Macro – Economics* ［M］, Oxford Economic Papers, Vol. 144, No. 14, 1992, pp. 1694 – 7241.

［6］ 李丽：《公司债券市场的强制担保要求和投资者定位》，《金融研究》2006 年第 3 期。

---

① 数据来源于各地场外股权交易市场的官方网站，时间为 2012 年 6 月至 2014 年 12 月底。

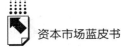

［7］ 顾海峰、奚群羊：《金融担保机构信用风险的生成机理研究》，《广东金融学院学报》2009 年第 7 期。

［8］ 方红星、施继坤、张广宝：《产权性质、信息质量与公司债定价——来自中国资本市场的经验证据》，《金融研究》2013 年第 4 期。

［9］ 罗荣桂、张光明：《非对称信息条件下的委托—代理模型及风险分析》，《武汉理工大学学报》（社会科学版）2005 年第 6 期。

［10］ 张维迎：《博弈论与信息经济学》，上海三联书店、上海人民出版社，1996。

B.15

场外交易市场挂牌企业的财务规范研究

——基于天津股权交易所挂牌企业案例的思考

韩伟　张亮*

摘　要： 保证持续经营是企业健康发展的基础，而财务问题对企业的持续经营有着重要的影响。因此，财务问题成为天津股权交易所对企业审核的重点。天津股权交易所通过对企业持续经营能力进行整体分析判断，帮助企业解决财务方面的重点问题，并对企业进一步规范提出相关建议。

关键词： 场外交易市场　财务规范　挂牌企业

一　研究背景

　　财务问题是影响企业生产经营的重要问题。企业财务状况不仅可以反映企业的赢利能力与经营水平，也能够在一定程度上反映企业经营的规范性。因此，无论是主板市场还是场外交易市场，财务问题历来是审核中关注的重点。天津股权交易所（以下简称天交所）对拟挂牌企业的财务核查主要集中在企业财务规范性及信息披露真实性、准确性、完整性方面。包括：会计政策适用问题、会计基础问题、内部控制提升问题、资产权属及资本结构问题、税收筹划方案问题等五个方面。

---

　　* 韩伟，天津股权交易所业务管控中心业务总监；张亮，天津股权交易所业务管控中心高级经理。

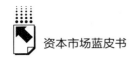

二 企业财务审核过程中的主要问题及其分析

（一）企业会计政策适用问题

案例简介：

广西明港国际船务股份有限公司（以下简称明港船务）于 2015 年 1 月向天交所提交了挂牌申报文件。其提交的财务报表附注中写明：

"三、主要会计政策、会计估计的说明

1. 会计制度

本单位执行《小企业会计准则》。"

案例分析：

案例涉及的主要问题在于企业会计政策的适用问题。

2007 年 1 月 1 日起，财政部要求在上市公司范围内率先实施企业会计准则。依据天交所相关制度规定，同样要求企业按照会计准则披露财务信息。故企业会计政策适用问题，是首先要关注的重点财务问题。

我国目前适用的会计制度包括《企业会计准则》、《小企业会计准则》与《企业会计制度》。

案例中存在的问题在于企业适用的会计制度为《小企业会计准则》。根据《小企业会计准则》：本准则适用于在中华人民共和国境内依法设立的、符合《中小企业划型标准规定》所规定的小型企业标准的企业。

下列三类小企业除外：

（一）股票或债券在市场上公开交易的小企业。

（二）金融机构或其他具有金融性质的小企业。

（三）企业集团内的母公司和子公司。

拟挂牌企业采用的会计政策为《小企业会计准则》，而《小企业会计准则》规定，股票或债券在市场上公开交易的小企业不得适用该准则。企业在天交所挂牌后，其股权可以在天交所平台进行交易。企业采用《小企业会计准则》，除不符合天交所的挂牌申报条件外，如企业未来计划在资本市场上发行私募债券或迈入更高一级的资本市场，其适用的会计政策将会给企业带来一系列不必要的麻烦。

解决措施及规范情况：

在审核过程中，天交所要求明港船务按照会计准则重新调整了财务报表及相关文件，解决了企业会计政策适用问题。

（二）会计基础问题

案例简介：

天津某科技发展股份有限公司于 2014 年 8 月向天交所提交挂牌申报文件。在对企业提交的申报文件进行审核时，天交所专家评审委员会要求企业及机构相关人员对企业长期股权投资中向参股子公司投资的情况予以详细说明。在评审会场，企业及中介机构无法明确回答专家问题，导致专家对企业的会计基础工作产生怀疑。最终，该项目被暂缓表决。

案例分析：

会计基础工作是企业会计工作有序运行的重要保障，对企业会计信息质量有着重大的影响。造成会计基础工作薄弱的原因可能涉及企业对会计工作不够重视、会计人员专业知识匮乏、企业会计制度不健全、会计内容审核不规范等方面。在本案例中，天津某科技发展股份有限公司注册资本 3100 万元、净资产 3102.1 万元，而其长期股权投资为 2500 万元，占企业净资产的 80.6%。企业及中介机构无法明确说明公司对外投资情况，导致专家对企业对外投资合规性产生怀疑，一旦该投资出现风险，则可能会对企业持续经营造成严重的影响。

企业无法明确回答专审会专家提问，反映了企业的会计基础薄弱，薄弱的会计基础会导致企业会计风险的增加，进而影响企业的持续经营。

解决措施及规范情况：

企业被专家采取暂缓表决措施后，天交所及中介机构对企业财务情况进行了进一步的梳理，规范了企业的外部投资行为。企业在完善财务信息披露

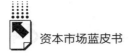

措施后，于 2014 年 9 月重新提交了挂牌申请，并顺利通过了专家评审委员会的评审。

企业经过规范，在天交所挂牌后，得到了投资人的持续关注，并最终于 2014 年底成功获得了 1900 万元的外部投资人投资，为企业的快速发展打下了坚实的基础。

（三）内部控制提升问题

案例简介：

河北某果业股份有限公司于 2014 年 11 月向天交所提交了挂牌申报文件。经过天交所审核，企业存在货币资金数额较大的情况，详见表 1。

表 1   货币资金占有情况

单位：人民币元

项　　目	2013 年 12 月 31 日	2014 年 9 月 30 日
现金	85692.65	3564253.90
银行存款	3478980.39	1696546.10
其他货币资金	—	—
合　　计	3564673.04	5260800.00

注：截至 2014 年 9 月 30 日货币资金的余额中现金过大的原因是 9 月从农户手中大量采购原材料，业务员手中的业务周转金数额大。

同时，根据企业挂牌交易说明书披露：

报告期内，货币资金增加的主要原因是公司生产需大量的原材料——花椒，所以业务员手中会有较多的业务周转金，以便充分有效利用资金。

针对企业货币资金数额较大的情况，审核人员认为企业存在以下问题。

（1）业务周转金科目错误，企业已发放给业务员的业务周转金应当计入其他应收款；

（2）公司关于采购方面的内部控制制度不健全。

案例分析：

内部控制制度不健全是农业企业的常见问题。由于农业企业的原材料采购及产品销售大多面向农户或个体零售商，其采购与销售行为多以现金方式结算，相关票据也不健全。这样存在的风险集中表现为：现金结算方式使财务控制风险加大，而交易过程未留下资金流转轨迹，且无外部票据，交易的真实性难以证实。此外，现金结算还为业务人员违规操作提供了机会，进而有可能损害公司利益。因此，内部控制问题是制约农业企业上市及融资的主要问题。

解决措施及规范情况：

发现企业上述问题后，天交所要求企业对报表进行调整，将业务周转金从货币资金科目调整到了其他应收款科目，进一步规范了公司的报表编制。

针对公司内部控制制度不健全的问题，天交所要求企业在已有财务会计制度的基础上，加强制度的实施与贯彻。在企业资金结算方面，针对农业企业一般面向自然人结算的特点，鼓励企业采用POS机或银行转账等非现金方式进行结算，帮助企业进一步健全了内部控制制度。

（四）资产权属及资本结构问题

1. 企业资产权属问题

资产权属问题是影响企业持续经营的重点问题。企业应当独立拥有能够维持其持续经营的主要资产，企业的资产权属可以通过出资、购买、租赁等方式取得。在中小企业发展过程中，企业普遍缺乏规范意识，容易导致企业出现资产权属问题。目前，企业的资产权属问题主要集中在企业资产权属瑕疵与企业资产独立性瑕疵两个方面。

案例一：

案例简介：

某通信股份有限公司于2014年2月向天交所提交了挂牌申报文件。公司主营业务为通信设备的设计、研发、生产及销售，海洋安全指挥平台的建设和运营。在对企业的申报文件进行审核后，天交所审核人员发现其电子海图数据使用权未做披露。电子海图数据是公司产品的重要增值服务项目之一，如企业无电子海图数据使用权，则会对公司经营合规性及持续经营构成

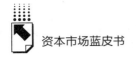

重大影响。

案例分析：

企业资产权属瑕疵主要表现为企业主要资产在权属及使用合规性方面存在瑕疵。企业资产权属瑕疵常见于无形资产的权属瑕疵。无形资产是企业特别是高新技术企业经营发展的重要保障，无形资产权属瑕疵将会对企业发展造成重要的不良影响。思科与华为的诉讼、加多宝与王老吉之争无不说明了这一点。企业未取得无形资产的所有权、无形资产使用欠缺合理的法律依据等问题是无形资产权属瑕疵的主要表现。

解决措施及规范情况：

发现企业的重要无形资产信息披露不完全后，审核人员要求企业补充电子海图数据使用权的相关信息。经核实，企业补充了与某有限公司签订的《电子海图数据使用协议》，协议约定：某有限公司向公司提供电子海图数据一套，供船舶：AIS 终端，设备：监控终端、定位手机作为定位和显示使用，合计支付费用为××万元，使用时限：X 年。该合同的补充完善了企业的信息披露，解决了企业在重要资产使用权上的不规范问题。

经过在天交所平台上近半年时间的规范、培育，企业在 2014 年 7 月实现了近 700 万元的融资，获得了进一步的发展。

案例二：

案例简介：

天津某股份有限公司于 2014 年 4 月向天交所提交了挂牌申报文件。根据企业挂牌交易说明书披露：

公司办公经营场所建筑物为租赁取得，出租方为企业的实际控制人。

案例分析：

企业资产独立性瑕疵主要表现在企业主要资产被实际控制人掌握或资产与实际控制人资产相混淆。资产独立性是企业独立性的重要方面，主要资产独立性欠缺，容易造成对大股东的依赖。企业对大股东的依赖使得大股东可以利用资产控制损害公司及其他股东利益，对公司持续经营产生不良影响。因此，资产独立性是天交所对企业进行规范的重要方面。

解决措施及规范情况：

天津某股份有限公司的办公经营场所通过租赁实际控制人而取得，企业资产独立性存在瑕疵。对此，天交所建议企业进一步完善资产权属结构。企业积极配合天交所相关工作，按要求及时对自身问题进行了规范。企业实际控制人于 2014 年 5 月 16 日将租赁给企业的房屋转让至企业并完成了权属变更手续，彻底解决了企业资产独立性问题，进一步增强了投资人对企业的信心。

2. 企业资本结构问题

案例简介：

徐州某股份有限公司于 2013 年 1 月向天交所提出了挂牌申请。企业在提交的申请文件中披露了 2011 年与 2012 年的财务数据。财务数据显示，企业 2011 年与 2012 年的资产负债率分别为 57.29% 和 56.28%。相较机械设备行业 42.65% 的平均资产负债率①，公司资产负债率偏高。

案例分析：

资产负债率是判断公司资产负债结构是否合理的重要标准。过高的资产负债率会加大公司财务压力，使公司面临财务风险，甚至面临破产。企业资产负债率较高有多种原因，企业在生产经营过程中忽视产出、缺乏相应的投入回收能力、经营不善及缺乏科学有效的负债约束机制等因素都有可能提高公司的资产负债率。本案例中，企业 2012 年固定资产较 2011 年增加了 700 万元，在建工程减少了 210 万元。由此可见，公司 2011 年度、2012 年度处于资产规模扩张的投入阶段。此外，公司 2012 年营业收入较 2011 年降低了 567 万元，存货增长了 285 万元，产品销售能力下降，也是造成公司资产负债率提高的一个重要因素。

解决措施及规范情况：

天交所审核人员发现企业资产负债率过高问题后，向企业提出了规范建

---

① 数据来源：中华工商上市公司财务指标指数（2012 年度）、中华全国工商业联合会经济部、中华财务咨询有限公司。

议，经保荐机构与企业多次商议，企业计划通过股改后的私募增资阶段引入战略投资者来改善公司资产负债率，降低偿债风险。2013年1月，企业通过定向增发增资797.1999万元，降低了公司的资产负债率。此外，公司在2013年度通过加大市场开发力度、稳定老客户及促进非常规通用产品市场销售，提升了自身的经营能力，改善了营收与利润状况。截至2013年末，企业资产负债率调整至49.58%，资产负债结构得到了明显改善。

3. 企业或有负债问题

案例简介：

天津某铸造股份有限公司于2013年9月向天交所提交了挂牌申报文件。企业的对外担保情况如表2所示。

表2　天津某铸造公司的对外担保情况

贷款单位	金额	贷款期限	担保方式	抵押人	债务人	抵押物
××银行股份有限公司×××支行	1200万元	2013年2月28日至2014年2月26日	抵押	拟挂牌企业	××有限公司	自有房产

截至2013年9月，企业净资产4794万元，对外担保1200万元，对外担保占净资产的25%。虽然对外担保占企业净资产比例较低，但总金额较大，一旦出现债务人违约，则会对企业经营产生重大不良影响。

案例分析：

或有负债（Contingent Liability），指过去的交易或事项形成的潜在义务，其存在须通过未来不确定事项的发生或不发生予以证实；或过去的交易或事项形成的现时义务，履行该义务不是很可能导致经济利益流出企业或履行该义务的金额不能可靠地计量。对外担保属于典型的或有负债。或有负债虽然不会必然改变公司资产负债结构，但一旦债务人不能及时清偿，将会给担保方带来财务风险，甚至导致担保方面临诉讼及破产风险。因此，对外担保是对拟挂牌企业的重点审核事项。

解决措施及规范情况：

在天交所审核人员发现企业存在大额对外担保事项后，要求企业及机构对此予以详细说明并采取相关风险防范措施。根据审核人员意见，债务人向企业出具了《反担保保证书》。为公司对×××支行的抵押担保提供反担保。反担保保证书的担保范围涵盖了可能对公司造成的任何损失。反担保保证书项下的保证期间为：反担保保证书生效之日起至担保人向债权人偿还担保债务之日后两年。除此以外，企业发起人自愿出具了《个人无限连带责任保证书》，保证对上述抵押提供个人无限连带责任反担保，以保证企业不受损失。

在此基础上，企业顺序通过了天交所的审核，并于2014年2月底，平稳解除了对外担保责任。

（五）税收筹划方案问题

案例简介：

天津市某实业发展股份有限公司于2013年11月向天交所提交了挂牌申报文件。企业历史沿革披露情况如下：

2013年10月，申请人注册资本变更，资本公积转增股本。

（1）2013年10月29日，公司召开第一次临时股东大会，会议审议通过了如下决议：《关于公司资本公积转增股本的议案》《关于修改〈章程〉的议案》《关于授权董事会办理股份公司进行资本公积转增股本相关事宜的议案》。公司同意以2013年10月10日总股本12000000股为基数，以资本公积转增股本，向公司全体股东每10股转增1股，共计转增股本1200000股。

（2）2013年10月31日，中审亚太事务所有限公司天津分所出具中审亚太验字（2013）080010号验资报告："贵公司原注册资本为人民币1200.00万元，股本为人民币1200.00万元。根据贵公司2013年10月29日股东大会决议和修改后章程的规定，贵公司申请增加注册资本人民币120.00万元，由资本公积转增股本，转增基准日为2013年10月31日，变更后的注册资本为1320.00万元。经我们审验，截至2013年10月31日，贵公司已将资本公积120.00万元转增股本。"

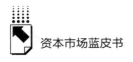

企业该转增行为可能涉及税收问题，故天交所专家评审委员会要求保荐机构及中介服务机构就企业资本公积转增行为予以特殊说明。

案例分析：

税收筹划是指纳税人在法律许可的范围内，根据政府的税收政策导向，通过经营活动的事先筹划或安排进行纳税方案的优惠选择，以尽可能地减少税收负担，获得税后利益的合法行为，因此，税收筹划是严格依据税收法律及税收政策的合法行为。

以股东投入的税收筹划为例：由于我国中小企业融资渠道较少，融资成本较高，因此，部分中小企业的股东为支持公司的发展，往往对企业进行持续性的资金投入。股东对公司的投入可以分为资本溢价投入、资本性投入和赠予三种形式。资本溢价投入、资本性投入、赠予为企业带来的税负是不同的，有效的税收筹划可以帮助企业降低税收负担。

根据《国家税务总局关于贯彻落实企业所得税法若干税收问题的通知》（国税函〔2010〕79号）第四条规定：被投资企业将股权（票）溢价所形成的资本公积转为股本的，不作为投资方企业的股息、红利收入，投资方企业也不得增加该项长期投资的计税基础。基于此规定，公司以股权（票）溢价所形成的资本公积转增股本，投资企业不作为企业所得税的应税或免税收入处理，对投资双方而言不存在企业所得税缴纳及扣缴问题。

三　企业接收股东划入资产的企业所得税处理

（一）企业接收股东划入资产（包括股东赠予资产、上市公司在股权分置改革过程中接收原非流通股股东和新非流通股股东赠予的资产、股东放弃本企业的股权，下同），凡合同、协议约定作为资本金（包括资本公积）且在会计上已做实际处理的，不计入企业的收入总额，企业应按公允价值确定该项资产的计税基础。

（二）企业接收股东划入资产，凡作为收入处理的，应按公允价值计入收入总额，计算缴纳企业所得税，同时按公允价值确定该项资产的计税基础。

资本性投入与赠予虽然在形式上非常接近，但其在税收上是存在显著区别的。在企业股东对公司投入时，如能够根据相关法律法规合理地设计资金投入方式，就可以有效地降低其税收成本。

解决措施及规范情况：

接到天交所审核意见后，企业与保荐服务机构、中介服务机构对企业历史沿革中资本公积金转增股本问题进行了认真研究，并在提交的专审会后补充材料中进行了重点说明："根据《国家税务总局关于股份制企业转增股本和派发红股免征个人所得税的通知》国税发〔1997〕198号文，股份制企业用资本公积金转增股本不属于股息、红利性质的分配，对个人取得的转增股本数额，不作为个人所得，不征收个人所得税。经保荐机构、会所、律所三方共同认定，企业因股本溢价形成的资本公积转增股本，不涉及个人所得税的缴纳。"明确了企业历史沿革中资本公积转增股本不存在涉税问题，消除了企业的纳税风险。

四 财务规范对企业的意义

案例简介：

福建某食品股份有限公司于2012年6月向天交所提交了挂牌交易申请，并于2012年6月在天交所成功挂牌。经过挂牌后1年多的培育，企业已经具备了步入更高层次资本市场的实力，并于2013年9月完成在天交所的摘牌，开始向更高层次资本市场运作。2015年2月企业与红杉投资签订战略合作协议，获得了红杉资本中国基金2亿元人民币的增资，为其向更高层次资本市场进军打下了坚实基础。

在天交所挂牌前，企业存在企业的机器设备等部分资产未按会计准则入账，企业内控体系不健全等诸多财务问题。天交所与保荐服务机构进入企业后，协助企业解决了账外资产入账问题，梳理了企业的内控制度，完善了企业的内控与财务管理体系，为企业的进一步发展奠定了坚实的基础。

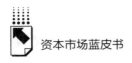

财务规范对企业的意义：

财务规范包括为投资人与企业管理者提供真实有效的财务信息，帮助企业建立切实可行的内控管理制度、形成健康的资本结构与合理的资产规模，帮助企业制订合理的税收筹划方案。其中，财务信息的真实有效既能够帮助企业吸引投资人的关注，又能够帮助企业管理者合理地制订企业发展计划，促进企业的健康发展。切实可行的内控管理制度既能够帮助企业建立科学有效的管理体系，提高企业经营效率，又能够对实际控制人进行有效约束，保护公司及中小股东利益，保障投资人的投资安全。健康的资本结构与合理的资产规模是企业持续经营的重要保障。合理的税收筹划方案能够帮助企业有效地降低税收成本。因此，财务规范能够对企业产生积极的影响，是企业未来发展壮大的基础与动力。

五　结语

自 2008 年首家企业挂牌至今，天交所始终将对企业的培育规范作为服务工作的重中之重，由于财务不规范问题是企业各方面不规范问题的主要"源头"，因而财务规范则成为天交所为企业提供规范服务的重点内容。天交所的实践告诉我们：通过对企业财务不规范问题的分析研究，进而找到解决措施并帮助企业规范，对于以培育、孵化中小微企业成长为己任的场外交易市场来说，具有重要的意义。

参考文献

[1]《国家税务总局关于贯彻落实企业所得税法若干税收问题的通知》（国税函〔2010〕79 号），2010 年 2 月 22 日。
[2]《国家税务总局关于股份制企业转增股本和派发红股征免个人所得税的通知》（国税发〔1997〕198 号），1997 年 12 月 25 日。

场外交易市场挂牌公司
治理结构规范性研究

——基于天津股权交易所挂牌企业案例的思考

韩伟　张亮*

摘　要： 挂牌公司到天津股权交易所挂牌的过程本身就是一个进行自我规范的过程。在挂牌过程中，天津股权交易所帮助挂牌公司完善内部治理结构、规范财务运营，进而提高公司的整体运行效率。在这其中，公司治理结构的完善是天津股权交易所帮助挂牌公司进行相关规范的一个重要方面。天津股权交易所致力于从多方面促进公司治理结构的完善，包括："三会一层"制度的完善、公司章程体系的建立、中小股东权利保护、持续信息披露制度的建立与有效实施等。

关键词： 场外交易市场　公司治理结构规范　天津股权交易所

一　研究背景

规范运营是企业持续经营的重要保障。企业在设立初期，通常采取企业所有者直接下达命令，相关责任人直接执行的治理方式，将企业的所有权和经营权混在一起不分离。这种治理方式可以使企业所有者的意志得到遵循，

---

* 韩伟，天津股权交易所业务管控中心总监；张亮，天津股权交易所业务管控中心高级经理。

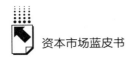

有利于企业创立初期及时抓住市场机会，扩大市场占有率。但当企业发展到一定阶段后，随着企业规模及业务量的不断扩张，原有的所有权与经营权混合的治理方式，将不可避免地带来企业法人治理结构上的严重缺陷，进而造成经营管理上的一系列问题，阻碍企业的进一步发展。

进入资本市场是企业发展过程中的一个重要阶段，而场外交易市场则是企业在资本市场的一个基础"培育中心"。企业在场外交易市场中，会受到更多投资人的关注。为了使投资人更加了解企业，企业需要进行持续的信息披露，而信息披露又可以从外部对企业进行有效监管。由于外部监管的存在，企业必须进一步地规范自身运作，进而促使企业法人治理结构的完善。因此，进入场外交易市场对公司治理结构的完善有着重要意义。

天津股权交易所（以下简称天交所）自 2008 年 12 月 26 日首批企业挂牌至 2014 年 12 月底，已实现企业挂牌 556 家。天交所致力于从多方面促进公司治理结构的完善，包括："三会一层"制度的完善、公司章程体系的建立、中小股东权利保护、持续信息披露制度的建立与有效实施等。下文将就上述方面，并结合天交所挂牌企业案例，进行分析研究。

二 "三会一层"制度的完善

"三会"是股东大会、董事会、监事会的简称，"一层"指的是公司管理层，由公司高级管理人员组成。"三会一层"制度决定了公司董、监、高的权利范围、任职资格、聘任规则与监督体制，决定了公司内部管理机构的分工配合与相互制约，是公司治理结构的基础。

1. 案例简介

苏州某生物科技股份有限公司（以下简称苏州科技公司）于 2012 年 10 月向天交所提交了挂牌申请，经天交所审核，公司在治理结构方面存在以下现象。

（1）公司未设置董事会（仅设一名执行董事）、监事会（仅设一名监事），"三会一层"及组织结构设置尚不健全；

（2）公司实际控制人兼任执行董事与总经理；

（3）公司监事由实际控制人配偶担任，不利于监事职责的有效履行。

2. 案例分析

根据《公司法》的规定，股东会或股东大会为公司最高权力机构，董事会或执行董事为公司发展目标与重大经营的决策机构，管理层是公司的执行机构，监事会或监事为公司董事、管理层及公司财务的监督机构。

控股股东或实际控制人兼任执行董事与总经理，公司控制权、生产经营决策权归属于一人。一方面，公司经营决策受到股东的过度影响，无法站在客观的角度对公司运营进行有效规划；另一方面，公司的决策层与管理层对控股股东或实际控制人过分依赖，一旦实际控制人无法履行职责、怠于履行职责或决策失误，其他管理人员无法有效维护公司正常运转，进而危及公司的持续经营。

苏州科技公司在赴天交所挂牌过程中，首先要做的工作是由有限责任公司变更为股份有限公司。而按照《公司法》的规定，股份公司必须设立董事会、监事会及构建合理的经营管理层。故在天交所挂牌的公司必须建立"三会一层"治理结构。

其次，公司"三会一层"建立后，进入公司董事会的成员主要包括公司实际控制人及实际控制人的近亲属、公司的中小股东、公司核心管理人员及公司的机构投资者或挂牌服务机构代表。公司中小股东与核心管理人员进入公司董事会，可以对实际控制人进行制约，防范实际控制人利用经营决策权损害公司及中小股东利益。公司核心管理人员进入公司董事会，会增强核心管理人员对公司的认同感。同时，公司核心管理人员进入公司董事会，能够从实际执行的角度对实际控制人的经营决策提供相关建议，进而促进经营决策的有效性。机构投资者或挂牌服务机构代表进入公司董事会，是公司完善自身治理结构做出的有益尝试。机构投资者或挂牌服务机构的业务人员多是具有注册会计师、律师职业资格或在投融资领域具有丰富从业经验的人士。其在投融资、公司合规运营和财务管理方面的专业性是一般公司人员所无法比拟的。这些专业人士加入公司董事会，能够利用自身的专业能力与行

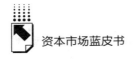

业经验帮助公司进一步规范自身的经营决策与经营管理，对公司经营决策提供专业化建议，促进公司法人治理结构的完善。此方面的例子还有 2014 年 12 月挂牌的江苏天鹅食品股份有限公司，为公司提供挂牌服务的律师加盟了该公司，担任了公司董事，律师在对项目提供服务时，能够对公司进行全面深层次的了解，其在担任公司董事后，将自身专业能力与公司实际情况相结合，通过履行董事职责来进一步促进公司发展与规范运营。

监事会是公司重要的监督机关，其设置的主要作用在于对董事、管理层及公司财务进行监督。部分拟挂牌企业由实际控制人的近亲属担任公司监事或监事会主席。虽然《公司法》并未禁止实际控制人的近亲属担任公司监事或监事会主席，但从法人治理结构有效性的角度出发，公司实际控制人近亲属担任监事或监事会主席难以有效监督董事及管理层。因此，部分拟挂牌企业在申报时如果由近亲属担任监事或监事会主席，天交所会建议其更换相关监事的人选，以有利于监事会有效发挥其监督作用。

高级管理人员是公司董事会决策的执行机构，根据《公司法》，公司高级管理人员主要指的是公司的经理、副经理、财务负责人、董事会秘书和公司章程规定的其他人员。健全高效的公司管理层可以有效地实施董事会做出的相关决策，进而给公司带来经济利益。保障管理层有效运作主要涉及对管理层的授权、监督与激励这三个方面。其中，对管理层的激励是促进管理层高效运作的常见手段，成熟的公司会通过对管理层的股权激励来使高级管理人员对公司产生归属感与认同感。股权激励是通过给予公司经营者股权使其享受一定的经济权利，使他们能够以股东的身份参与公司决策、分享利润、承担风险，从而勤勉尽责地为公司长期发展服务的一种激励方法。对高管进行股权激励可以提高公司凝聚力，也有利于避免高级管理人员的短期行为，吸引优秀的外部人才。股权激励的基础在于公司股权结构清晰。有些拟挂牌企业在进入天交所之前，其存在代持或隐名持股的现象，公司股权结构不清晰。通过挂牌前的规范，在保荐及中介服务机构的梳理下，通过股权转让、股权确权等方式将公司股权由名义所有人转移到实际所有人名下，明晰了股权结构，为公司未来的股权激励打下了良好的基础。

3. 案例企业的规范情况

在保荐服务机构、中介服务机构的帮助下，苏州科技公司对治理结构进行了梳理、重构与完善，并向天交所提交了最终的申报文件，申报文件显示，公司的治理结构进行了以下改进：

公司建立了完善的"三会一层"体系。公司设置了由 5 名成员构成的董事会。在董事会的组成中，1 名董事为公司实际控制人，3 名董事为公司核心技术及管理人员，1 名董事为公司外部投资机构代表。这样的董事结构设置有利于公司未来的发展经营。

首先，实际控制人担任董事长能够有效保障持续控制公司生产经营，保障公司经营决策的连续性和稳定性。

其次，核心技术及管理人员担任董事有助于对相关技术及管理人员进行充分授权。核心技术及管理人员能够从专业层面与公司经营实践的角度出发，帮助公司进行科学决策。同时，核心技术及管理人员担任董事也有利于对实际控制人的经营决策权进行制约，防止实际控制人不当的经营决策损害公司利益。

最后，外部投资机构代表担任公司董事，能够从公司内部角度保障投资人利益，防范大股东利用对公司的控制权来损害公司及中小股东利益。同时，外部投资机构代表大多具有丰富的投资及管理经验，能够站在投资金融的专业角度对公司经营决策提出相关意见，有利于公司未来更好地接触与利用资本市场。

公司设置了由 3 名监事构成的监事会。在监事会的组成中，1 名监事为股东代表监事，2 名监事为职工代表监事。股东代表监事为持有公司 1.96% 股份比例的股东。其小股东的身份使得该监事能够从维护自身利益的角度出发来防范董事及高级管理人员损害公司及中小股东利益，有助于增强监事的监督作用。

公司设置了由 1 名总经理、3 名副总经理、1 名董事会秘书与 1 名财务总监构成的高级管理层，高管层的设置较为健全。总经理由公司实际控制人担任，保障了实际控制人对公司的有效管理。实际控制人、董事长、总经理同为一人的体系也是中小企业惯用的公司治理结构。3 名副总经理中，2 名具有硕士学位与高级工程师职称，属于公司核心技术人员，1 名为公司主要生产设施的管理人员。公司副总经理团队是一个有着高学历、高技术水平与丰富管理经验的团队。董秘的设置有助于公司未来有效地进行信息披露与完善公司投资人管理，财务总监的设置有助于公司财务管理制度的进一步规范。

由此可见，在天交所、保荐服务机构、中介服务机构的共同努力下，公司建立了科学的"三会一层"体系。

此外，在对公司治理结构进行充分规范的基础上，天交所已帮助公司在 2014 年构建并实施了股权激励方案，推动了公司经营业绩的提升。

三　公司章程的规范

章程是公司的"宪法"，规定了公司组织和活动的基本准则。公司在设立时必须要制定公司章程。但是，章程的制定并不代表章程能够有效实施。大多数有限责任公司，其章程仅仅是在工商局要求模板的基础上进行了小修小补，无法与公司实际运行情况相适应，这样的章程很大程度上是一纸空文。因此，章程制作的合理性与章程的有效性是我国中小企业公司治理的一个重要方面。

1. 案例简介

河北某农业科技股份有限公司于 2014 年 7 月向天交所提出挂牌申报申请。天交所审核人员在对公司章程进行审核后，发现存在以下问题。

（1）章程规定公司董事的选举应当采用累积投票制，但在实际选举过程中并未按章程规定执行；

（2）公司在章程中认定的高管范围为总经理、副总经理、财务负责人及董事会秘书。但实际上，公司并未设置副总经理这一职务。

2. 案例分析

章程合理性要求公司章程应当符合公司自身特色。部分天交所拟挂牌企业在章程制定过程中会规定董事、监事选举实施累积投票制。累积投票制是保障中小股东利益的一种手段。目前，上市公司较多采用累积投票制，根据《上市公司治理准则》第三十一条的规定：在董事的选举过程中，应充分反映中小股东的意见。股东大会在董事选举中应积极推行累积投票制度。控股股东控股比例在30%以上的上市公司，应当采用累积投票制。采用累积投票制度的上市公司应在公司章程里规定该制度的实施细则。但是，天交所拟挂牌企业大多是中小微企业，中小微企业的实际控制人一般占有绝对的控股权，持股比例一般在75%以上，部分极端情况甚至能够控制公司100%的股权。在此种情况下，采用累积投票制并不能够帮助中小投资人选举出代表自己利益的董事、监事，反而给公司董事、监事的选举带来负担。因此，对于实际控制人绝对控股的拟挂牌企业，天交所审核人员及保荐、中介服务机构往往建议公司制定符合自身特色的董事、监事选举制度，以保障章程的合理性。

章程的有效性要求章程与公司的实际管理制度相适应。拟挂牌企业在章程中认定的高管范围为总经理、副总经理、财务负责人及董事会秘书。而公司并未设置副总经理这一职务，会导致公司章程与公司实际的管理制度不一致，使章程缺乏有效性。

3. 案例企业的改进措施

公司及保荐服务机构、中介服务机构依据天交所的审核建议，对公司章程重新进行了修订，取消了累积投票制，采取了符合公司实际情况的投票方式。

针对公司实际未设置副总经理岗位而与章程中规定不一致的问题。经公司董事会审议，增设了副总经理一职，并明确了副总经理相应的职权与职责，使公司的实际经营权利情况与公司章程相适应，从而保证了公司章程的有效性。

四 中小股东利益维护

中小股东利益的有效维护是衡量公司治理规范性的重要标准。在场外交

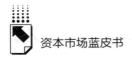

易市场挂牌的企业能够得到投资人的更多关注，但其是否能够募集到所需的资金，除了自身的经营能力与经营业绩影响因素之外，公司对中小股东利益的维护也是重要的影响因素和投资人关注的重点。

1. 案例简介

河南某农牧股份有限公司于 2012 年 7 月向天交所提交挂牌申请。天交所在审核过程中发现公司与其同一实际控制人控制的另一企业经营范围相近似，初步判断公司与同一实际控制人控制的另一企业之间存在同业竞争，并就此问题要求公司、保荐服务机构及中介服务机构予以反馈。公司的反馈文件中承诺解决同业竞争问题。2012 年 9 月公司向天交所提交了正式挂牌申报文件，经过对挂牌申报文件的审核，审核人员认为在公司治理方面仍存在以下问题。

（1）公司章程中并未对公司实际控制人风险防范、关联交易内容作出规定；

（2）未说明公司收购同一实际控制人控制的另一公司的交易价格是否公允。

2. 案例分析

股东对中小股东利益的侵犯往往通过不公允的关联交易、同业竞争、占用公司资金、违规担保等方式来实现。为了保护中小股东利益，天交所要求公司在章程中制定相关实际控制人风险防范制度、关联交易制度来约束实际控制人，避免其损害公司及中小股东利益。此外，拟挂牌企业在进行申报时，应当消除同业竞争及充分披露关联交易。同业竞争的消除有效地防范了实际控制人利用关联企业侵犯公司及中小股东利益的行为。在保荐服务机构及中介服务机构对关联交易进行披露时，应当对其关联交易的公允性做出认定并协助公司制定保障关联交易公允的相关措施，在经营层面保障中小股东利益。

3. 案例企业的改进措施

公司在收到天交所初步审核意见后，会同保荐服务机构、中介服务机构对公司关联方情况进行了重新梳理。公司主营业务为肉牛和牛奶的销售。关联方的主营业务为农产品销售，公司与关联方主营业务相似，构成同业竞争。在保荐服务机构、中介服务机构的建议下，公司于 2012 年 7 月收购了关联方，彻底解决了同业竞争问题。

针对公司收购关联方的关联交易公允性问题，公司会同保荐服务机构、中介服务机构出具了针对此问题的专项说明。根据专项说明表述内容，此关联交易目的在于避免同业竞争，更好地完善公司的产业链，交易价格与原始出资一致；同时依据会所出具的审计报告，未见关联公司存在亏损的情况。综合以上情况，保荐服务机构、中介服务机构认为公司此次关联交易价格公允，不存在损害公司及其他股东利益行为。

针对公司章程中并未对公司实际控制人风险防范、关联交易内容作出明确规定的问题，公司重新修订了《公司章程》，制定了《关联交易管理办法》。在《公司章程》和《关联交易管理办法》中对关联交易的回避制度、关联交易的原则、关联交易的决策权力作出了严格的规定，以保证公司后续关联交易的公允性，确保公司的关联交易行为不损害公司和全体股东的利益，保护中小投资者的利益不受损害。

五　信息披露制度的建立与有效实施

信息披露制度是资本市场的重要制度。在资本市场最为发达的美国，其早在 1911 年就制定了保护公众投资利益不受欺诈的法律，俗称蓝天法。蓝天法的核心就是要求在公开发行股票、债券等有价证券时必须向公众充分披露相关的信息。因此，建立完善的信息披露制度是资本市场走向成熟的重要前提。

1. 案例简介

某电力装备股份有限公司于 2013 年 3 月向天交所提交挂牌申报文件。经天交所审核，发现在信息披露方面存在以下问题。

（1）挂牌交易说明书中未披露公司信息披露与定向募股对象服务计划内容；

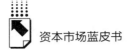

（2）公司章程中并未规定公司信息披露制度。

2.案例分析

场外交易市场作为资本市场的重要组成部分，同样要求挂牌企业建立完善的信息披露制度。因此，针对拟在天交所挂牌的企业，天交所会要求拟挂牌公司将信息披露制度纳入公司章程中，并要求公司制定具体的信息披露规则，进而从公司内部管理制度上保障公司进行持续的信息披露。此外，天交所还要求拟挂牌公司设置专门的信息披露人员以有效进行信息披露工作，进而保护投资人利益，促进公司法人治理结构的规范。

3.案例企业的改进措施

针对挂牌交易说明书中未披露公司信息披露与定向募股对象服务计划内容的情况，天交所要求拟挂牌公司在挂牌交易说明书中对该项内容进行补充，明确信息披露的责任人、公司的信息披露管理制度、公司定向募股对象服务计划等。

同时，天交所要求拟挂牌公司在章程中加入关于信息披露的章节，以规范信息披露制度，明确信息披露人员的职权与职责。拟挂牌公司根据天交所要求，补充完善了章程的相关规定，最终在正式挂牌前建立了公司信息披露的基本制度。

六　小结

公司治理结构是企业管理的重要方面。我国对于公司治理课题的研究，前期侧重于对国有企业治理结构的研究，后期侧重于对上市公司等大型企业治理结构的研究，而中小微企业治理结构研究则一直是公司治理结构研究的薄弱环节。由于中小微企业规模及人员的限制，公司治理是其天然的短板，而公司治理结构的不规范也导致我国中小微企业的生存周期普遍较短。因此，相比国有企业、大型企业，中小微企业更需要健全的公司治理结构。以天交所为代表的中国场外交易市场，作为中国多层次资本市场的重要基础力量，正在服务中小微企业方面发挥着越来越重要的作用。

参考文献

［1］中国证监会：《上市公司治理准则》，2002 年 1 月 7 日。

［2］《中华人民共和国公司法》，2014 年 3 月 1 日。

B.17
后　记

七年多来，天津滨海产权研究院和天津股权交易所联合南开大学、天津财经大学、天津商业大学、国务院发展研究中心金融研究所、清华大学中国企业成长与经济安全研究中心等高校、研究机构的专家学者组成的资本市场蓝皮书课题组，一直致力于中国场外交易市场相关问题的研究，并连续编撰六卷《中国场外交易市场发展报告》。虽然过程辛苦，但我们感到很欣慰，目前课题组的多项研究成果得到了应用，多项政策建议被政府决策层采纳，可以说，在中国场外证券市场的发展进程中献出了我们的微薄之力。这些成绩的取得得益于各方多年来的大力支持和帮助。借第六卷《中国场外交易市场发展报告（2014～2015）》出版之际，天津滨海产权研究院和天津股权交易所向多年来支持场外交易市场课题研究的各单位，各级领导、专家学者和读者表示衷心的感谢！

目前，中国场外交易市场虽然取得一定程度的发展，但是，场外交易市场发展中面临的困难依然很大，转型发展、功能创新、监管服务等方面的问题都有待深入研究。2014年底，资本市场蓝皮书课题组召开了开题研讨会，把本期选题定为"中国场外交易市场规范与创新发展"，并将主要内容拟定为总报告、转型发展篇、功能创新篇、监管服务篇和案例探微篇五部分。

在本期课题研究及皮书编写出版过程中，天津产权交易中心副局级巡视员杨寿岭，天津股权交易所执行总裁韩家清给予了大力支持和指导。上海股权托管交易中心、前海股权交易中心、浙江股权交易中心、内蒙古股权交易中心等场外股权交易机构对课题调研工作给予了大力帮助。天津滨海产权研究院特聘研究员、南开大学教授、博士生导师邓向荣，天津滨海产权研究院惠建军博士对本书的结构和内容进行了认真的策划和编校，天津股权交易所研发部杨东峰对全书进行了细致而系统的修改。邓向荣、高晓燕、董瑞华、杜金向、惠建军、杨东峰、李小菲、胡继之、韩伟、郭孝纯、罗红梅、吴玉新、张嘉明、曹红、盛黎、李政、张亮、袁威威、李腾、祝艺宁、岳文淑、谷焮迪、刘国正、刘川、王二娇、王振召、张俊强、佟淼等人作为本期报告的主要编撰者，对本书的编写付出了艰辛的劳动。社会科学文献出版社经济与管理出版分社社长恽薇、责任编辑王玉山为本书顺利出版给予了热情的帮助。在此，向以上单位和个人一并表示衷心的感谢！

　　行笔至此，《中国场外交易市场发展报告（2014～2015）》即将问世，课题组将今年的一点点成果献之于众，以飨读者。七年来，课题组对每一期课题的研究和皮书编撰都力求问题导向、内容新颖、自成体系。但囿于水平和精力，报告中存在的不足之处，希望专家学者、读者批评指正，并对我们后续的研究给予关注、支持。我们也欢迎各位专家学者不吝赐稿（投稿邮箱 hjjlc@163.com）。

资本市场蓝皮书课题组

二〇一五年十二月三十日

Abstract

Since 2014, the Chinese economy into "new normal state", economic growth, the pattern of economic development, economic structural adjustment, the pattern of economic development is undergoing important transformation. This transformation process can't depart from the support of the financial sector, especially under the current condition of low rate of direct financing in our country, it should speed up the development of capital market, improve the financing structure, improve the efficiency of financial support for the real economy. Over The Counter (OTC) market as an important part of capital market, its innovation and development to deepen the reform of capital market, small and medium-sized enterprise development, and even the "new normal state" transformation of economic development has important significance. At present, although China's OTC market has achieved a certain degree of development, the local equity markets amounted to more than 30, listed companies in the National Equities Exchange and Quotations (NEEQ) market has exceeded 5000, however, there are still a lot of problems and difficulties in the development of the OTC market, such as how to perfect the market maker system, how to build the rotating plate mechanism, how to define the market business area boundary, regional market listed companies can break through 200 the number of shareholders, the organic combination of unified regulation and scattered supervision, and so on, we should pay attention to these problems. Therefore, The *China's OTC Market Development Report* (*2014 – 2015*) take "The norm and innovation development of Chinese OTC market under the new normal state economic transition period" as its theme. In order to pass on the transformation of development of OTC market, function innovation, rotating plate mechanism, Information disclosure, supervision service project research, for China's OTC market determine the direction of future development.

The main contents of this book include general report, the transformation development, function innovation, supervision services, and case slight exploration.

The first part is the *General Report*. This paper analyzes the macro-background of China's financial deepening reform as well as the general requirements of national strategy, industry differentiation, globalization and Internet financial innovation in the New Norm State and economic transition period. Based on this and the main problems existing in the OTC equity market, we give the advice that carrying out supporting policy to improve the external institutional environment of OTC market, breaking the restrictions of service for small and micro enterprises by regional equity market, and entitling the regional equity market to be the platform for fiscal funds' marketing operation at all levels in order to promote China's OTC equity market to achieve innovation and development.

The second part is about *Transformation Development*. There are there articles, *A study of the development dilemma and transformation of the regional equity market*, *The practice exploration of the servicing of OTC equity trading market to the small micro enterprises*, *The construction of a new form of the capital market*. According to the report, although the regional equity markets in recent years the practice exploration in support of micro, small and medium enterprises development has obtained certain achievements, Single business model and lack of market function are existing problems of the regional equity trading market. Limitations of national policy and the lack of regulatory support add to the problem. This paper argues that specialization and diversification are the direction of regional equity market development; Regional equity market should be actively involved in equity investment and equity transactions; This can stimulate and activate the function of the market; Regional equity market should explore the issue and trading of various types of private products.

The third part is *Function Innovation* which includes five articles. Financing is an important function of OTC market, this article set up three research reports on financing function. *The Practice Exploration of the Servicing of OTC Equity Trading Market to the Small Micro Enterprises* puts forward the policy recommendations that we should upgrade our regional equity market service small micro enterprise

financing function. *A Research on Chattel Finance in OTC Market* puts forward that OTC market stimulates various professional organizations to find and increase the value of chattel. Through strengthening the control of the chattel , OTC market should highlight the value of professional services in order to improve efficiency and manage risk. *Equity Crowdfunding and the Risk Prevention of the OTC Market* has analyzed the OTC market equity crowdfunding model and risk under the background of the Internet financial state, According to the report, the OTC market all equity to raise business conducted by the Internet, and can promote market financing function, however, strengthen risk prevention should not be ignored, especially for illegal fund-raising risk prevention. Other two projects involved in China's capital markets turn plate mechanism design and the function of the OTC market evaluation. According to the report, the reasonable capital markets turn plate mechanism is beneficial to improve the multi-level capital market system, improve the hatch of OTC market function. To the analysis of OTC market function evaluation, for the improvement of the system of OTC markets provide beneficial theoretical guidance and innovation.

The fourth part is *Supervision Service*. Increasing the support efficiency of the real economy is the essences of financial innovation, but virtual excessiveness. Otherwise, finance will be the driver of real economy become to " stroke " . we should complete the corresponding regulation service while encouraging OTC market innovation. We can say that supervision is the guarantee of healthy development of the OTC market. Therefore, *China's OTC market development report （2014 - 2015）* made *Supervision Service* as key content, and it set up four topics: *A Study of the Current Regulatory and Regulatory Framework of Regional Equity Market*, *The Information Disclosure System Comparison of outside OTC Markets and the Revelation to China*, *Comparative Study on Regulatory System for China's Multi-layered Capital Market*, *International Comparison of Over-The-Counter Market System Construction and Thinking*. Especially the first article discusses the regulatory framework of regional equity trading markets, including the regulatory body, regulatory principles, regulatory approach, the regulatory division, the content of regulation and the regulatory measures.

The fifth part is Case Slight Exploration which includes three articles. The first article fund that the apply of Parameterized Distribution Formulation can solve the problems: choosing bonding company of risk neutral, improving the bonding company's effort, and bonding company's subjective efforts is affected by its objective ability and effort cost. The conclusion of the paper can also be used to OTC market. The second and third respectively studied and analyzed the OTC market specification role on corporate finance, corporate governance structure of based on the listed enterprises cases in Tianjin equity exchange, and put forward specific policy recommendations relate to improve incubation function of the OTC equity exchange market.

Contents

B I　General Report

Abstract: The innovation and development of the OTC market is an important part of the process of financial reform. This paper analyzes the macrobackground of China's financial deepening reform as well as the general requirements of national strategy, industry differentiation, globalization and Internet financial innovation in the New Norm and economic transition period. Based on this and the main problems existing in the OTC equity market, we give the advice that carrying out supporting policy to improve the external institutional environment of OTC market, breaking the restrictions of service for small and micro enterprises by regional equity market, and entitling the regional equity market to be the platform for fiscal funds' marketing operation at all levels in order to promote China's OTC equity market to achieve innovation and development.

Keywords: OTC Equity Market; SMEs; Economic Transition Period; Innovation Development

B II   Transition Development Papers

B. 2   A Study of the Development Dilemma and Transformation of the Regional Equity Market

Abstract: Single business model and lack of market function are existing problems of the regional equity trading market. Limitations of national policy and the lack of regulatory support add to the problem. Regional equity market has not yet become a member of a multi-level capital market system. This paper analyzes the development dilemma of regional equity market and its cause. This paper argues that specialization and diversification are the direction of regional equity market development; Regional equity market should be actively involved in equity investment and equity transactions; This can stimulate and activate the function of the market; Regional equity market should explore the issue and trading of various types of private products.

Keywords: Regional Equity Market; Development Dilemma and Transformation; Specialization and Diversification

B. 3   The Practice Exploration of the Servicing of OTC Equity Trading Market to the Small Micro Enterprises

Abstract: Tianjin is the present domestic equity exchange in addition to the new three board, stock company the most number of listed enterprises, market, the largest geographical coverage and the most widely established development for the longest one in equity market. This paper mainly revolves around: to build small micro enterprise oriented integrated financial services platform, and OTC markets become small micro enterprise grow two aspects of cultivation incubation

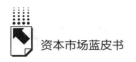
bases, combining case show day exchange market innovation and development are introduced in seven years of experience in construction. Finally how to better play to the functions of the OTC market, promote small micro enterprise growth thinking and Suggestions are put forward.

Keywords: Over - The - Counter; Tianjin Equity Exchange; Small Micro Enterprises

B. 4   The Construction of A New Form of the
Capital Market   *Hu Jizhi* / 075

Abstract: The former sea equity trading center to follow the " government regulation, the securities company leading, market - oriented operation" principle, is a highly specialized company organization, new exchange is committed to the development of the OTC market. Since the date of establishment, sea before equity trading center was established two positioning: one is to build an independent of the Shanghai and Shenzhen stock exchange, the commercial Banks outside of the new market - oriented financing platform; it is to build a business and investors " open, interactive, reciprocity and win - win" of " tribes" online. For this purpose, the former sea equity trading center put forward the concept of " gathering buttonwood", according to the division of capital market development early not complete, independent development to build a universal financial institutions.

Keywords: Qianhai Equity Trading Center; The OTC Capital Market; Marketization Financing Platform

B III   Function Innovation Papers

B. 5   A Research on the Financing Function of Regional Equity
Markets for SMEs   *Yang Dongfeng* / 082

Abstract: Regional equity market is now an important part of multi-level capital market system in our country, meanwhile, provide financing support for

SMEs is one of its basic market functions. Based on the overall review of current development status and operating model of the regional equity markets in our country, this paper mainly analyze the characteristics, means and development obstacles of regional equity markets while providing financing services for SMEs. Considering related international experiences and the current reality of regional equity markets in our country, this paper put forward some suggestions in the last part.

Keywords: Regional Equity Markets; Financing Function; SMEs

B. 6　A Research on Chattel Finance in OTC Market

Luo Hongmei, Yue Wenshu / 095

Abstract: As a professional institution, OTC market follows the general economic principles of chattel finance, and it focuses on researching and controlling information of chattel which has realizable value and exchange value in small and medium-sized enterprise. OTC market stimulates various professional organizations to find and increase the value of chattel. Through strengthening the control of the chattel, OTC market should highlight the value of professional services in order to improve efficiency and manage risk.

Keywords: Chattel Finance; OTC Market; Stock Pledge

B. 7　Equity Crowdfunding and the Risk Prevention of
　　　the OTC Market

Wu Yuxin, Gu Xindi and Tong Miao / 109

Abstract: At present, the entrepreneurial culture in our country were in bloom. The new financing model brought about by spirit of the Internet and technology, will profoundly affect the Chinese economy. Equity crowdfunding, as a new investment and financing mode, not only helps alleviate the financing difficulties of small issues, but also stimulate financial innovation、 broaden and

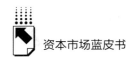

improve the multi-level capital market. As one of the six models of Internet finance in China, crowdfunding have a strong power and good prospects. So, the author rakes to comb theory and practice of equity crowdfunding. Equity crowdfunding provides a useful reference for the OTC market.

Keywords: Equity Crowdfunding; "Led + shots" Mode; Angel Crunch; Reconciliation Compensation System

B. 8 A Study on China's Capital Market Transfer System

Hui Jianjun, Li Teng and Liu Guozheng / 131

Abstract: This paper theoretically clarify the relevant content of Transfer System by summarizing research successful switch board mechanism of scholars, researching and analysising the current multi-level capital market. Through research and analysis, it has been clear about the necessity and urgency for establishing the transfer system. Then, combining the practical problems during the development of our capital market, we did a detailed analysis of the design principle and the criterion of the transfer system. Finally, learning from the mature model of the foreign transfer system, we make a specific design of the transfer system in our capital market.

Keywords: Capital Market; Transfer System; Criterion of Transfer; Design Principle

B. 9 The Evaluation on China's OTC Market Functions

Hui Jianjun, Wu Yuxin / 149

Abstract: Article draw analytic network process (ANP) in the system decision theory, according to experts combing research and related academic literature views, screen influencing factors of OTC market development, and try to use network analysis method to calculate Analysis and Evaluation index weights, then build the OTC market development evaluation index system. with a view to a more scientific and reasonable evaluation of the OTC market compared with vertical and horizontal direction, it provide a useful theory for the improvement and innovation of the OTC market system guidance.

Keywords: OTC Market; ANP; New OTC Market; SMEs

B Ⅳ Supervision Service Papers

B. 10 A Study of the Current Regulatory and Regulatory

Framework of Regional Equity Market   *Dong Ruihua* / 168

Abstract: Regulatory conducive to the healthy development of regional equity trading markets; Regulatory gives equity market regulation legitimacy, is helpful to the good image of regional equity trading markets, provides a legal basis for the regional equity market regulatory innovations. Regulatory enable regional equity market to truly become a member of the multi-level capital market system. Currently, the local government is the supervisory body of the regional equity market. The local government lacks supervision experience, resources and capabilities, this makes the regulatory is mostly forms. This paper argues that, regional equity market should be included in consolidated supervision of the China Securities Regulatory Commission. Under the guidance of the Commission, the Securities Industry Association is the direct supervisor of the regional equity market. This article discusses the regulatory framework of regional equity trading markets, including the regulatory body, regulatory principles, regulatory approach, the regulatory division, the content of regulation and the regulatory measures.

Keywords: Regional Equity Markets; Regulatory Status; Regulatory Framework

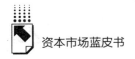
资本市场蓝皮书

B. 11　The Information Disclosure Systerm Comparison of Outside

　　　 OTC Markets and the Revelation to China

Gao Xiaoyan, Liu Chuan and Wang Erjiao / 180

Abstract: At present, the development of OTC market is very fast, the NEEQ and local stock markets of listed companies increase rapidly. Although the trend of progress is gratifying, China's OTC market development is still in its infancy. On the establishment of various rules and specifications also has many problems, the improvement of the information disclosure system has been the important issue of these. The United States, Taiwan OTC market started early, development is relatively mature, For the system in our country construction provides valuable experience. In order to perfect the system of OTC market information disclosure in our country, we should to combine our country's situation in the construction of the regulatory system and information disclosure systerm or standards to improve.

Keywords: OTC Market; The System of Information Disclosure; Information Disclosure Regulatory System

B. 12　Comparative Study on Regulatory System for China's

　　　 Multi-layered Capital Market　　*Li Zheng, Zhu Yining* / 203

Abstract: So far China's capital market has developed into a multiple-layers system which is composed of both exchange transaction market and over-the-counter (OTC) market. The former includes Main-Board Market, Shenzhen Small & Medium Enterprise (SME) Board Market, and Second-Board Market. While the latter contains NEEQ, Regional over-the-counter market and OTC market dominated by securities companies. This paper studies China's multiple-layers capital market from the perspective of comparison between those different regulatory systems. To begin with, we elaborate concepts and composition for markets of all levels, as well as differences and relations between their respective functional orientations. Secondly, we focus on discrepancy between NEEQ and exchange transaction market from both regulatory authorities and supervision contents. Last but not least, we proposed some policy recommendations against the inherent defects of NEEQ.

Keywords: Multiple-Layers Capital Market; Supervision and Regulation; NEEQ; Comparative Analysis

B. 13 International Comparison of Over-The-Counter Market System Construction and Thinking

Du Jinxiang, Wang Zhenzhao and Zhang Junqiang / 222

Abstract: Securities over-the-counter market is in the foundation position in the entire capital market system, is an integral part of the whole capital market. It cannot be ignored in training high quality enterprise, broading the financing channels for different development stage of market main body, leading to the development of regional economy and completing entire capital market system . More overseas typical over-the-counter market system construction experience of the countries, such as Britain, the United States, Germany, Japan and Taiwan area of our country, established a relatively perfect otc market, the greatest degree of meeting the needs of different market main body for money. In order to make the over-the-counter securities market get a better development in our country, in fully contrasting overseas typical over-the-counter market system construction to absorb the advanced experience . At the same time, we should establish the actual situation of the otc market in our country, gradually achieve perfect in market operation and system based on sound .

Keywords: Over-the-counter Market; System Construction; Capital Market

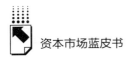
资本市场蓝皮书

B V   Case Study Papers

Abstract: Through analysis of small and medium-sized enterprise private bond defaults, this paper finds that guarantee of bond is inhibited and risk allocation is invalid, therefor these guarantee problems increased bond default risk. Investors and bonding company virtually constitute of principal- agent relationship in bond market. The apply of Parameterized Distribution Formulation can solve the problems: choosing bonding company of risk neutral, improving the bonding company's effort, and bonding company's subjective efforts is affected by its objective ability and effort cost. The conclusion of the paper can also be used to OTC market.

Keywords: SME Private Bonds; Guarantee; Defaults; Parameterized Distribution Formulation

Abstract: Financial problem has a significant impact on the persistent operation of companies which is the prerequisite of a good development of companies. Therefore, Tianjin Equity Exchange emphasizes on the financial problem in the process of audits. Tianjin Equity Exchange helps companies solve the key financial issues and makes recommendations regarding their further development by analyzing and judging the ability of persistent operation of companies.

Keywords: OTC Market; Financial Affairs; Listed Companies

Abstract: Listing on Tianjin Equity Exchange is a process of self-regulation. During listing process, Tianjin Equity Exchange helps companies improve their internal governance structure and standardize their financial operations, which then improve overall operating efficiency of companies. Optimizing the governance structure of companies is an important stage when Tianjin Equity Exchange standardizes companies. Tianjin Equity Exchange aims to help to improve the corporate governance structure, including improving a system for " Shareholders Meeting, board of directors, board of supervisors, senior executives", establishing a system for articles of association, protecting minority shareholders' rights, establishing and implementing persistent information disclosure system effectively, etc.

Keywords: OTC; Corporate Governance Structure; Tianjin Equity Exchange

社会科学文献出版社

皮书系列

❖ 皮书起源 ❖

"皮书"起源于十七、十八世纪的英国，主要指官方或社会组织正式发表的重要文件或报告，多以"白皮书"命名。在中国，"皮书"这一概念被社会广泛接受，并被成功运作、发展成为一种全新的出版形态，则源于中国社会科学院社会科学文献出版社。

❖ 皮书定义 ❖

皮书是对中国与世界发展状况和热点问题进行年度监测，以专业的角度、专家的视野和实证研究方法，针对某一领域或区域现状与发展态势展开分析和预测，具备原创性、实证性、专业性、连续性、前沿性、时效性等特点的公开出版物，由一系列权威研究报告组成。

❖ 皮书作者 ❖

皮书系列的作者以中国社会科学院、著名高校、地方社会科学院的研究人员为主，多为国内一流研究机构的权威专家学者，他们的看法和观点代表了学界对中国与世界的现实和未来最高水平的解读与分析。

❖ 皮书荣誉 ❖

皮书系列已成为社会科学文献出版社的著名图书品牌和中国社会科学院的知名学术品牌。2011年，皮书系列正式列入"十二五"国家重点出版规划项目；2012~2015年，重点皮书列入中国社会科学院承担的国家哲学社会科学创新工程项目；2016年，46种院外皮书使用"中国社会科学院创新工程学术出版项目"标识。

中国皮书网

www.pishu.cn

发布皮书研创资讯，传播皮书精彩内容
引领皮书出版潮流，打造皮书服务平台

栏目设置：

- □ 资讯：皮书动态、皮书观点、皮书数据、皮书报道、皮书发布、电子期刊
- □ 标准：皮书评价、皮书研究、皮书规范
- □ 服务：最新皮书、皮书书目、重点推荐、在线购书
- □ 链接：皮书数据库、皮书博客、皮书微博、在线书城
- □ 搜索：资讯、图书、研究动态、皮书专家、研创团队

　　中国皮书网依托皮书系列"权威、前沿、原创"的优质内容资源，通过文字、图片、音频、视频等多种元素，在皮书研创者、使用者之间搭建了一个成果展示、资源共享的互动平台。

　　自 2005 年 12 月正式上线以来，中国皮书网的 IP 访问量、PV 浏览量与日俱增，受到海内外研究者、公务人员、商务人士以及专业读者的广泛关注。

　　2008 年、2011 年中国皮书网均在全国新闻出版业网站荣誉评选中获得"最具商业价值网站"称号；2012 年，获得"出版业网站百强"称号。

　　2014 年，中国皮书网与皮书数据库实现资源共享，端口合一，将提供更丰富的内容，更全面的服务。

法 律 声 明

　　"皮书系列"（含蓝皮书、绿皮书、黄皮书）之品牌由社会科学文献出版社最早使用并持续至今，现已被中国图书市场所熟知。"皮书系列"的 LOGO（）与"经济蓝皮书""社会蓝皮书"均已在中华人民共和国国家工商行政管理总局商标局登记注册。"皮书系列"图书的注册商标专用权及封面设计、版式设计的著作权均为社会科学文献出版社所有。未经社会科学文献出版社书面授权许可，任何使用与"皮书系列"图书注册商标、封面设计、版式设计相同或者近似的文字、图形或其组合的行为均系侵权行为。

　　经作者授权，本书的专有出版权及信息网络传播权为社会科学文献出版社享有。未经社会科学文献出版社书面授权许可，任何就本书内容的复制、发行或以数字形式进行网络传播的行为均系侵权行为。

　　社会科学文献出版社将通过法律途径追究上述侵权行为的法律责任，维护自身合法权益。

　　欢迎社会各界人士对侵犯社会科学文献出版社上述权利的侵权行为进行举报。电话：010－59367121，电子邮箱：fawubu@ ssap. cn。

社会科学文献出版社